D1996659

B. F. Skinner

Was ist Behaviorismus?

Deutsch von Klaus Laermann

Rowohlt

Die Originalausgabe erschien unter dem Titel
«About Behaviorism» im Verlag
Alfred A. Knopf, Inc., New York
Umschlagentwurf von Werner Rebhuhn
Foto von Gil Krementz

1. Auflage März 1978
Copyright © 1978 by Rowohlt Verlag GmbH,
Reinbek bei Hamburg
«About Behaviorism»
Copyright © 1974 by B. F. Skinner
Alle Rechte vorbehalten
Gesamtherstellung
Clausen & Bosse, Leck/Schleswig
Printed in Germany
ISBN 3 498 06124 0

Für
Ernest Vargas und
Barry Buzan

Inhalt

Einleitung

Behaviorismus ist nicht einfach die Wissenschaft vom menschlichen Verhalten, sondern die Theorie dieser Wissenschaft. Einige der Fragen, die er aufwirft, lauten folgendermaßen: Ist eine solche Wissenschaft überhaupt möglich? Vermag sie jeden Aspekt des menschlichen Verhaltens darzustellen? Welche Methoden kann sie anwenden? Sind ihre Gesetze genauso zwingend wie die der Physik oder Biologie? Läuft sie auf bloße Verhaltenssteuerung hinaus, und wenn ja, welche Rolle spielt sie im menschlichen Zusammenleben? Von besonderer Bedeutung ist ihr Einfluß auf frühere Behandlungsformen desselben Subjekts. Menschliches Verhalten ist das allgemeinste Charakteristikum der Welt, in der wir leben. Wir können daher davon ausgehen, daß mehr darüber ausgesagt worden ist als über jedes andere Thema. Was aber von all dem verdient es, festgehalten zu werden?

Einige dieser Fragen werden gewiß eines Tages durch den Erfolg oder Mißerfolg wissenschaftlicher oder technischer Unternehmungen beantwortet werden. Doch diese Fragen werfen Probleme auf, die schon heute eine vorläufige Antwort erforderlich machen. Eine Vielzahl intelligenter Leute sind der Meinung, daß bereits Antworten gefunden worden sind, die aber insgesamt nicht mehr aussichtsreich erscheinen. Im folgenden wird eine Anzahl bestimmter Meinungen aufgeführt, die man zum Thema des Behaviorismus als der Wissenschaft vom menschlichen Verhalten gewöhnlich zu hören bekommt. Sie alle sind, wie ich glaube, falsch. Der Behaviorismus, so hört man:

1. übergehe das Bewußtsein, die Gefühlszustände und seelischen Empfindungen;
2. mit dem Argument, daß alles Verhalten während der individuellen Lebensgeschichte erworben sei, vernachlässige er die

angeborenen Begabungen der Menschen;

3. er fasse das menschliche Verhalten einfach als ein Ensemble von Reaktionen auf bestimmte Reize auf und stelle damit den Menschen als einen Automaten, einen Roboter, eine Marionette oder Maschine dar;
4. er versuche nicht, kognitiven Prozessen Rechnung zu tragen;
5. er lasse keinen Raum für menschliche Absicht oder Zielsetzung;
6. er könne die kreativen Leistungen in den bildenden Künsten, der Musik, Literatur oder exakten Wissenschaft nicht erklären;
7. er weise dem individuellen Kern der Person oder ihrem Selbstgefühl keinen Platz an;
8. er sei notwendigerweise oberflächlich und nicht in der Lage, sich den tieferen Schichten der Seele oder Persönlichkeit zuzuwenden;
9. er beschränke sich auf die Vorhersage und Kontrolle menschlichen Verhaltens und treffe aus diesem Grund nicht das Wesen des Menschen;
10. er arbeite mit Tieren, insbesondere mit weißen Ratten, aber nicht mit Menschen. Sein Bild des menschlichen Verhaltens sei daher auf jene Züge beschränkt, die die Menschen mit den Tieren teilen;
11. die Erkenntnisse, die er unter Laborbedingungen gewonnen habe, seien nicht auf das alltägliche Leben übertragbar. Was er über menschliches Verhalten auszusagen habe, sei aus diesem Grund unhaltbare Metaphysik;
12. er sei naiv und von übertriebener Einfachheit. Was er als Tatsachen ausgebe, sei entweder trivial oder bereits längst bekannt;
13. er sei mehr scientistisch als wissenschaftlich und würde den exakten Naturwissenschaften nur nacheifern;
14. seine technischen Erfolge hätte man auch durch den Gebrauch des gesunden Menschenverstandes erzielen können;
15. wenn seine Behauptungen Gültigkeit haben sollen, müßten sie auch auf den behavioristisch orientierten Wissenschaftler selbst zutreffen, daher könne, was dieser sage, nicht wahr sein,

weil er nur dahingehend konditioniert worden sei, solche Aussagen zu machen;

16. der Behaviorismus entmenschliche den Menschen, er relativiere alles und zerstöre den Menschen als Menschen;
17. er befasse sich nur mit allgemeinen Grundsätzen und vernachlässige daher die Einzigartigkeit eines jeden Individuums;
18. er sei notwendig antidemokratisch, weil der Versuchsleiter die Versuchspersonen manipuliere. Seine Ergebnisse könnten deshalb von einem Diktator, nicht aber von gutwilligen Staatsmännern angewendet werden;
19. er betrachte abstrakte Ideen, zum Beispiel Moral und Justiz, lediglich als Fiktionen;
20. er stehe der Wärme und der Vielfältigkeit des menschlichen Lebens indifferent gegenüber und sei mit der Schaffensfreude der bildenden Kunst, Musik und Literatur sowie mit der wahren Nächstenliebe unvereinbar.

Meiner Meinung nach stellen derlei Behauptungen ein außerordentliches Mißverständnis der Bedeutung und Errungenschaften eines wissenschaftlichen Unternehmens dar. Wie läßt sich ein solches Mißverständnis erklären? Zu einem nicht geringen Teil kann es auf die Anfänge des Behaviorismus zurückgeführt werden. Der erste Wissenschaftler, der sich ausdrücklich zum Behaviorismus bekannte, war John B. Watson, der im Jahre 1913 unter dem Titel «Psychology as the Behaviorist Views it» eine Art Manifest veröffentlichte. Schon der Titel zeigt, daß Watson nicht beabsichtigte, eine neue Wissenschaft ins Leben zu rufen, sondern der Meinung war, daß die Psychologie von nun an als Untersuchung des Verhaltens betrieben werden sollte. Strategisch mag dies ein Fehler gewesen sein, da die meisten Psychologen jener Zeit der Auffassung waren, daß sie seelische Prozesse in einer vom Bewußtsein strukturierten Welt zu untersuchen hatten. Aus diesem Grund waren sie verständlicherweise nicht bereit, mit Watson übereinzustimmen. Die frühen Behavioristen verschwendeten viel Zeit darauf, die introspektive Untersuchungsmethode des Seelenlebens anzugreifen, so daß die zentrale Bedeutung ihres Forschungsgegenstands in den Hintergrund gedrängt wurde.

Watson selbst hatte einige bedeutende Beobachtungen in bezug auf instinktgeleitetes Verhalten gemacht. Er war in der Tat einer der ersten modernen Ethologen. Seine Erkenntnisse über die Lernfähigkeit eines Organismus hatten ihn jedoch so beeindruckt, daß er sich zu einigen etwas übertriebenen Behauptungen über die Möglichkeiten eines neugeborenen Säuglings hinreißen ließ. Er selbst bezeichnete diese Behauptungen als Übertreibungen. Seither sind sie aber immer wieder herangezogen worden, um ihn als unglaubwürdig erscheinen zu lassen. Seine neue Form der Wissenschaft kam in gewisser Weise verfrüht, da ihm nur sehr wenig wissenschaftlich gesicherte Tatsachen in bezug auf (insbesondere menschliches) Verhalten zur Verfügung standen. Für jede neue Form von Wissenschaft stellt der Umstand ein Problem dar, daß sie über zu wenig Fakten verfügt. Für Watsons anspruchsvolles und expansives Programm, das sich auf ein so umfangreiches Gebiet wie das menschliche Verhalten bezog, mußte dieser Umstand von besonderem Nachteil sein. Watson brauchte mehr Tatsachenmaterial, als er finden konnte. Daher überrascht es nicht, wenn vieles von dem, was er gesagt und geschrieben hat, naiv und allzu vereinfacht erscheint.

Das behavioristische Material, über das Watson verfügte, bestand aus Reflexen und bedingten Reflexen. Aber sein Begriff des Reflexes unterstellte eine Kausalität, die dem Schema von Druck und Gegendruck gehorchte und die mit der im 19. Jahrhundert verbreiteten Vorstellung von einer Maschine nur allzu gut vereinbar war. Dieselbe Vorstellung beherrschte das etwa zur gleichen Zeit veröffentlichte Werk des russischen Physiologen Pawlow. Auch durch die Reiz-Reaktions-Psychologie, die im Verlauf der nächsten drei oder vier Jahrzehnte entwickelt wurde, wurde diese Vorstellung nicht korrigiert.

Bei den von ihm erzielten Ergebnissen legte er selbstverständlicherweise das meiste Gewicht auf diejenigen, die am leichtesten zu wiederholen waren. Sie stammten zumeist aus der Beobachtung von Tieren, von den Hunden Pawlows und den weißen Ratten der Tierpsychologen. Menschliches Verhalten, so schien damit unterstellt, unterschied sich nicht durch besondere Eigenarten von tierischem Verhalten. Zur Unterstützung seiner Behauptung, daß die

Psychologie eine exakte Wissenschaft sei, und um sich weiteres Material für sein Buch zu beschaffen, griff Watson auf Ergebnisse der Anatomie und Physiologie zurück. Pawlow ging in der gleichen Weise vor, indem er darauf bestand, daß seine Verhaltensexperimente tatsächlich «eine Untersuchung der physiologischen Vorgänge in der Großhirnrinde» seien. Beide Wissenschaftler waren jedoch nicht in der Lage, auf irgendeine direkte Beobachtung des Nervensystems zurückzugreifen, von der aus menschliches Verhalten hätte erklärt werden können. Dadurch wurden sie zu einer voreiligen Deutung komplexen Verhaltens gezwungen. So argumentierte Watson, daß das Denken lediglich eine vor jeder Artikulation liegende Sprache sei, und für Pawlow war Sprache einfach ein «zweites Signalsystem». Watson hatte in bezug auf subjektive Absicht, Zielsetzung oder Kreativität wenig oder nichts zu sagen. Er betonte die großen technischen Möglichkeiten einer Verhaltenswissenschaft, aber seine Beispiele waren mit manipulativer Kontrolle keineswegs unvereinbar.

Mehr als 60 Jahre sind vergangen, seit Watson sein Manifest veröffentlichte, und inzwischen ist eine Menge geschehen. Die wissenschaftliche Analyse des Verhaltens hat große Fortschritte gemacht; die Mängel in Watsons Theorie sind meiner Auffassung nach mittlerweile nur noch von historischem Interesse. Die Kritik am Behaviorismus aber hat sich dagegen kaum verändert. All die Mißverständnisse, die ich aufgezählt habe, finden sich noch immer in den jetzt veröffentlichten Publikationen von Philosophen, Theologen, Sozialwissenschaftlern, Historikern, Literaten und Psychologen. Die Ungenauigkeiten in der Frühgeschichte der behavioristischen Bewegung können kaum als ausreichende Erklärung für derlei Mißverständnisse herangezogen werden.

Einige der Schwierigkeiten entstehen zweifellos aus der Tatsache, daß menschliches Verhalten ein Untersuchungsgegenstand ist, der auf äußere Einflüsse überaus empfindlich reagiert. Wenn wir uns selbst beobachten, so führt die Art und Weise, in der wir es tun, zu bestimmten, oft folgenschweren Konsequenzen. Eine behavioristische Beobachtung ruft darüber hinaus bestimmte gravierende Veränderungen hervor. Einige der Begriffe, die traditionelle Formen von Beobachtung strukturieren, sind tief in unsere

Sprache eingebettet. Jahrhundertelang haben sie sowohl die Alltagssprache wie die Wissenschaftssprache beherrscht. Es wäre dennoch ungerecht, den Kritikern des Behaviorismus vorzuwerfen, daß sie sich nicht von historischen Vorurteilen haben freimachen können. Denn es muß andere Gründe dafür geben, daß der Behaviorismus als die Theorie einer Wissenschaft vom Verhalten noch immer so schweren Mißverständnissen ausgesetzt ist.

Ich meine, es gibt folgende Erklärung dafür: Die Wissenschaft als solche wird mißverstanden. Es gibt eine ganze Reihe von Verhaltenswissenschaften. Einige von ihnen definieren ihren Gegenstandsbereich, wie ich später zeigen werde, ohne zentrale behavioristische Themen dabei zu behandeln. Der oben aufgeführten Kritik vermag eine besondere Disziplin am wirksamsten entgegenzutreten, die gemeinhin als experimentelle Verhaltensanalyse bezeichnet wird. Sie untersucht das Verhalten einzelner Organismen in einer sorgfältig überwachten Umgebung und bestimmt aufgrund dieser Untersuchung die Beziehungen zwischen einem bestimmten Verhalten und seiner Umgebung. Leider ist diese Form der Verhaltensanalyse sehr wenig bekannt geworden. Ihre wichtigsten Vertreter, es gibt hunderte von ihnen, unterziehen sich selten der Anstrengung, ihr Vorgehen einem wissenschaftlich interessierten Laienpublikum zu erklären. Das hat zur Folge, daß nur sehr wenige Menschen mit dem wissenschaftlichen Grundlagenwissen vertraut sind, das ich für die schlüssigste Formulierung des Behaviorismus halte.

Der Behaviorismus, den ich in diesem Buch vorstelle, ist die Theorie einer besonderen Form der Verhaltenswissenschaft. Der Leser sollte sich darüber klar sein, daß nicht jeder Behaviorist mit allem übereinstimmen wird, was ich zu sagen habe. Watson sprach für *den* Behaviorismus, denn zu seiner Zeit war er *der* Behaviorist. Heutzutage aber kann kein einzelner Theoretiker diesen Titel für sich in Anspruch nehmen. Darum sind die folgenden Ausführungen zugegebenermaßen – und wie ich als Behaviorist sagen muß: mit Notwendigkeit – meine persönliche Meinung. Ich glaube jedoch, daß es sich dabei um eine zusammenhängende und widerspruchsfreie Darstellung handelt, die auf die oben aufgeführte Kritik eine zufriedenstellende Antwort gibt.

Darüber hinaus bin ich von der Bedeutung des Behaviorismus überzeugt. Die großen Probleme, denen sich die Welt heute konfrontiert sieht, können nur gelöst werden, wenn wir unser Verständnis über das menschliche Verhalten ständig vergrößern. Ich glaube, es ist keine ungerechtfertigte Feststellung, daß die traditionellen Theorien, die sich über Jahrhunderte hinweg erhalten konnten, versagt haben. Sie sind es, die im großen Maße verantwortlich für unsere heutige Lage sind. Der Behaviorismus vermag eine vielversprechende Alternative zu bieten. Ich habe dieses Buch geschrieben, um seine Position klarzustellen.

1 Die Ursachen des Verhaltens

Warum verhalten sich Menschen so, wie sie sich verhalten? Das war wohl zunächst vor allem eine praktische Frage. Man überlegte sich, wie man das Verhalten eines anderen Menschen vorhersehen könnte, um auf das, was er tun würde, vorbereitet zu sein. Späterhin bekam diese Frage eine andere praktische Bedeutung. Man überlegte sich, wie eine andere Person dahin gebracht werden konnte, sich in einer bestimmten Weise zu verhalten. Schließlich wurde das Ganze zu einer am Verstand orientierten Verhaltenserklärung. Sie vermochte jedes Verhalten auf bestimmte Ursachen zurückzuführen.

Wir neigen gelegentlich zu der übereilten Feststellung, daß ein Ereignis durch ein anderes verursacht worden ist, weil beide aufeinander folgen. Wir halten uns dabei an das alte Prinzip des *post hoc, ergo propter hoc* – nach jenem und darum in dessen Folge. Unter den vielen Beispielen, die zur Erklärung menschlichen Verhaltens dienen, ist eines von besonderer Bedeutung. Die Person, die uns am nächsten steht, sind wir selbst. Vieles von dem, was wir beobachten, kurz bevor wir uns in einer bestimmten Weise verhalten, geschieht innerhalb unseres Körpers. Leicht können wir es als die Ursache unseres Verhaltens auffassen. Werden wir gefragt, warum wir einem Freund über den Mund gefahren sind, so können wir antworten: «Weil ich wütend war.» Es mag richtig sein, daß wir wütend waren, bevor oder während wir zu sprechen begannen. Aus diesem Grund sehen wir dann unsere Wut als die Ursache unseres Verhaltens an. Fragt man uns, warum wir nicht zu Abend essen, so können wir antworten: «Weil ich keinen Hunger habe.» Wir haben oft Hunger, wenn wir essen, und ziehen daraus die Folgerung, daß wir essen, weil wir hungrig sind. Gefragt, warum wir schwimmen gehen, können wir antworten: «Weil ich Lust habe, schwimmen zu gehen.» Wir scheinen zu sagen: «Wenn ich mich in der Vergangenheit so oder so gefühlt habe, habe ich das oder das getan.» Gefühle treten genau im richtigen Moment auf, um als Ursachen eines Verhaltens dienen zu können. Als solche sind sie Jahrhunderte hindurch angesehen worden. Wir unterstellen, daß andere Menschen genau das empfinden, was wir empfinden, wenn sie sich so verhalten, wie wir uns verhalten.

Doch wo sind diese Empfindungen und seelischen Zustände angesiedelt? Aus welchem Stoff sind sie gemacht? Die traditionelle Antwort hierauf lautet, daß sie in einer Welt von nichtphysikalischen Dimensionen angesiedelt sind, die als Seele bezeichnet wird. Damit aber erhebt sich eine andere Frage: Wie kann ein seelisches Ereignis durch ein physikalisches verursacht werden oder es verursachen? Wenn wir vorhersagen wollen, was ein Mensch tun wird, wie können wir die seelischen Ursachen seines Verhaltens entdekken, und wie können wir in ihm die Empfindungen und seelischen Zustände hervorrufen, die ihn dazu bringen werden, sich in einer bestimmten Weise zu verhalten? Nehmen wir etwa an, daß wir ein Kind veranlassen wollen, eine nahrhafte aber nicht sehr schmackhafte Speise zu essen. Wir sorgen dann einfach dafür, daß ihm keine andere Nahrung zur Verfügung steht, und schließlich wird es jene Speise schon essen. Indem wir ihm Nahrung vorenthalten haben – ein physikalisches Ereignis –, haben wir es dahin gebracht, hungrig zu sein – ein seelisches Ereignis. Aufgrund seines Hungergefühls hat es dann diese nahrhafte Speise gegessen – ein physikalisches Ereignis. Wie aber hat der physikalische Vorgang des Nahrungsentzugs zu dem Hungergefühl geführt, und wie hat dieses Gefühl seinerseits die Muskeln, die zur Nahrungsaufnahme betätigt werden müssen, in Bewegung gesetzt? Es gibt zahlreiche andere verwirrende Fragen dieser Art. Wie können wir uns mit ihnen auseinandersetzen?

Die verbreitetste Form, sich mit solchen Fragen auseinanderzusetzen, besteht, glaube ich, einfach darin, sie zu ignorieren. Man wird dann annehmen, daß sich im Verhalten bestimmte Gefühle ausdrücken, daß man antizipieren kann, was jemand tun wird, indem man Vermutungen über seine Gefühle anstellt oder ihn nach seinen Gefühlen fragt. Zum anderen wird man glauben, man könne, ohne theoretischen Problemen allzu viel Aufmerksamkeit zu widmen, die Gefühle eines Menschen ändern, indem man seine Umgebung ändert. Wer sich bei einer solchen Vorgehensweise unwohl fühlt, der wird vielleicht versuchen, von der Physiologie her zu argumentieren. Ein Neurologe drückte das kürzlich so aus: «Die Tatsache, daß das Gehirn die physikalische Grundlage menschlichen Denkens ist, wird heute allgemein akzeptiert.» Freud glaubte, daß der überaus komplizierte Apparat der Seele über eine noch zu entdeckende physiologische Grundlage verfüge, und die frühen introspektiven Psychologen bezeichneten ihre Disziplin als physiologische Psychologie. Eine als Physikalismus bezeichnete Erkenntnistheorie vertritt die Auffassung, daß wir nur Zustände oder Vorgänge in unserem Gehirn betrachten, wenn wir nach innen schauen und uns unseren Gefühlen zuwenden. Die größten Schwierigkeiten, die dieses Problem jedoch mit sich bringt, sind praktischer Natur: Wir können nicht vorwegnehmen, was jemand tun wird, indem wir unvermittelt seine Gefühle *oder* sein Nervensystem betrachten. Ebensowenig können wir sein Verhalten ändern, indem wir seine Seele *oder* sein Gehirn verändern. Auf jeden Fall aber sind wir keineswegs schlechter dran, wenn wir die philosophischen Probleme, die sich hier stellen, übergehen.

Der Strukturalismus

Es scheint eine vorteilhaftere Strategie zu sein, die Suche nach den Ursachen aufzugeben und einfach das zu beschreiben, was die Menschen tun. So können Anthropologen von fremden Sitten und Gebräuchen berichten, Politikwissenschaftler können das politische Geschehen in einer rein verhaltensorientierten Darstellung wiedergeben, Psychologen können Daten über Einstellungen und Meinungen sammeln und Ökonomen schließlich können Statistiken darüber zusammenstellen, was die Leute kaufen und verkaufen, mieten und vermieten, sparen und ausgeben sowie herstellen und verbrauchen. Derlei Materialien können durch Interviews, Fragebogen, Tests und Meinungsumfragen direkt erhoben werden. Die Untersuchung der Literatur, bildenden Kunst und Musik sieht sich häufig auf eine Darstellung der Formen dieser Produkte menschlichen Verhaltens beschränkt. Auch Linguisten können sich mit der Erörterung von Phonetik, Semantik und Syntax zufriedengeben. In allen diesen Bereichen sind Vorhersagen unter der Voraussetzung möglich, daß die Menschen in ihrem Handeln mit einiger Wahrscheinlichkeit das wiederholen werden, was sie zuvor bereits getan haben. Sie halten sich an Sitten und Gebräuche, legen ein bestimmtes Wählerverhalten oder bestimmte Kaufgewohnheiten an den Tag, weil sie das bisher schon immer so gemacht haben. Die Entdeckung bestimmter Grundregeln in einer Verhaltensstruktur – wie zum Beispiel der Universalien in Kulturen oder Sprachen, der Archetypen in der Literatur und bildenden Kunst oder der psychologischen Typologien – kann eine Vorhersage bestimmter Teile des Verhaltens ermöglichen, die zuvor nicht aufgetreten sind.

An der Entwicklung des Sprachverhaltens eines Kindes oder an seinen Problemlösungsstrategien, an den aufeinanderfolgenden Altersstufen, die ein Mensch vom Säuglingsalter bis zur Reifezeit durchläuft, oder schließlich an den Entwicklungsstufen einer bestimmten Kultur, läßt sich die Struktur und Organisation von Verhalten in ihrer Abhängigkeit von der Zeit darstellen. Die Geschichte betont Veränderungen, die in der Zeit auftreten. Lassen sich an ihr Entwicklungsmuster oder Wachstumsgesetze entdekken, so können sie bei der Vorhersage zukünftiger Ereignisse von Nutzen sein.

Die Frage einer befriedigenden Kontrolle steht dabei freilich auf einem anderen Blatt. Vermeidet man eine «psychologistische» Berücksichtigung des Seelenlebens, indem man sich weigert, nach psychischen Ursachen eines Verhaltens zu fragen, so fordert das seinen Preis. Die strukturalistische Entwicklungstheorie verrät uns nicht, warum Menschen bestimmte Sitten und Gebräuche befolgen, warum sie so und nicht anders abstimmen oder bestimmte Einstellungen und Charakterzüge an den Tag legen oder gar warum unterschiedliche Sprachen über gemeinsame Grundzüge verfügen.

In der Praxis hat die systematische Vernachlässigung nützlicher

Informationen gewöhnlich zur Folge, daß die von Strukturalisten erhobenen Daten von anderen ausgewertet werden. In erster Linie sind hier jene Entscheidungsträger zu nennen, die es verstehen, den Ursachen des Verhaltens auch ohne theoretische Vorgaben Rechnung zu tragen. Das läuft in der Tat auf ein Überleben mentalistisch-seelischer Vorstellungen hinaus. Verlangt man nämlich nach weitergehenden Erklärungen, so bekommt man zu hören, daß primitive Praktiken dem «Seelenleben der Wilden» zugeschrieben werden, daß der Spracherwerb auf «angeborene grammatische Regeln» zurückgeführt wird, daß die Entwicklung von Problemlösungsstrategien «Fortschritten des Geistes» zugeschrieben wird etc. etc. Kurz gesagt, der Strukturalismus verrät uns, wie sich die Menschen verhalten, aber er wirft sehr wenig Licht darauf, warum sie sich so verhalten. Er kann keine Antwort auf die Frage geben, die wir uns anfangs gestellt haben.

Der methodologische Behaviorismus

Das mentalistische Problem läßt sich vermeiden, wenn man sich unter Umgehung zwischengeschalteter Gefühls- oder Seelenzustände den physischen Ursachen eines Ereignisses direkt zuwendet. Am schnellsten geht dies, wenn man sich auf das beschränkt, was Max Meyer, ein früher Behaviorist, als die «Psychologie des anderen» bezeichnet hat. Man zieht dann nur solche Tatsachen in Betracht, die sich an dem Verhalten einer Person in bezug auf ihre vorherige Umweltgeschichte objektiv beobachten lassen. Wenn alle derartigen Bindeglieder gesetzmäßigen Charakter haben, spielt es keine Rolle, wenn man die Bindeglieder übergeht, die nicht physischer Natur sind. Wenn wir also zum Beispiel wissen, daß ein Kind lange Zeit hindurch nichts gegessen hat und darum hungrig ist und wenn wir darüber hinaus wissen, daß es essen wird, weil es hungrig ist, dann wissen wir, daß es essen wird, wenn es eine ganze Weile hindurch nichts gegessen hat. Wenn wir in diesem Kind Hungergefühle dadurch wecken, daß wir ihm andere Nahrungsmittel vorenthalten und wenn es darüber hinaus aufgrund seines Hungers eine bestimmte Speise zu sich nimmt, dann folgt daraus mit Notwendigkeit, daß wir es dazu verleitet haben, eine bestimmte Nahrung zu sich zu nehmen, indem wir ihm andere Nahrungsmittel vorenthalten haben.

Wenn wir aufgrund bestimmter Lehrmethoden einem Menschen beibringen, sehr feine Unterschiede in seinen «Empfindungen» wahrzunehmen, und wenn er aufgrund dieser Wahrnehmungsunterschiede farbige Objekte korrekt zu klassifizieren vermag, so folgt daraus, daß wir diese Lehrmethoden anwenden können, um ihn Objekte korrekt klassifizieren zu lassen. Wenn (um ein anderes Beispiel zu nennen) Umstände in der Lebensgeschichte eines Weißen Schwarzen gegenüber Aggressionen erzeugen und wenn er sich aufgrund dieser Gefühle aggressiv verhält, dann können wir einfach die Beziehung zwischen seinen Lebensumständen und seinem aggressiven Verhalten behandeln.

Natürlich ist es nichts Neues, Verhaltensweisen dadurch vorauszusagen oder unter Kontrolle zu bringen, indem man vorherige öffentliche Ereignisse beobachtet oder manipuliert. Stets haben die Menschen innerhalb ihrer Lebenspraxis Techniken entwickelt, um ein bestimmtes Verhalten vorherzusagen oder unter Kontrolle zu bringen, ohne sich dabei allzu viel um seelische Zustände zu kümmern. Dennoch gab es viele Jahrhunderte hindurch so gut wie keine systematische Erforschung der Bedeutung der Außenwelt für den menschlichen Verstand und die menschliche Seele. Das Programm eines methodologischen Behaviorismus wurde erst in dem Augenblick einsichtig, als bestimmte Fortschritte in der wissenschaftlichen Beobachtung von Verhalten gemacht worden waren. Erst dann war es möglich, die Macht des Mentalismus zu brechen, der durch die Annahme eines Seelenlebens die wissenschaftliche Forschung immer wieder von der Bedeutung der Außenwelt ablenkte.

Mentalistische Erklärungen setzen jeder Forschung ein Ende, weil sie die wissenschaftliche Neugierde unterdrücken. Nur allzu leicht beobachtet man Gefühle und Seelenzustände zu Zeiten und an Orten, die sie als nicht weiter untersuchungsbedürftige Ursachen erscheinen lassen. Sobald jedoch die Untersuchung der Umgebung in Angriff genommen wird, kann deren Bedeutung nicht mehr geleugnet werden.

Der methodologische Behaviorismus könnte als eine psychologische Version des logischen Positivismus oder Operationalismus aufgefaßt werden. Beide aber beschäftigen sich mit anderen Gegenstandsbereichen. Sowohl der logische Positivismus wie auch der Operationalismus gehen von der Behauptung aus, daß vom Standpunkt einer exakten Wissenschaft seelische Ereignisse «nicht beobachtbar» sind, weil sich nicht zwei Beobachter darüber verständigen können, was in der Welt der Seele vorgeht. Da sich Wahrheit nicht durch bloße Übereinkunft ergibt, müssen wir seiner Auffassung nach die Untersuchung seelischer Ereignisse aufgeben und uns statt dessen der Frage zuwenden, *wie* diese Untersuchung durchzuführen sei. Empfindungen und Wahrnehmungen als solche können wir nicht messen, aber wir können die Fähigkeit eines Menschen messen, unter verschiedenen Reizen eine Selektion vorzunehmen. Der *Begriff* der Empfindung oder Wahrnehmung kann dann auf den *Vorgang* der Reizselektion reduziert werden.

Die logischen Positivisten verfügten über ihre eigene Version des «Anderen». Sie argumentierten, daß ein Roboter, der sich genau wie ein Mensch verhielte, der in gleicher Weise auf Reize reagierte und sein Verhalten als Ergebnis derselben Handlungen veränderte, von einem wirklichen Menschen nicht zu unterscheiden wäre, obwohl er weder Gefühle, Empfindungen oder Vorstellungen haben würde. Wenn ein solcher Roboter gebaut werden könnte, wäre das der Beweis, daß keine der angeblichen Erscheinungen des Seelenlebens einer mentalistischen Erklärung bedarf.

Im Rahmen seiner selbstgesteckten Ziele war der methodologische Behaviorismus erfolgreich. Er befreite sich von einer ganzen Reihe von Problemstellungen, die durch den Mentalismus entstanden waren, und eröffnete sich selbst einen Weg zu einer freieren Behandlung seiner eigenen Forschungsprojekte, ohne sich dabei auf philosophische Umwege einzulassen. Indem er die Aufmerksamkeit auf die Vorgeschichte bestimmter Ereignisse in einer gegebenen Umwelt lenkte, verhinderte er eine unerwünschte Beschäftigung mit einem Innenleben. Vor allem machte er den Weg frei zur Untersuchung niedrigerer Arten, bei denen eine Introspektion – die zu jener Zeit dem Menschen vorbehalten blieb –

nicht vorstellbar war. Darüber hinaus machte er es möglich, Ähnlichkeiten und Unterschiede zwischen den Menschen und anderen Arten zu erforschen.

Eine Reihe von Problemen aber blieb erhalten. Die meisten methodologischen Behavioristen räumten das Vorhandensein seelischer Ereignisse ein, ohne sie jedoch in Betracht ziehen zu wollen. Konnten sie aber wirklich der Ansicht sein, daß diese Ereignisse nicht von Bedeutung seien, daß die mittlere Phase in der dreiphasigen Folge von physikalischem, seelischem und wiederum physikalischem Ereignis nicht von Belang sei, daß mit anderen Worten seelische Zustände und Gefühle bloße Epiphänomene seien? Dies war eine keineswegs neue Behauptung. Sie war bereits in der Jahrhunderte zuvor formulierten Theorie des psychophysischen Parallelismus aufgetreten, der die Selbstgenügsamkeit einer rein physikalischen Welt gelehrt hatte. Neben dieser Welt der Materie sollte es nach dieser Lehre eine Welt des Geistes geben, ohne daß die eine Welt eine Wirkung auf die andere auszuüben vermochte. Freuds Darstellung des Unbewußten, in dem eine Bewußtheit seelischer Zustände und Gefühle unnötig erschien, wies in dieselbe Richtung.

Was aber sollte mit dem übrigen Tatsachenmaterial geschehen? War die traditionelle Auffassung des *post hoc, ergo propter hoc* vollkommen falsch? Stehen die Gefühle, die wir erleben, kurz bevor wir uns in einer bestimmten Weise verhalten, in keinem Verhältnis zu unserem Verhalten? Wie steht es mit der Macht des Geistes über die Materie in der psychosomatischen Medizin? Wie mit der Psychophysik und der mathematischen Beziehung zwischen der Reizmenge und den Empfindungen? Wie mit dem Bewußtseinsstrom? Wie mit den innerpsychischen Prozessen in der Psychiatrie, bei denen Gefühle andere Gefühle hervorbringen oder unterdrücken, in denen Erinnerungen andere Erinnerungen wachrufen oder maskieren? Wie mit den kognitiven Prozessen, die angeblich die Wahrnehmung, das Denken, die Satzbildung und die künstlerische Kreativität zu erklären vermögen? Muß all dies außer acht gelassen werden, weil man es nicht objektiv untersuchen kann?

Der radikale Behaviorismus

Die Feststellung, daß Behavioristen das Vorhandensein von Gefühlen, Empfindungen, Vorstellungen und anderen Zügen des Seelenlebens leugnen, bedarf einer näheren Klärung. Der methodologische Behaviorismus und einige Arten des logischen Positivismus schlossen private Ereignisse aus ihren Überlegungen aus, weil sich keine öffentliche Übereinkunft in bezug auf ihre Gültigkeit herstellen ließ. Introspektion konnte als wissenschaftliche Praxis von ihnen nicht akzeptiert werden, daher griffen sie die Psychologie von Leuten wie Wilhelm Wundt und Edward B. Titchener an. Der radikale Behaviorismus hingegen geht anders vor. Er leugnet weder die Möglichkeit noch die Nützlichkeit von Selbstbeobachtung oder Selbsterkenntnis. Er stellt vielmehr das Wesen dessen in Frage, was empfunden, beobachtet und mithin gewußt wird. Er erkennt die eigentliche Bedeutung der Introspektion an, ohne ihr allerdings den Platz einzuräumen, den ihr die Philosophen und introspektiven Psychologen eingeräumt hatten; denn er wirft die Frage auf, was denn in der Introspektion wirklich zu sehen ist und wie groß der Teil des eigenen Körpers ist, den man tatsächlich beobachten kann.

Indem der Mentalismus eine alternative Erklärung anzubieten schien, hatte er die Aufmerksamkeit von den vorausgegangenen äußeren Ereignissen abgelenkt, die ein Verhalten hätten erklären können. Der methodologische Behaviorismus tat genau das Gegenteil. Indem er sich ausschließlich mit vorausgegangenen äußeren Ereignissen beschäftigte, wandte er seine Aufmerksamkeit von der Selbstbeobachtung und Selbsterkenntnis ab. Zwischen beiden stellt der radikale Behaviorismus eine Art Balance her. Er besteht nicht auf einer Wahrheit durch Übereinkunft und kann deswegen Ereignisse in Betracht ziehen, die in der privaten Welt, in der Innenwelt des Individuums stattfinden. Er bezeichnet sie nicht als unbeobachtbar, und er übergeht sie nicht als bloß subjektiv. Er stellt einfach das Wesen seines Untersuchungsgegenstands und die Verläßlichkeit seiner Beobachtungen in Frage.

Seine Auffassung kann folgendermaßen charakterisiert werden: Was gefühlt oder in der Introspektion beobachtet wird, ist nicht eine körperlose Welt des Bewußtseins, des Geistes oder der Seele, sondern der Körper des Beobachters selbst. Das heißt nun nicht, wie ich später zeigen werde, daß die Introspektion eine Art von physiologischer Untersuchung ist oder – was von zentraler Bedeutung ist – daß das in den Empfindungen Gegebene oder introspektiv Beobachtete als Ursache des Verhaltens anzusehen sei. Das spezifische Verhalten eines Organismus gründet sich auf seine gegenwärtige Struktur, die aber zu einem großen Teil seiner Introspektion entzogen bleibt. Nach Auffassung des methodologischen Behaviorismus müssen wir uns im Augenblick mit der Darstellung der individuellen Vorgeschichte einer Person sowie mit der Darstellung ihrer Umweltgeschichte zufriedengeben. In der Introspektion lassen sich allenfalls Nebenerscheinungen dieser Entwicklung beobachten.

Zwar hat die Umwelt ihren größten Einfluß in der Entwicklung der Arten ausgeübt, aber mit unterschiedlicher Stärke und Intensität beeinflußt sie das Leben eines jeden Individuums. Das Verhalten, das wir zu jedem gegebenen Zeitpunkt beobachten können, stellt eine Verbindung dieser Einflüsse dar. Jede verfügbare Information über die Art dieser Einflüsse ist bei der Vorhersage und Kontrolle menschlichen Verhaltens und bei seiner Interpretation im Alltagsleben von Nutzen. In dem Ausmaß, in dem sie verändert werden können, läßt sich das Verhalten verändern.

Unser zunehmendes Wissen über die Kontrolle, die von der Umwelt ausgeübt wird, macht es möglich, die Wirkung der Welt auf das Innenleben und das Wesen der Selbsterkenntnis näher zu untersuchen. Sie erlaubt es ebenfalls, ein ganzes Spektrum mentalistischer Ausdrücke neu zu deuten. So können wir zum Beispiel jene Züge des Verhaltens genauer betrachten, die Menschen dazu verleitet haben, von einem Willensakt, von einem Zielbewußtsein, von einer von der Realität unabhängigen Erfahrung, von angeborenen oder erworbenen Vorstellungen, von Erinnerungen, Bedeutungen und dem persönlichen Wissen eines Wissenschaftlers sowie von Hunderten anderer mentalistischer Dinge oder Ereignisse zu sprechen. Einige von diesen können «in Verhalten übersetzt werden», andere müssen als unnötig oder bedeutungslos übergangen werden.

Auf diese Weise können wir einen Großteil des Schadens wiedergutmachen, den der Mentalismus angerichtet hat. Wenn das, was ein Mensch tut, dem zugeschrieben wird, was in ihm vorgeht, so ist jede weitere Untersuchung unmöglich. Denn warum sollte man diese Erklärung ihrerseits für erklärungsbedürftig halten? Über mehr als zweitausend Jahre haben sich die Menschen hauptsächlich mit ihren Gefühlen und mit ihrem Seelenleben befaßt. Erst vor kurzem jedoch ist das Interesse an einer genaueren Analyse der Rolle entstanden, die die Umwelt dabei spielt. Das Unwissen in bezug auf diese Rolle hatte zu mentalistischen Fiktionen geführt, und diese wiederum hatten aufgrund der mit ihnen gegebenen Deutungsmuster dem Unwissen Dauer verliehen.

Einige Vorbehalte

Wie ich schon in der Einleitung bemerkt habe, spreche ich nicht als *der* Behaviorist. Ich glaube, eine in sich schlüssige und stimmige Theorie vorzulegen, aber ich bin mir der Tatsache bewußt, daß sich in ihr die Geschichte meiner eigenen Umwelt widerspiegelt. Bertrand Russell wies einmal darauf hin, daß die Tiere, die von amerikanischen Behavioristen in ihren Experimenten untersucht würden, sich wie Amerikaner benehmen und mehr oder weniger sinnlos umherlaufen, während sich die Versuchstiere der Deutschen wie Deutsche verhalten und sich nachdenklich hinsetzen. Zu ihrer Zeit mag diese Bemerkung angemessen gewesen sein, heute aber ist sie bedeutungslos geworden. Russell hatte zumindest darin recht, daß wir stets unserer Kultur verbunden bleiben und an die Untersuchung von Verhalten mit vorgefaßten Vorstellungen herangehen. Dasselbe geschieht natürlich auch den Philosophen. Russells Theorie des menschlichen Denkens ist überaus kritisch, während Mao Tse-Tungs Gedanken über den gleichen Gedanken durchaus chinesisch sind. Wie könnte es auch anders sein?

Ich habe beim Leser keinerlei technische Kenntnisse vorausgesetzt. Mit einigen Tatsachen und Prinzipien wird er, so hoffe ich, vertraut werden. Meine Darstellung kann sich schließlich nicht im luftleeren Raum bewegen. Das Buch aber handelt nicht von einer Wissenschaft des Verhaltens, sondern von deren Theorie. Das wissenschaftliche Material habe ich so weit wie möglich beschränkt. Einige Begriffe treten häufiger auf. Daraus folgt aber nicht, daß der Text von Wiederholungen durchsetzt wäre. In späteren Kapiteln tritt zum Beispiel der Ausdruck «Kontingenzen der Verstärkung» auf beinahe jeder Seite auf. Kontingenzen aber sind der Gegenstand dieser Kapitel. Würden sie von Pilzen handeln, so müßte das Wort «Pilz» ebenso oft wiederholt werden.

Vieles von dem, was ich zu sagen habe, geht über den Bereich gesicherter Fakten hinaus. Ich beschäftige mich eher mit einer allgemeinen Deutung als mit Vorhersage und gesicherten Bestimmungen. Jedes Wissenschaftsgebiet hat eine Grenze, jenseits der eine Diskussion, obwohl sie notwendig bleibt, nicht so exakt geführt werden kann, wie man vielleicht wünschen mag. Kürzlich schrieb ein Autor, daß «bloße Spekulationen, die experimentell nicht überprüft werden können, in der Wissenschaft nichts zu suchen haben.» Wenn das wahr wäre, so würden zum Beispiel große Teile der Astronomie oder der Atomphysik nicht zur Wissenschaft gehören. Spekulationen sind in der Tat notwendig, um Methoden zu entwerfen, die eine bessere Kontrolle bestimmter Untersuchungsgegenstände erlauben.

Ich untersuche Dutzende, wenn nicht Hunderte von Beispielen eines mentalistischen Wortgebrauchs. Sie sind, ohne daß ich die Quellen jeweils angebe, laufenden Veröffentlichungen entnommen. Ich mache den jeweiligen Autoren keinen Vorwurf, sondern zitiere ihren Gebrauch von Sprache als Beispiel. Dabei setze ich die Beispiele in gleicher Weise ein, wie dies in einem Handbuch des englischen Sprachgebrauchs geschieht. Viele dieser Ausdrükke «übersetze ich in Verhalten». Ich tue dies, obwohl mir bekannt ist, daß *traduttori traditori* sind, daß also Übersetzer in dem Geruch stehen, Verräter zu sein. Ich bin mir des Umstands durchaus bewußt, daß es vielleicht keine genauen Entsprechungen im Bereich des Verhaltens gibt, jedenfalls keine, die die Obertöne und den Kontext des Originals besitzen. Viel Zeit auf genaue Neudefinitionen des Bewußtseins, des Willens, der Wünsche und Sublimierungen zu verwenden, wäre so unklug, wie es für den Physiker unklug wäre, nach neuen Definitionen des Äthers, des Phlogistons oder der *vis viva* zu suchen.

Schließlich möchte ich noch ein Wort über meinen eigenen Gebrauch der Sprache sagen. Das Englische steckt voller mentalistischer Wendungen. Gefühle und Seelenzustände haben ihre führende Rolle bei der Erklärung menschlichen Verhaltens behauptet. Die Literatur, die sich zumeist mit dem beschäftigt, was und wie Menschen fühlen, hat sie darin unterstützt. Es ist daher unmöglich, sich auf ein Gespräch einzulassen, ohne die Gespenster des Mentalismus aufzuwecken. Die Rolle der Umgebung wurde erst sehr spät entdeckt und für sie steht noch kein passendes Vokabular bereit.

Ich sehe keinen Grund, in ungezwungener Redeweise bestimmte Ausdrücke zu vermeiden. So sage ich: «Ich habe die folgende Erörterung gewählt . . .», obwohl ich die Möglichkeit einer freien Wahl in Frage stelle. Oder ich sage: «Ich habe dies oder jenes im Sinn . . .», obwohl ich die Existenz eines subjektbezogenen geistigen Sinns für fragwürdig halte. Oder ich sage schließlich: «Ich bin mir des Umstands bewußt . . .», obwohl ich dem Bewußtsein eine sehr spezielle Bedeutung zuteil werden lasse. Ein *Neuadept* des Behaviorismus ist zuweilen verwirrt, wenn er sich beim Gebrauch mentalistischer Ausdrücke ertappt. Doch die Bestrafung, die sich in seiner Verwirrung ausdrückt, ist nur gerechtfertigt, wenn derlei Ausdrücke in einer wissenschaftlichen Diskussion verwendet werden. Sobald es von Bedeutung ist, sich über einen Gegenstand wirkliche Klarheit zu verschaffen, wird ausschließlich ein technisches Vokabular verwendet werden können. Es wird oft gezwungen oder umständlich erscheinen. Denn alte Redeweisen werden nur zögernd fallengelassen und neue sind unbequem oder häßlich. Aber der Wechsel muß vollzogen werden.

Nicht zum erstenmal muß eine Wissenschaft einen solchen Wechsel durchmachen. Es gab eine Zeit, als es für den Astronomen schwierig war, sich nicht wie ein Astrologe auszudrücken – oder am Ende gar einer zu sein – und als es für den Chemiker noch keineswegs selbstverständlich war, sich von den Fesseln der Alchimie befreit zu haben. In der Wissenschaft vom Verhalten befinden wir uns auf einer ähnlichen Entwicklungsstufe, und der Übergang sollte so schnell wie möglich vollzogen werden. Die praktischen Folgen eines solchen Übergangs sind leicht zu zeigen: Erziehungswissenschaft, Politik, Psychotherapie, das Strafrecht und viele andere Gebiete leiden unter der eklektizistischen Verwendung eines Laienvokabulars. Die theoretischen Folgen sind schwerer aufzuzeigen und zu belegen, aber, wie ich im folgenden zu zeigen hoffe, von ebenso großer Bedeutung.

2 Die Welt innerhalb der Haut

Ein kleiner Teil des Universums ist innerhalb der Haut eines jeden von uns enthalten. Es gibt keinen vernünftigen Grund dafür, warum dieser Teil einen besonderen physikalischen Status besitzen sollte, weil er innerhalb dieser Begrenzung liegt. Anatomie und Physiologie werden eines Tages in der Lage sein, ihn vollständig darzustellen. Bisher ist jedoch keine sehr gute Darstellung verfügbar. Daher erscheint es uns umso wichtiger, mit der Welt innerhalb der Haut auf andere Weise in Kontakt zu bleiben. Wir fühlen sie und irgendwie beobachten wir sie auch. Es wäre unsinnig, sich dieser Informationsquelle zu verschließen, weil jeweils nicht mehr als eine Person mit einer Innenwelt in Kontakt treten kann. Nichtsdestoweniger müssen wir das Verhalten untersuchen, das wir an den Tag legen, wenn wir mit ihr in Kontakt treten.

Wir reagieren auf unseren Körper mit drei Nervensystemen, von denen zwei sich insbesondere mit unserem Inneren befassen. Das sogenannte interozeptive System überträgt Reize von Organen wie der Blase und dem Verdauungstrakt von den Drüsen und ihren Ausführungsgängen sowie von den Blutgefäßen. Es ist vor allem für die innere Ökonomie eines Organismus von Bedeutung. Das sogenannte propriozeptive System überträgt Reize von den Muskeln, Gelenken und Sehnen des Knochengerüsts und von anderen Organen, die der Haltungskontrolle und Bewegungsdurchführung dienen. Das Verb «fühlen» gebrauchen wir zumeist, wenn wir unsere Beziehung zu diesen beiden Arten von Reizen beschreiben. Ein drittes Nervensystem, das exterozeptive, ist hauptsächlich mit dem Sehen, Hören, Tasten, Riechen und Fühlen der Dinge in der Welt um uns befaßt, aber es spielt auch eine bedeutende Rolle bei der Beobachtung unseres eigenen Körpers.

Beobachtung und Beschreibung der Welt innerhalb der Haut

Alle drei Nervensysteme haben sich vermutlich zu ihrem gegenwärtigen Zustand evolutionär herausgebildet, weil sie wichtigen biologischen Funktionen dienten. Mit dem Auftreten der Sprache als einer neuen Verhaltensform begannen sie jedoch, auch andere Funktionen zu übernehmen. Denn Menschen begannen einander Fragen zu stellen, bei denen die Antworten eine andere Art von Reaktion auf den eigenen Körper verlangten. «Bist du hungrig?», «Tut dein Kopf weh?», «Was machst du jetzt?», «Was hast du morgen vor?», «Was hast du gestern gemacht?» – derlei Fragen rufen Antworten hervor, die eine Vorhersage und Vorbereitung dessen erlauben, was jemand zu tun beabsichtigt. Darüber hinaus scheinen sie Informationen über eine Welt zu vermitteln, die außerhalb der Reichweite anderer Menschen liegt.

Man könnte erwarten, daß jemand die Zustände und Vorgänge in seinem Körper besonders gut beschreiben kann, weil er über einen so intimen Kontakt zu ihm verfügt. Aber gerade die Privatheit, die dem einzelnen ein besonderes Privileg in bezug auf seinen Körper zu verleihen scheint, macht es für die Gesellschaft schwierig, ihm wichtige Unterscheidungen beizubringen. Die Gesellschaft kann einem Kind beibringen, Farben auf verschiedene Weise zu bezeichnen. Sie kann ihm zum Beispiel farbige Objekte zeigen und von ihm verlangen, mit bestimmten, passenden Farbwörtern darauf zu antworten. Sie kann dann seine Antworten als richtig bezeichnen oder korrigieren, je nachdem, ob sie mit den Farben der betreffenden Objekte übereinstimmen. Verfügt das Kind über eine normale Farbwahrnehmung, wird man erwarten dürfen, daß es lernt, Farben richtig zu identifizieren. Die Gesellschaft kann jedoch nicht in gleicher Weise vorgehen, wenn sie einem Kind beibringen will, seine eigenen Körperzustände zu beschreiben, weil sie nicht über die notwendigen Informationen verfügt, um seine Aussagen als richtig zu bezeichnen oder zu korrigieren.

Berichte über etwas, was gefühlt wurde

Glücklicherweise folgt hieraus keineswegs, daß niemand lernen kann, zumindest einige seiner Körperzustände zu beschreiben. Denn bis zu einem gewissen Umfang kann die Sprachgemeinschaft das Problem der Privatheit lösen. Sie kann zum Beispiel jemanden lehren, eine beschreibende Darstellung innerer Zustände durch eine Bezugnahme auf öffentlich zugängliche Information zu geben. Etwas in dieser Art geschieht, wenn ein Blinder von einem Lehrer, der sie nur sieht, Objekte, die er fühlt, zu benennen lernt. Der Lehrer kann die Äußerungen des Blinden als richtig bezeichnen oder korrigieren, weil die visuellen und die taktilen Reize beinahe vollkommen miteinander korrelieren. Die Sprachgemeinschaft schlägt einen ähnlichen Weg ein, wenn sie einem Kind beibringt, daß etwas «weh» tut. Zieht sich ein Kind einen scharfen Schlag oder einen Schnitt zu, so ist der öffentlich wahrnehmbare Schlag oder Schnitt mit den privaten Reizen, durch die er hervorgerufen wurde, recht verläßlich assoziiert. Die Sprachgemeinschaft bedient sich einer öffentlich zugänglichen Information, aber das Kind kann letzten Endes sagen, daß ihm etwas «weh» tut, und sich dabei nur auf das private Ereignis beziehen. Es hat gelernt, einen privaten Reiz mit einer Genauigkeit zu beschreiben, die allein davon abhängt, wie weit öffentlich zugängliche und private Ereignisse übereinstimmen.

Dieser Vorgang erklärt, warum Begriffe, die Schmerzen beschreiben, beinahe stets ihre öffentlich zugänglichen Ursachen darstellen. Ein scharfer Schmerz ist ein Schmerz, der durch ein scharfes Objekt hervorgerufen wurde; ein stumpfer Schmerz wurde durch ein stumpfes Objekt hervorgerufen. Schmerzen können ausstrahlen oder durchdringend sein, und ein Kopfschmerz kann hämmern. Wir erkundigen uns häufig nach Gefühlen, indem wir fragen: «Wonach fühlt es sich an?» Die Antwort bezieht sich dann gewöhnlich auf einen öffentlich zugänglichen Zustand, der im Privaten häufig eine ähnliche Wirkung hervorruft. So kann jemand, der eine Glückssträhne gehabt hat, sagen: «Ich fühle mich, als hätte ich eine Million Dollar gewonnen.» Eine in der Literatur häufig vorkommende Praxis besteht darin, Gefühle zu beschreiben, in dem man Zustände beschreibt, die zumeist ähnliche Gefühle hervorrufen. Keats berichtet, wie er sich fühlte, als er zuerst in Chapmans Übersetzung von Homer gelesen hatte:

> Da fühlte ich mich wie ein Beobachter der Sterne,
> während ein unbekannter Planet in sein Sichtfeld gleitet;
> oder wie der mutige Cortez, während er mit Adleraugen
> über den Pazifik blickt.

Die Sprachgemeinschaft kann die Einschränkungen umgehen, die ihr durch die Privatheit bestimmter Empfindungen auferlegt sind. Neben den eigentlichen Reaktionen bedient sie sich dabei anderer, die ein Mensch zu identifizieren oder zu beschreiben lernt. So kann man zum Beispiel nicht nur beobachten, daß sich ein Kind gestoßen hat, sondern auch, daß es weint. Die privaten Reize, die die Reaktion, daß etwas «weh tut», kontrollieren, werden dann weniger leicht mit Begriffen umschrieben, die ursprünglich zur Beschreibung öffentlich zugänglicher Reize dienten. Auch wenn in einem ähnlichen Fall die Sprachgemeinschaft einem Kind beibringt zu sagen, daß es hungrig sei, wenn es eine längere Zeit hindurch nichts gegessen hat, so wird sie sich doch eher auf sein Verhalten verlassen. Denn sie kann beobachten, daß das Kind schnell reagiert oder mit Heißhunger ißt, wenn man ihm Nahrung gibt. Erst dann wird sie ihm sagen, daß es hungrig gewesen sei, und das Kind kann den Ausdruck «Ich bin hungrig» auf seine Weise mit privaten, nebengeordneten Reizen verbinden, zu denen die Sprachgemeinschaft ursprünglich keinen Zugang hatte.

Begriffe, die sich auf emotionale oder motivationale Zustände beziehen, weisen oft eine enge Verbindung mit den äußeren Umständen auf, die für sie verantwortlich sind. So verweist etwa das englische Wort «excited» auf eine zugrunde liegende Aufregung. Doch ein solcher Ausdruck könnte auch wenig mehr als eine Metapher sein. Wenn wir «angespannt» sind, so sind wir nicht notwendig gestreckt; ebensowenig sind wir schwergewichtig, wenn wir «depressiv» sind. Wir können diese Wörter unter Umständen gelernt haben, die mit unserem Verhalten oder unseren Gefühlen in keinerlei Verbindung stehen. Beinahe alle Ausdrücke, die Emotionen beschreiben, die sich nicht direkt auf Reizzustände beziehen, waren ursprünglich Metaphern.

Obwohl die Sprachgemeinschaft das Problem der Privatheit auf diese Weise löst, und obwohl es ihr gelingt, den Menschen beizubringen, viele ihrer Körperzustände zu beschreiben, sind diese Beschreibungen nie wirklich exakt. Ärzte sind daran gewöhnt, Patienten, die ihre Schmerzen und Leiden beschreiben, ein großes Maß an Toleranz in bezug auf die Exaktheit ihres sprachlichen Ausdrucks zuzubilligen. Die Schwierigkeit liegt hier nicht so sehr darin, daß Patienten nicht vollkommen eindeutigen Reizen ausgesetzt wären, sie ist vielmehr darin zu suchen, daß sie nie unter Bedingungen gelebt haben, bei denen sie hätten lernen können, diese Reize angemessen zu beschreiben. Darüber hinaus haben die ursprünglichen biologischen Funktionen, die für die evolutionäre Entwicklung des Nervensystems verantwortlich sind, nicht das System hervorgebracht, das eine Sprachgemeinschaft braucht. (Dies ist ein Mangel von größter Bedeutung, auf den ich später näher eingehen werde.) Diese Entwicklung hat zur Folge, daß wir mit größerer Wahrscheinlichkeit Berichten über private Reizwahrnehmung mißtrauen. Ganz besonders gilt dies, wenn eine solche Beschreibung wie etwa im Falle von jemandem, der sich krank stellt, weitergehende Folgen hat.

Berichte über Verhalten

Gegenwärtiges Verhalten. Die Frage: «Was tust du gerade?» fragt nach Informationen, die sehr wohl öffentlich zugänglich sein können, für den Fragenden aber im Augenblick nicht erreichbar sind. Denn er kann die Frage zum Beispiel in einem Telefongespräch, oder außer Sichtweite des Befragten stellen. Das Vokabular, in dem die Antwort gegeben wird, läßt sich erwerben, wenn das Verhalten allen Beteiligten sichtbar ist und die Sprachgemeinschaft daher keinerlei Einschränkungen unterliegt. Beschreibungen können sich auf Veränderungen im räumlichen Zustand beziehen («Ich winke mit der Hand») oder sie können Auswirkungen auf die Umgebung einschließen («Ich trinke ein Glas Wasser» oder «Ich nähe an meinem Hemd einen Knopf an»). Propriozeptive Reize sind vorherrschend, wenn eine Person ihr eigenes Verhalten im Dunkeln beschreibt, aber sie sind mit den öffentlich zugänglichen Reizen eng verbunden, die bei der Lehre dieses Sprachverhaltens durch die Sprachgemeinschaft Verwendung finden. Fragen dieser Art werden gestellt, weil die Antworten für die Sprachgemeinschaft von Bedeutung sind. Doch sie gewinnen, wie wir später sehen werden, auch für den Sprecher auf eine Weise an Bedeutung, die ihre Genauigkeit mit einiger Wahrscheinlichkeit aufrecht erhält.

Wahrscheinliches Verhalten. «Was wirst du wohl tun?» ist eine metaphorische Frage, auf die die Antwort lauten könnte: «Ich neige dazu, wegzugehen.» Dazu zu *neigen,* etwas zu tun, ist ebenfalls eine Metapher, die den Eindruck erweckt, daß man in eine schiefe Lage gebracht worden ist. Die Antworten auf solche Fragen hängen vermutlich von der Art der Reize ab, die durch Zustände hervorgerufen worden sind, die mit der genannten Wahrscheinlichkeit der Handlung assoziiert werden. Geschieht etwas Komisches bei einer feierlichen und ernsten Gelegenheit, so können wir sagen: «Mir war zum Lachen zumute» oder «Ich wollte laut loslachen» oder gar «Ich konnte mir kaum das Lachen verkneifen». Die so beschriebene Reizung trat vermutlich bei früheren Gelegenheiten auf, als das Lachen möglich war und seine Beschreibung ein angemessenes Vokabular zur Verfügung stellte.

Wahrnehmungsverhalten. Ein Mensch kann gefragt werden: «Siehst du das?», und die Antwort kann überprüft werden, indem man nach dem Namen oder nach der Beschreibung dessen fragt, was gesehen worden ist.

Vergangenes Verhalten. Antworten auf Fragen wie «Was hast du gestern getan?» oder «Wen hast du getroffen?» können sich eines Vokabulars bedienen, das in Verbindung mit gegenwärtigem Verhalten erworben worden ist. Die befragte Person befindet sich dann in einer vorteilhaften Lage, denn selbstverständlich war sie an dem Ort, nach dem sie gefragt worden ist. Fragen dieser Art unterscheiden sich kaum von solchen wie «Was ist gestern passiert?» – Ob es einem Menschen leichter fällt, sein Verhalten von gestern zu beschreiben, wenn er es bereits gestern beschrieben hat, ist eine Angelegenheit von einiger Bedeutung. Man hat zum Beispiel die Meinung vertreten, daß wir nicht in der Lage sind, uns an Ereignisse aus unserer Kindheit zu erinnern, weil wir zu jener Zeit nicht fähig waren, sie zu beschreiben. Die Etymologie des englischen Wortes für Säugling, «infant», gibt, nebenbei gesagt, dieser Meinung insofern recht, als das Wort ursprünglich eine Unfähigkeit zu sprechen bezeichnete. Doch im allgemeinen beschreiben wir nicht fortlaufend unser Verhalten, obwohl wir in der Lage sind, es späterhin zu beschreiben. Dennoch legt es das rasche Vergessen von Träumen und von Gedankenfetzen, die man sich nicht deutlich gemerkt hat, nahe, daß wir unser Verhalten nachträglich am besten dann beschreiben können, wenn wir uns fortlaufend über es Rechenschaft abgelegt haben.

Verdecktes Verhalten. Eine sehr viel kompliziertere Frage lautet: «Was denkst du gerade?» Denn «denken» bezieht sich hier auf ein Verhalten, das in einem so abgeschlossenen Bereich stattfindet, daß es für andere nicht sichtbar ist. – Andere Verwendungen des Wortes «denken» werden im Kapitel 7 erörtert .– Bei der Beschreibung verdeckten Verhaltens kann es sich um eine Beschreibung öffentlich wahrnehmbaren Verhaltens in einem Miniaturmaßstab handeln, doch es ist wahrscheinlicher, daß wir hier private Zustände beschreiben, die mit öffentlichem Verhalten zwar assoziiert, aber nicht notwendig durch es hervorgerufen worden sind. Das Sprachverhalten kann leicht zu einem verdeckten Verhalten werden, weil es nicht notwendig die Unterstützung der Umgebung erfordert. «Ich sagte zu mir ...» wird synonym mit «Ich dachte ...» verwendet, aber wir sagen nicht: «Ich schwamm zu mir.»

Verdecktes Wahrnehmungsverhalten ist besonders verwirrend. Sich etwas vorzustellen oder zu phantasieren ist eine Art, etwas zu «sehen», ohne daß das Gesehene vorhanden wäre. Vermutlich handelt es sich hierbei darum, das zu tun, was man tut, wenn das

Gesehene tatsächlich vorhanden ist. Auf diesen Sachverhalt werde ich im Kapitel 5 zurückkommen.

Die Sprachgemeinschaft kann einen Menschen dazu verleiten, sein verdecktes Verhalten öffentlich zu machen. Sie kann ihn hierzu etwa durch die Aufforderung ermutigen, «laut zu denken», ohne hiermit jedoch Gewißheit über sein verdecktes Verhalten zu erlangen. Die Herkunft des Vokabulars ist bei diesem Verhalten nicht problematisch. Denn die Wörter, die zur Beschreibung verdeckten Verhaltens dienen, werden während des öffentlich wahrnehmbaren Verhaltens erworben.

Zukünftiges Verhalten. Eine weitere schwierige Frage lautet: «Was wirst du tun?» Die Antwort gibt selbstverständlich keine Beschreibung des zukünftigen Verhaltens. Sie kann einen Bericht über verdecktes Verhalten geben, das stark genug erscheint, um öffentlich kundgetan zu werden, wenn sich eine Gelegenheit hierzu bietet. («Wenn ich ihn sehe, werde ich ihn daran erinnern, daß er mir noch zwanzig Mark schuldet».) Es kann sich aber auch bei ihr um eine Vorhersage eines Verhaltens handeln, das sich auf gegenwärtige Zustände zurückführen läßt und eng mit ihnen assoziiert ist. – «In solch einer Situation gebe ich meistens auf» oder «Ich bin hungrig und werde mir was zu essen besorgen» –. Bei der Antwort kann es sich schließlich um einen Bericht über ein Verhalten handeln, das sehr wahrscheinlich geworden ist.

Aussagen über zukünftiges Verhalten bedienen sich im Englischen häufig des Wortes «to feel». So kann man sagen: «I feel like playing cards» und damit zum Ausdruck bringen: daß man sich in einem Gemütszustand befindet, der häufiger aufgetreten ist, wenn man begonnen hat, Karten zu spielen. Der Satz «Was möchtest du tun?» kann sich insofern auf die Zukunft beziehen, indem er nach der Wahrscheinlichkeit eines bestimmten Verhaltens fragt.

Eine Einstellung – «Willst du wirklich tun, was du da tust?» oder «Willst du deine Ferien wirklich an der See verbringen?» – kann Teil einer metaphorischen Redeweise sein, mit der eine bestimmte Neigung oder Tendenz angezeigt wird. «Im allgemeinen kann die Sprachgemeinschaft die Genauigkeit an Aussagen überprüfen, die sich auf Neigungen und Tendenzen beziehen. Dies gelingt ihr zumindest statistisch insofern, indem sie verfolgt, was dann tatsächlich passiert. Die Genauigkeit der Kontrolle, die durch private Reize aufrechterhalten wird, kann damit in einem gewissen Ausmaß sichergestellt werden.

Mehrfache Übersetzungen. Bedingungen, die für ein Verhalten von Bedeutung sind, werden jeweils nach den Umständen berichtet, unter denen sie erworben worden sind. Das bedeutet, daß ein Ausdruck auf unterschiedliche Weise übersetzt werden kann. Deutlich wird das an dem Bericht: «Ich bin hungrig, ich war hungrig und ich werde hungrig sein.» «Ich bin hungrig» kann gleichbedeutend sein mit «Ich habe starke Hungergefühle». Wenn die Sprachgemeinschaft über Mittel verfügte, die Kontraktionen des Magens, die mit Hungergefühlen verbunden sind, zu beobachten, so könnte sie die Reaktion ausschließlich auf jene Reize zurückverfolgen. Doch der Satz kann auch gleichbedeutend sein mit «Ich bin ein starker Esser». Jemand, der beobachtet, daß er mit Heißhunger ißt, kann von sich sagen: «Ich bin wirklich hungrig». Blickt er auf sein Verhalten zurück, so kann er sich sagen: «Ich war hungriger als ich dachte» und sich dabei auf nichts anderes als auf sein eigenes Denken beziehen. «Ich bin hungrig» kann auch gleichbedeutend sein mit «Es ist sehr lange her, daß ich überhaupt etwas zu essen hatte», obwohl dieser Ausdruck zumeist nicht vergangenes, sondern zukünftiges Verhalten beschreibt. Denn er meint eher: «Wenn ich das Abendessen verpasse, werde ich hungrig sein.» «Ich bin hungrig» kann auch gleichbedeutend sein mit «Mir ist nach Essen zumute.» Dieser Satz gewinnt dann die Bedeutung «Mir war früher schon so zumute, wenn ich begonnen habe zu essen.» Ebenso kann er gleichbedeutend sein mit «Ich beginne mich jetzt verdeckt in einer Weise zu verhalten, die der der Nahrungsbeschaffung und Nahrungsaufnahme sehr ähnlich ist» oder «Ich phantasiere jetzt, daß ich esse» oder «Ich denke jetzt an Dinge, die ich gern essen würde» oder «Ich ‹esse mir was vor›». Der Satz «Ich bin hungrig» kann sich also auf alle oder mehrere der hier genannten Zustände beziehen.

Die Identifizierung der Ursachen des eigenen Verhaltens

«Was tust du da?» ist oft eine Frage, die nach weiteren Informationen verlangt. Man könnte diese Frage jemandem stellen, der in einer Schachtel voll kleiner Gegenstände herumwühlt. Eine charakteristische Reaktion würde dann sein: «Ich suche nach meinem alten Taschenmesser.» Das Wort «herumwühlen» beschreibt eine besondere Art von Verhalten. Zusätzlich zu einer bestimmten Ortsangabe verweist es auf einen Grund. Jemand, der herumwühlt, sucht nach etwas, und das Herumwühlen hört auf, sobald er es gefunden hat. Die weitergehende Frage: «Wonach suchst du?» engt das Gebiet, nach dem gefragt wird, ein. Die Antwort: «Mein altes Taschenmesser» identifiziert den Gegenstand, der gesucht wird und der, sobald er gefunden wird, diesem Verhalten ein Ende setzt. Die noch weitergehende Frage: «Warum suchst du nach deinem Messer?» könnte die Antwort hervorrufen: «Weil ich es haben möchte.» Gewöhnlich bedeutet diese Antwort eher: «Weil es gebraucht wird.»

Eine direktere Frage nach bestimmten Ursachen lautet: «Warum tust du das?» Die Antwort besteht in den meisten Fällen aus einer Beschreibung von Gefühlszuständen: «Weil mir danach ist.» Häufig wird eine solche Antwort akzeptiert. Besteht jedoch die Sprachgemeinschaft auf etwas anderem, so kann sie fragen: «Warum ist dir danach, dies zu tun?» Die Antwort wird sich dann entweder auf andere Gefühlszustände oder schließlich auf äußere Umstände beziehen. So kann jemand auf die Frage: «Warum hast du deinen Stuhl verrückt?» zur Antwort geben: «Das Licht war schlecht» oder «Um mein Buch besser lesen zu können».

Fragen dieser Art werden nicht immer korrekt beantwortet, denn wir wissen oft nicht, warum wir uns in einer bestimmten Weise verhalten. Trotz der scheinbaren Vertrautheit mit unserer Innenwelt und trotz des offenkundigen Vorteils, den jemand, der seine eigene Lebensgeschichte beobachtet, gegenüber anderen besitzt, können andere mehr über die Ursachen seines Verhaltens wissen als er selbst. Ein Psychotherapeut, der versucht, seinen Patienten bestimmte Einsichten zu vermitteln, betont mit einiger

Wahrscheinlichkeit Kausalbeziehungen, derer sich sein Patient nicht bewußt war.

Wenn wir nicht wissen, warum wir uns so verhalten, wie wir uns verhalten, neigen wir dazu, Ursachen zu erfinden: «Da ich das getan habe, muß ich wohl geglaubt haben, daß es helfen würde.» Verhaltenserklärungen unterscheiden sich je nach der Art der Antworten, die in einer Sprachgemeinschaft akzeptiert werden. Genügt die einfache Erklärung «Mir war danach», so wird man sich nicht weiter bemühen müssen. Freuds Theorie war insofern von großem Einfluß, als sie die Art von Antworten verändert hat, die auf die Frage «Warum tust du das?» gegeben werden. Er betonte zwar Gefühlszustände, aber stellte auch gleichzeitig den Bezug zur persönlichen Lebensgeschichte her. Eine experimentelle Verhaltensanalyse dagegen wendet sich unmittelbar den vorausgegangenen Ursachen in der Umwelt zu.

Selbstbewußtsein

Ich habe auf den Unterschied zwischen Gefühlszuständen und den Berichten über sie hingewiesen. Wir können Gefühle einfach als Reaktionen auf Reize auffassen, aber die Berichte über sie sind das Ergebnis der besonderen sprachlichen Kontingenzen, die durch eine Gesellschaft bereitgestellt worden sind. Es gibt einen ähnlichen Unterschied zwischen dem Verhalten und dem Bericht über dieses Verhalten oder den Berichten über dessen Ursachen. Indem Bedingungen festgesetzt werden, anhand derer jemand die der Öffentlichkeit zugängliche oder private Welt, in der er lebt, beschreibt, läßt eine Gesellschaft die besondere Form von Verhalten entstehen, die wir als Wissen bezeichnen. Auf einen leeren Magen zu reagieren, indem man sich Nahrung beschafft und sie verzehrt, ist eine Sache; zu wissen, daß man hungrig ist, eine andere.

Das Selbstbewußtsein ist sozialen Ursprungs. Erst wenn die private Welt eines Menschen für andere an Bedeutung gewinnt, kann sie auch für ihn selbst bedeutungsvoll werden. Sie tritt dann unter jene Verhaltenskontrolle, die wir als Wissen bezeichnen. Doch das Sebstbewußtsein ist für das jeweilige Individuum von einem besonderen Wert. Ein Mensch, der durch Fragen, die ihm gestellt worden sind, «seiner selbst bewußt geworden» ist, befindet sich in bezug auf die Vorhersage und Kontrolle seines eigenen Verhaltens in einer besseren Position.

Eine behavioristische Analyse stellt die praktische Nützlichkeit von Berichten über die introspektiv beobachtete und empfundene innere Welt nicht generell in Frage. Sie geben Aufschluß über (1) vergangenes Verhalten und die Bedingungen, durch die es beeinflußt worden ist, (2) über gegenwärtiges Verhalten und seine Bedingungen sowie (3) über die Bedingungen zukünftigen Verhaltens. Dennoch wird die private Welt in unserer Haut weder klar beobachtet noch deutlich gewußt. Hierfür habe ich zwei Gründe erwähnt, auf die ich häufig zurückkommen werde: bei der Herstellung des Selbstbewußtseins muß die Sprachgemeinschaft (1) mit eher primitiven Nervensystemen auskommen, und sie kann (2) das Problem der Privatheit nicht vollständig lösen. Nach einem alten Prinzip ist nichts voneinander verschieden, was nicht von sich aus einen Unterschied ausmacht. In bezug auf Ereignisse in der Welt innerhalb der Haut ist es der Sprachgemeinschaft nicht gelungen, die Dinge verschieden genug zu machen. Als Folge hiervon bietet diese Welt der Spekulation einen weiten Raum, der über die Jahrhunderte hinweg eine außerordentlich große Verschiedenheit aufgewiesen hat.

Plato, so sagt man, habe den Geist entdeckt. Richtiger wäre es jedoch zu sagen, daß er nur einen bestimmten Aspekt des Geistes entdeckt hat. Denn die Griechen hatten lange vor seiner Zeit aus einer seltsamen Mischung von Physiologie und Metaphysik ein ausführliches Erklärungssystem des menschlichen Geistes konstruiert. Wenig später trat der reine Mentalismus in Erscheinung, der das westliche Denken für mehr als zweitausend Jahre beherrscht hat. Fast alle Varianten dieses Mentalismus behaupten, daß der Geist einen nicht physikalischen Raum einnimmt, in dem die Ereignisse nicht physikalischen Gesetzen unterworfen sind. Das «Bewußtsein», dessen sich der Mensch als Person gewiß sein soll, ist in einem Ausmaß zum Hauptgegenstand des westlichen Denkens geworden, daß «jedermann weiß, was es heißt, sich seiner bewußt zu sein.» Der Behaviorist, der das in Frage stellt, wird in einer Art und Weise als unredlich bezeichnet, als würde er sich weigern, sich der Wahrheit seiner Sinne zu öffnen. Selbst jene, die an der Wirklichkeit des Seelenlebens festhalten, stimmen im allgemeinen zu, daß seit den Tagen Platos in bezug auf die Bestimmung des Seelenlebens wenig oder kein Fortschritt erzielt worden ist. Mentalistische Theorien unterliegen sozusagen Modewechseln. Wir haben von Zeit zu Zeit eine Erneuerung der aristotelischen Philosophie erlebt und wenden uns jetzt angeblich den Theorien Platos zu. Die moderne Psychologie dagegen kann von sich behaupten, bei der Kontrolle der Umwelt, der sich die Menschen angeblich bewußt sind, weit über Plato hinausgelangt zu sein. Aber sie hat den Zugang der Menschen zum Bewußtsein selbst nicht wesentlich verbessern können, weil sie nicht in der Lage war, die sprachlichen Kontingenzen zu verbessern, unter denen Gefühle und Seelenzustände beschrieben und gewußt werden.

Der Behaviorismus dagegen hat sich weiterentwickelt. Er hat von den jüngsten Fortschritten in der experimentellen Verhaltensanalyse profitiert und sich die Bedingungen näher angesehen, unter denen die Menschen auf ihre Innenwelt reagieren. Er ist jetzt in der Lage, die zentralen Begriffe des mentalistischen Arsenals einen nach dem anderen zu analysieren. Im folgenden wird ein Beispiel einer solchen Analyse gegeben.

3 Gibt es ein angeborenes Verhalten?

Wie alle anderen Arten ist die menschliche Art das Produkt natürlicher Selektion. Jedes ihrer Mitglieder ist ein hochkomplexer Organismus, ein lebendiges System, der Gegenstand von Anatomie und Physiologie. Untersuchungsgebiete wie Atmung, Verdauung, Blutkreislauf und Immunisierung sind jeweils besonderen Wissenschaftsgebieten vorbehalten. Auch die Analyse des Verhaltens nimmt den Status eines besonderen Wissenschaftsgebiets ein.

Das Verhalten umfaßt gewöhnlich die Umwelt. Der neugeborene Säugling ist so konstruiert, daß er Luft und Nahrung aufnimmt sowie Abfälle ausscheidet. Atmen, Saugen, Urinieren und Defäzieren sind Dinge, die der Säugling ganz ebenso *tut*, wie er alle anderen physiologischen Aktivitäten vollzieht.

Sobald wir über die Anatomie und Physiologie des Neugeborenen hinreichend große Kenntnisse gewonnen haben werden, werden wir in der Lage sein zu sagen, *warum* es atmet, saugt, uriniert und defäziert. Im Augenblick aber müssen wir uns damit zufriedengeben, sein Verhalten zu beschreiben und an den äußeren oder inneren Reizen, seinem Lebensalter oder an dem, was dem Säugling fehlt, die Bedingungen zu erforschen, unter denen dieses Verhalten auftritt.

Reflexe und freigesetztes Verhalten

Eine besondere Art der Beziehung zwischen Verhalten und Reizung wird als Reflex bezeichnet. Seit dieses Wort geprägt wurde, sollte es sich auf die dem bezeichneten Vorgang zugrunde liegenden anatomischen und physiologischen Prozesse beziehen, die jedoch noch immer erst in groben Umrissen bekannt sind. Gegenwärtig besitzt der Begriff des Reflexes nur eine deskriptive Macht; als Erklärung selbst reicht er nicht aus. Wenn man sagt, daß ein Säugling atmet oder saugt, weil er über angemessene Reflexe verfügt, so sagt man einfach, daß er vermutlich deswegen atmet oder saugt, weil er sich evolutionär in einer Art und Weise entwikkelt hat, daß er dies tut.

Als man zuerst begann, Reflexe in isolierten Teilen des Organismus zu untersuchen, wurden die Ergebnisse dieser Untersuchungen als die Herausforderung einer Theorie aufgefaßt, die an der Bedeutung innerer Determinanten des Verhaltens festhalten wollte. So schienen beispielsweise einige Reflexe die Bedeutung der Rückenmarkseele herabzusetzen, deren Verteidigung zu einem frühen Angriff auf die umweltorientierte Verhaltensanalyse führte.

Das Verhalten schließt jedoch gewöhnlich die Umwelt in einer komplexeren Art und Weise ein. Bekannte Beispiele hierfür finden wir bei den niedrigeren Arten. Werbung, Paarung, Nestbau und die Sorge für die Jungen sind etwas, was Organismen vermutlich ganz einfach deswegen tun, weil es ihnen aufgrund ihrer evolutionären Entwicklung vorgeschrieben ist. Ein Verhalten dieser Art wird gewöhnlich als instinktgeleitet und nicht als reflexorientiert bezeichnet. Ethologen sprechen davon, daß die Umgebung ein Verhalten auslöst und meinen damit einen Handlungsvollzug, der weniger zwingend ist als eine reflexartige Reaktion. Freigesetztes oder instinktives Verhalten ist demnach in der Anpassung an zufällige Eigenarten der Umwelt reflexibler als ein reflexgeleitetes Verhalten. Sagt man aber, daß ein Vogel ein Nest bildet, weil er einen Nestbautrieb besitzt oder weil bestimmte Bedingungen seinen Nestbau freisetzen, so beschreibt man lediglich eine Tatsache, ohne sie zu erklären. Für den Physiologen ist instinktgeleitetes Verhalten eine weitaus komplexere Bestimmung als reflexgeleitetes Verhalten. Wir verfügen aber im Augenblick in bezug auf dieses Verhalten über wenig relevante Fakten und können über die Art der an ihm beteiligten Systeme allenfalls spekulieren. Ein Reflex ist als ein «von Reizen hervorgerufener Spannungszustand» beschrieben worden, «der nach einer Abfuhr sucht, die Entspannung bringt». «Jeder Fall instinktgeleiteten Verhaltens», so schrieb William McDoucall, «umfaßt ein Wissen von einem Ding oder Objekt, ein Gefühl in bezug auf es sowie eine Bestrebung in Richtung auf dieses Objekt oder von ihm fort.»

Instinkte als Triebkräfte. Man macht einen schwerwiegenden Fehler, wenn man einen Instinkt als eine Triebkraft auffaßt. Wir neigen nicht dazu, von einer Kraft zu sprechen. Wenn wir den Umstand erklären, daß ein Organismus Nahrung verdaut oder Immunität gegenüber bestimmten Krankheiten entwickelt, neigen wir nicht dazu, von einer Kraft zu sprechen. Häufig aber tritt der Begriff der Kraft auf, wenn das Verhältnis eines Organismus zu seiner Umwelt erörtert wird. Herbert Spencers «life force», Schopenhauers «blinder Lebenswille» und Bergsons «élan vital» sind frühe Beispiele der begrifflichen Umwandlung biologischer Prozesse in eher energetische oder substantielle Formen. Der *élan vital* zum Beispiel wurde als eine «unermüdliche, stets auf und nieder treibende Kraft» bezeichnet. Auch die von Freud formulierten Triebbegriffe sollten Triebkräfte bezeichnen. Ein Verhalten, durch das Gefahr, Krankheit oder Tod ausgelöst wurde, sollte unter der Herrschaft des Todestriebs stehen, während ein Verhalten, das der Macht des Lebens diente, unter der Herrschaft der Lebenstriebe stehen sollte, obwohl doch die beobachteten Tatsachen nur den Schluß zuließen, daß jedes Verhalten zu lebenserhaltenden oder lebenszerstörenden Folgen führen konnte.

Zwei Beispiele, die kürzlich einige Aufmerksamkeit auf sich gezogen haben, sollen hier erwähnt werden: (1) Wenn ein Organismus verletzt oder bedroht wird, so wird er mit einiger Wahrscheinlichkeit zum Beispiel durch Schlagen oder Beißen zum Angriff übergehen. Etwas von einem Verhalten dieser Art kann nach meiner Auffassung ebensosehr als Teil der genetischen Ausstattung des Organismus angesehen werden wie seine Atmung oder Verdauung. Das rechtfertigt aber nicht die Aussage, daß ein Organismus angreift, *weil* er über einen Aggressionsbetrieb verfügt. Der Angriff ist der einzige Beweis, den wir von seiner Neigung zum Angriff besitzen. (2) Einige Arten verteidigen die Territorien, in denen sie leben, und etwas von ihrem Verhalten scheint auf ihre genetische Ausstattung zurückzuführen zu sein. Sagt man aber, daß ein Organismus sein Territorium verteidigt, weil er über einen Raumbeherrschungstrieb verfügt, so stellt man einfach fest, daß es sich bei ihm um einen Organismus handelt, der sein Territorium verteidigt. – Der Ausdruck «genetische Ausstattung» ist als solcher gefährlich. Wie der Begriff des Reflexes oder des Triebes tendiert er dazu, Eigenschaften anzunehmen, die durch keinerlei Beweismittel gesichert sind, und von sich aus zu einer Ursache zu werden, statt die fortlaufenden Auswirkungen der natürlichen Selektion zu repräsentieren, von denen er dann abzulenken beginnt.

Darwins Theorie der natürlichen Selektion ist erst sehr spät in der Geschichte des menschlichen Denkens entstanden. Trat sie verspätet auf, weil sie im Gegensatz zu der offiziellen religiösen und weltlichen Wahrheit stand, weil sie in der Geschichte der Wissenschaft einen vollkommen neuen Gegenstand darstellte, weil sie sich nur mit lebendigen Dingen beschäftigte oder weil sie sich mit Zwecken und Endursachen befaßte, ohne einen Schöpfungsakt vorauszusetzen oder zu fordern? Ich glaube, daß alle diese Antworten nur die halbe Wahrheit treffen. Darwin entdeckte einfach die Rolle der Selektion und damit eine Art von Kausalität, die von der der klassischen Mechanik grundverschieden war. Der Ursprung einer phantastischen Vielfalt von Lebewesen konnte durch den Beitrag neuer und möglicherweise zufälliger Einflüsse auf das Überleben erklärt werden. In der Physik oder Biologie gab es zuvor kaum ein oder gar kein Kausalprinzip, das als Vorläufer der Selektion hätte angesehen werden können. Obwohl wir noch immer wenig oder gar nichts über die Anatomie oder Physiologie, die dem Verhalten zugrunde liegen, wissen, können wir über den Prozeß der Selektion spekulieren, die sie zu einem Teil der genetischen Ausstattung hat werden lassen. Das Überleben kann als *kontingent* in bezug auf bestimmte Arten von Verhalten aufgefaßt werden. Würden sich zum Beispiel die Angehörigen einer Art nicht miteinander paaren, nicht für ihre Jungen sorgen oder sich nicht gegen Feinde zur Wehr setzen, so könnte die Art nicht überleben. Es ist nicht leicht, diese «Kontingenzen des Überlebens» experimentell zu untersuchen, weil die Selektion ein sehr langsamer Prozeß ist. Einige ihrer Auswirkungen aber können unter sorgfältig arrangierten Selektionsbedingungen an Arten nachgewiesen werden, die schnell in ein Fortpflanzungsalter kommen.

Kontingenzen des Überlebens werden häufig mit Begriffen beschrieben, die eine andere Art kausalen Handelns unterstellen. Ein Beispiel hierfür ist der Begriff «Selektionsdruck». Die Selektion ist eine besondere Art von Kausalität, die sich als Kraft oder Druck nicht angemessen darstellen läßt. Sagt jemand, «daß es keinen offensichtlichen Selektionsdruck auf Säugetiere gibt, der das hohe Intelligenzniveau der Primaten erklären kann», so sagt er einfach, daß es schwer ist, sich Bedingungen vorzustellen, unter denen etwas intelligente Angehörige einer Art mit mehr Wahrscheinlichkeit überleben würden als etwas weniger intelligente. Falsch ist übrigens auch die Unterstellung, daß «Druck» vor allem von anderen Arten ausgeübt wird. Wenn intelligentes Verhalten deutlich von Nutzen ist, kann ein Überleben beinahe vollständig davon abhängen, ob man mit der physischen Umwelt fertig wird.

Kontingenzen des Überlebens sind einfacher vorstellbar, wenn das Verhalten es wahrscheinlicher macht, daß die Individuen überleben und sich fortpflanzen, und wenn die Kontingenzen über lange Zeiträume hinweg vorherrschen. Die Zustände innerhalb des Körpers erfüllen gewöhnlicherweise diese beiden Bedingungen. Außerdem sind einige Erscheinungen in der äußeren Umgebung, wie zum Beispiel die Zyklen von Tag und Nacht, der Jahreszeiten und Temperaturen oder zum Beispiel die Erdanziehung von langer Dauer. Langlebig ist auch die Mitwelt der Angehörigen derselben Art. Aus dieser Tatsache erklärt sich die Vorzugsstellung, die die Ethologen dem Werbeverhalten, der Sexualität, der elterlichen Pflege, dem Sozialverhalten, dem Spiel, der Imitation und der Aggression einräumen. Plausible Selektionsbedingungen für die These, daß «die Prinzipien der Grammatik im menschlichen Gehirn schon bei der Geburt vorliegen» lassen sich jedoch schwer auffinden. Denn das grammatische Verhalten kann für das Überleben über einen längeren Zeitraum hinweg zureichend gewesen sein, um seine Selektion zu erklären. Wie ich später ausführen werde, konnte das Sprachverhalten sich erst entwickeln, als seine notwendigen Bestandteile sich bereits aus anderen Gründen entwickelt hatten.

Vorbereitung für neue Umwelten

1. Reaktive Konditionierung

Kontingenzen des Überlebens können kein nützliches Verhalten hervorrufen, wenn die Umwelt von Generation zu Generation wesentlichen Veränderungen unterliegt, aber es können sich gewisse Mechanismen herausgebildet haben, aufgrund derer das Individuum ein Verhalten erlernt, das es ihm erlaubt, sich während seines Lebens einer neuen Umgebung anzupassen. Dafür ist ein konditionierter Reflex ein relativ einfaches Beispiel. Bestimmte Herzreflexe ermöglichen eine große Anstrengung, wenn es etwa darum geht, mit einem Angreifer zu kämpfen oder vor ihm zu fliehen. Vermutlich ist es von Vorteil, wenn das Herz reagiert, schon bevor der Kampf oder die Flucht einsetzt. Da jedoch Angreifer in ihrer Erscheinungsweise verschieden sind, kann im Einzelfall ein angemessenes Verhalten des Herzens schon vor dem Kampf oder der Flucht nur aufgrund einer reaktiven Konditionierung erreicht werden.

Ein konditionierter Reflex hat als Eigenschaft einer Person keinen größeren Erklärungswert als ein unkonditionierter oder angeborener Reflex. Das Herz dessen, der wegläuft, beginnt, unmittelbar bevor er läuft, nicht stärker und schneller zu schlagen, *weil* es sich um einen konditionierten Herzreflex handelt. Der Reflex ist einfach ein Mittel zur Identifizierung der Tatsache, daß es schneller zu schlagen beginnt. Der, der wegläuft, unterliegt seinerseits einer Veränderung, wenn die Situation in dem Augenblick, wo er wegläuft, eine große Anspannung von ihm verlangt. Als ein veränderter Organismus verhält er sich anders. Wenn man seine Veränderung als «Erwerbung eines konditionierten Reflexes» bezeichnet, so ist das lediglich eine sprachliche Bequemlichkeit.

So wie wir auf Kontingenzen des Überlebens verweisen, um

einen unkonditionierten Reflex zu erklären, so können wir auf «Kontingenzen der Verstärkung» verweisen, um konditionierte Reflexe zu erklären. Die Erscheinungen des konditionierten und unkonditionierten Reflexes sind natürlich Jahrhunderte hindurch bekannt gewesen, doch sind erst in jüngster Vergangenheit die Kontingenzen des Überlebens und der Verstärkung erforscht worden.

Innere Ergänzungen. Der konditionierte Reflex ist ein einfaches Prinzip von begrenzter Reichweite, das einige einfache Fakten beschreibt. Man hat jedoch zahlreiche innere Zustände und Handlungsvollzüge erfunden, die mit der Kraft von Instinkten vergleichbar sein sollen, um dieses Prinzip zu erklären. So soll das Herz eines Läufers vor dem Start schneller schlagen, weil er die Situation bereits mit der folgenden Anstrengung «assoziiert». Doch es ist die Umwelt, nicht der Läufer, die die beiden Realitätsbereiche im strengen etymologischen Sinn einer Vereinigung miteinander «assoziiert». Der Läufer stellt zwischen beiden auch nicht «eine Verbindung her»; denn die Verknüpfung beider geschieht in der Außenwelt. Konditioniertes Antwortverhalten soll angeblich als «Vorwegnahme» oder «Erwartung» gewohnheitsmäßig auftretender Folgen eintreten. Ebenso soll der konditionierte Stimulus als ein «Zeichen», «Signal» oder «Symbol» funktionieren. Ich werde auf diese Ausdrücke später zurückkommen.

Vorbereitung für neue Umwelten

2. Operante Konditionierung

Ein hiervon völlig verschiedener Vorgang, durch den eine Person eine neue Umwelt wirksam beherrscht, wird als operante Konditionierung bezeichnet. Viele Dinge, die sich auf die Umwelt beziehen, wie zum Beispiel Nahrung und Wasser, Sexualkontakt sowie Flucht vor Angriff und körperlichem Schaden sind für das Überleben des einzelnen und der Gattung von grundlegender Bedeutung. Jedes Verhalten, das diese Dinge hervorruft, besitzt daher einen hohen Überlebenswert. Aufgrund einer operanten Konditionierung tritt ein Verhalten, das Folgen dieser Art hat, mit größerer Wahrscheinlichkeit auf. Ein solches Verhalten wird durch seine Folgen *gestärkt.* Aus diesem Grunde werden die Folgen selbst als «Verstärker» bezeichnet. Legt zum Beispiel ein hungriger Organismus ein Verhalten an den Tag, das ihm Nahrung zur *Verfügung* stellt, so wird sein Verhalten durch diese Folge verstärkt und tritt mit größerer Wahrscheinlichkeit erneut auf. Auch ein Verhalten, das einen möglicherweise gefährlichen Zustand wie zum Beispiel eine extreme Temperatur in seiner Gefährlichkeit *verringert,* wird durch diese Folge verstärkt und wird aus diesem Grund mit einiger Wahrscheinlichkeit bei ähnlichen Gelegenheiten wieder auftreten. Der Vorgang selbst und seine Auswirkung haben eine große Zahl von mentalistischen Vorstellungen ins Leben gerufen, von denen wir einige in den folgenden Kapiteln untersuchen werden.

Die am häufigsten gebrauchte Unterscheidung zwischen operantem und Reflexverhalten läuft darauf hinaus, daß das eine willkürlich und das andere unwillkürlich ist. Operantes Verhalten wird der Kontrolle der Person zugeschrieben und steht nach der traditionellen Auffassung unter der Herrschaft ihres Willens. Reflexverhalten dagegen unterliegt keiner vergleichbaren Kontrolle und ist statt dessen sogar der Herrschaft von Geistern zugeschrieben worden, die sich des Willens einer Person bemächtigen. Niesen zu müssen, einen Schluckauf zu haben, oder anderen unwillkürlichen Reflexhandlungen zu unterliegen, wurde einst der Herrschaft des Teufels zugeschrieben. Vor ihm glauben wir noch heute einen Freund bewahren zu können, wenn wir ihm, sobald er niest «Gesundheit!» zurufen (Montaigne berichtet, daß er sich sogar jedesmal, wenn er gähnen mußte, bekreuzigte). Nimmt man nicht an, daß fremde Mächte sich des eigenen Willens bemächtigen, so wird ein solches Verhalten einfach als automatisch bezeichnet.

Vermischung von Kontingenzen des Überlebens und der Verstärkung

Es gibt einige bemerkenswerte Ähnlichkeiten zwischen den Kontingenzen des Überlebens und der Verstärkung. Wie ich bereits bemerkt habe, weisen beide eine Art von Kausalität auf, die erst sehr spät in der Geschichte des menschlichen Denkens entdeckt worden ist. Beide stellen einen Zweck in Rechnung, den sie den vorhandenen Tatsachen zeitlich nachordnen; mit beiden stellt sich die Frage nach einem schöpferischen Entwurf. Sobald wir uns einen Überblick über die Kontingenzen verschafft haben, die neue Verhaltensformen bei Individuen hervorbringen, werden wir eher in der Lage sein, die Kontingenzen zu bewerten, die angeborenes Verhalten in der Art hervorrufen. Einstweilen wollen wir an den Unterschieden der jeweiligen Kontingenzen festhalten.

Prägung. Operante Konditionierung und natürliche Selektion verbinden sich bei der sogenannten Prägung eines eben ausgebrüteten Entenkükens. In seiner natürlichen Umgebung bewegt sich das Entenküken auf seine Mutter zu und folgt ihr überall hin. Ein solches Verhalten besitzt einen offensichtlichen Überlebenswert. Wenn keine andere Ente da ist, verhält sich das Entenküken in genau der gleichen Weise hinsichtlich anderer Objekte. – Thomas Morus berichtete bereits in *Utopia*, daß die in einem Brutkasten großgezogenen Küken denen folgten, die sie ernährt und versorgt hatten. – In jüngster Zeit ist nachgewiesen worden, daß ein Entenküken jedem beweglichen Objekt folgt, insbesondere dann, wenn es ungefähr so groß ist wie eine Ente – also zum Beispiel auch einem Schuhkarton. Offenbar wird dem Überlebenszweck auch dann Genüge getan, wenn das Verhalten nicht der besonderen visuellen Kontrolle einer Ente unterliegt. Zu diesem Zweck scheint es ausreichend, sich einem Objekt zu nähern und ihm zu folgen.

Doch selbst wenn das so ist, so ist dies keine korrekte Feststellung in bezug auf das, was hier vor sich geht. Was das Entenküken ererbt, ist die Fähigkeit, verstärkt zu werden, indem es die Entfernung zwischen sich und einem beweglichen Objekt aufrechterhält oder reduziert. In der natürlichen Umgebung und im Labor, in dem das Prägeverhalten untersucht wird, führen das Sich-Nähern und Folgen zu den geschilderten Ergebnissen. Doch die Kontingenzen können experimentell verändert werden. Denn man kann ein mechanisches System konstruieren, in dem eine Bewegung auf ein Objekt hin dieses Objekt veranlaßt, sich rasch fortzubewegen, während eine Bewegung, die vom Objekt wegführt, dieses Objekt veranlaßt näherzukommen. Unter diesen Bedingungen bewegt sich das Entenküken eher von dem Objekt fort, anstatt sich ihm zu nähern oder zu folgen. Darüber hinaus kann ein Entenküken lernen, auf eine bestimmte Stelle in der Wand zu picken, wenn es ihm damit gelingt, das Objekt näherzubringen. Nur wenn wir wissen, was und wie das Entenküken lernt, können wir mit Gewißheit sagen, womit es bei seiner Geburt ausgestattet ist.

Nachahmung und Herdentrieb. Natürliche Selektion und operante Konditionierung werden häufig miteinander verwechselt, wenn sie ein Verhalten hervorbringen, das über eine ähnliche Topographie verfügt. Wenn ein Mitglied einer Gruppe auf einen sich nähernden Angreifer reagiert, indem es wegfliegt, wegrennt oder wegschwimmt und wenn der Rest der Gruppe dasselbe tut, so können sich alle in Sicherheit begeben, obwohl nur ein Mitglied der Gruppe in direktem Kontakt mit dem Angreifer stand. Derlei Bedingungen sind günstig für eine natürliche Selektion, weil andere Mitglieder ein fortdauernder Teil der Umgebung einer jeden Art sind. Ein ähnliches Verhalten wird jedoch durch die Kontingenzen der Verstärkung hervorgerufen. Im allgemeinen verhält sich eine Person in einer bestimmten Weise aufgrund vorherrschender Kontingenzen, und ein ähnliches Verhalten seitens einer anderen Person in derselben Situation unterliegt mit großer Wahrscheinlichkeit denselben Kontingenzen. Beobachtet man Menschen, die die Straße hinunterrennen, so kann man indirekt auf dieselben Kontingenzen antworten, indem man mit ihnen rennt und dabei möglicherweise einer Gefahr entflieht oder eine interessante Entdekkung macht. Von einem «Nachahmungstrieb» oder von einem «Herdentrieb» zu sprechen ist doppeldeutig; denn diese Redeweise kann sich auf Kontingenzen des Überlebens oder der Verstärkung beziehen.

Territorialität und Aggression. Beide Begriffe beziehen sich nicht auf spezifische Formen von Verhalten. Ein Organismus kann auf vielerlei Art und Weise sein eigenes Territorium verteidigen oder

Fremde angreifen. Territorialität und Aggression werden häufig als Beispiele moderner Kriegführung herangezogen, doch nur schwer ließe sich irgendeine Handlung eines Soldaten anführen, die durch Kontingenzen des Überlebens selektiert worden wäre. Aggressives Verhalten ist möglicherweise angeboren und wird durch besondere Umstände freigesetzt. Ein Säugling oder Kleinkind kann unter Bedingungen, unter denen es ihm nicht möglich gewesen sein kann, ein solches Verhalten zu erlernen, zu beißen, kratzen oder schlagen beginnen, wenn seine physische Bewegungsfähigkeit eingeschränkt wird. Aggressives Verhalten kann aber auch hervorgerufen und aufrechterhalten werden, weil die Menschen der Verstärkung erliegen, die von den Anzeichen des Schadens ausgeht, den sie anderen zugefügt haben. Die Fähigkeit, verstärkt zu werden, wenn ein Feind aufschreit oder wegrennt, könnte einen Überlebenswert besitzen, weil ein Mensch, der so ausgestattet ist, sehr rasch lernen würde, sich zu verteidigen. Aggressives Verhalten könnte aber auch durch Folgen verstärkt werden, die mit Aggressionen nicht unmittelbar etwas zu tun haben. Nahrung und Sexualkontakt, die aus anderen Gründen als Verstärkung gelten müssen, könnten einen Angriff auf einen Gegner verstärken, wenn sie auf solche Weise zu erlangen sind.

Eine Vermischung der Kontingenzen des Überlebens und der Verstärkung führt in theoretische Schwierigkeiten. Es überrascht nicht zu sehen, daß Theorien, die von der Annahme angeborener Eigenschaften ausgehen und Theorien, die davon ausgehen, daß solche Eigenschaften von der Umwelt erworben werden, sehr häufig nicht miteinander übereinstimmen und zuweilen ihr jeweiliges Territorium ziemlich aggressiv verteidigen.

Artspezifische «Universalien». Der Ausdruck «Instinkt» wird gelegentlich dadurch vermieden, daß man statt dessen auf ein artspezifisches Verhalten verweist, das allen Mitgliedern einer Art eigen ist und wahrscheinlich als Teil ihrer genetischen Ausstattung angesehen werden muß. Aber Kontingenzen der Verstärkung sind ebenfalls artspezifisch. Wir konnten dies am Verhalten des Entenkükens, das seiner Mutter folgt, beobachten. Das Küken verhält sich in dieser Weise, weil es von der «universalen» Tatsache, daß ein Objekt, auf das es sich zubewegt, näherkommt, motiviert wird. Universale Grundzüge in der Sprache verweisen nicht mit Notwendigkeit auf eine universale, angeborene Ausstattung des Menschen, vielmehr haben die Kontingenzen der Verstärkung, die durch Sprachgemeinschaften arrangiert werden, universale Züge. Psychoanalytiker haben die Universalität des Ödipuskomplexes betont, doch die Kontingenzen persönlicher Verstärkung innerhalb der Familie können in jeder gegebenen Kultur ebenfalls universal sein.

Die Bedeutung der Unterscheidung von Kontingenzen des Überlebens und der Verstärkung. Zweifellos urteilten die Behavioristen viel zu enthusiastisch über die Lernprozesse, die sie entdeckt hatten, und vernachlässigten dabei die Rolle einer Genetik des Verhaltens. Doch auch die Reaktionen auf die Theorie des Behaviorismus sind durch Übertreibung gekennzeichnet. Heute besteht die Notwendigkeit einer Kontroverse nicht mehr, obwohl wir noch ein gutes Stück davon entfernt sind, das Kräftespiel der Kontingenzen des Überlebens und der Verstärkung in seiner Gesamtheit zu durchschauen.

In einer wesentlichen Hinsicht ist alles Verhalten ererbt, denn der Organismus, der sich in einer bestimmten Weise verhält, ist das Ergebnis der natürlichen Selektion. Operante Konditionierung ist ebensosehr ein Teil der genetischen Ausstattung wie Verdauung oder Fortpflanzung. Die Frage lautet nicht, ob die menschliche Art über eine besondere genetische Ausstattung verfügt, sondern wie diese analysiert werden muß. Sie ist und bleibt ein biologisches System, und die behavioristische Theorie behauptet, daß sie keineswegs mehr ist als das.

Es gibt gute Gründe dafür, zwischen den beiden Arten von Kontingenzen zu unterscheiden. Denn beide unterscheiden sich in ihren Auswirkungen auf die Frage, mit der wir begonnen haben: warum verhalten sich die Menschen, wie sie sich verhalten? Kontingenzen der Verstärkung erhalten ihre Bedeutung durch die Möglichkeiten von Vorhersage und Kontrolle, die sie bieten. Die Bedingungen, unter denen jemand ein Verhalten erwirbt, sind leicht zugänglich und lassen sich häufig manipulieren. Die Bedingungen dagegen, unter denen eine Art ein Verhalten erwirbt, liegen zumeist außerhalb unserer Reichweite. Als eine unglückliche Folge dieses Umstands müssen die genetischen Ursachen zuweilen als eine Art universaler Entschuldigung herhalten: Jeder Aspekt des Verhaltens, der einer Analyse nach Maßgabe von Kontingenzen der Verstärkung nicht zugänglich ist, wird nur allzu gern auf die genetische Ausstattung zurückgeführt. Wir neigen dazu, derartige Erklärungen hinzunehmen, weil wir so sehr daran gewöhnt sind, über die besondere Beschaffenheit eines Organismus nicht hinauszugehen.

«Die Evolution des Geistes»

Der Begriff des Geistes war bereits vor dem Entstehen und der Weiterentwicklung der Evolutionstheorie gründlich und in zahllosen Varianten erörtert worden. Dem mußte die Evolutionstheorie Rechnung tragen. Wann und wie hatte sich der Geist entwickelt? Welche Art von Mutation könnte für den ersten Zustand oder Prozeß des Geistes verantwortlich sein, der durch seinen Beitrag zum Überleben der Person, bei der er auftrat, zu einem Teil der genetischen Ausstattung des Menschen wurde? Die Fragestellung ist derjenigen nicht unähnlich, die sich beim Übergang von Wirklichkeit in Erfahrung oder von Denken in Handeln stellt. Welche Art von Gen konnte das Potential des Geistes tragen, und wie konnte der Geist den physischen Kontingenzen des Überlebens genügen? Wenn der Geist nichts weiter als eine Manifestation der Physiologie ist, können derlei Fragen beantwortet oder zumindest ohne Angst zurückgestellt werden, bis die Physiologie sie beantworten kann. Doch nicht alle, die sich dem Mentalismus verschreiben, akzeptieren diese Position. Von einigen, so zum Beispiel von Teilhard de Chardin, ist der Geist als das Ende und eigentliche Ziel der Evolution bezeichnet worden, wenn nicht gar als etwas, was sogar jenseits der Evolution liegt. Der hervorragende Naturwissenschaftler Vannevar Bush meint dazu:

Wir scheinen zu einer Vorstellung gelangt zu sein, die uns sagt, wie sich das physikalische Universum um uns herum – das schließt alles Leben ein, das den Fleck bewohnt, den wir in diesem Universum einnehmen – durch einfache materielle Prozesse über Äonen von Zeiten hinweg evolutionär entwickelt hat. Es handelt sich dabei um die gleichen Prozesse, die wir experimentell untersuchen, mit Gleichungen beschreiben und als «Naturgesetze» bezeichnen. Allerdings gilt dies mit einer Ausnahme! Der Mensch ist sich seiner Existenz bewußt. Er besitzt, wie die meisten von uns glauben, einen Willen, den er als frei ansieht. Sind Bewußtsein und freier Wille ebenfalls nur aus «Natur–»Prozessen hervorgegangen? Die Frage ist von zentraler Bedeutung für die Auseinandersetzung zwischen denen, die nichts jenseits eines neuen Materialismus sehen und denen, die – Etwas sehen.

Der Behaviorist verfügt über eine einfachere Antwort. Was sich evolutionär entwickelt hat, ist ein Organismus; ein Teil des Verhaltens dieses Organismus ist versuchsweise mit der Erfindung des Begriffes Geist erklärt worden. Es bedarf jedoch keines besonderen evolutionären Prozesses, wenn die Tatsachen als das erörtert werden, was sie sind.

4 Das operante Verhalten

Der Prozeß der operanten Konditionierung, der im vorhergehenden Kapitel beschrieben worden ist, ist tatsächlich unkompliziert. Wenn ein Teil des Verhaltens die Folge hat, die als Verstärkung bezeichnet wird, so wird dieser Teil mit einiger Wahrscheinlichkeit erneut auftreten. Ein positiver Verstärker fördert jedes Verhalten, das er hervorruft. So ist ein Glas Wasser positiv verstärkend, wenn wir Durst haben. Trinken wir es bei dieser Gelegenheit, so werden wir dasselbe mit größerer Wahrscheinlichkeit bei ähnlichen Gelegenheiten erneut tun. Ein negativer Verstärker fördert jedes Verhalten, das ihn in seiner Wirkung herabsetzt oder einschränkt. Wenn wir einen Schuh, der drückt, ausziehen, dann wirkt die Herabsetzung des Drucks negativ verstärkend. Mit größerer Wahrscheinlichkeit werden wir uns jedesmal wieder so verhalten, wenn uns ein Schuh drückt. Derartige Vorgänge ergänzen den Prozeß der natürlichen Selektion. Bedeutende Folgen des Verhaltens, die in der Evolution keine Rolle spielen konnten, weil sie nicht als hinreichend stabile Züge der Außenwelt auftraten, können in der Lebenszeit eines Individuums durch operante Konditionierung Wirksamkeit erlangen. Hierdurch erzielt das Individuum einen großen Machtzuwachs innerhalb der Auseinandersetzung mit seiner Umwelt.

Die Gefühle der Verstärker

Die Tatsache, daß die operante Konditionierung wie alle physiologischen Prozesse ein Ergebnis der natürlichen Selektion ist, wirft ein Licht auf die Frage, welche Arten von Folgen verstärkend wirken und warum. Gemeinhin wird gesagt, eine Sache wirke verstärkend, weil sie sich gut anfühlt, schön aussieht, gut klingt, riecht oder schmeckt. Doch vom Standpunkt der Evolutionstheorie beruht die Empfänglichkeit für Verstärkungen auf deren Überlebenswert und nicht auf irgendwelchen Gefühlen, die im Zusammenhang mit ihnen auftreten.

Das kann an den Verstärkern gezeigt werden, die bei der Konditionierung von Reflexen eine Rolle spielen. Durch bestimmte chemische Reize auf der Zunge wird Speichelfluß hervorgerufen – wie andere Sekrete durch andere Reize in späteren Stadien der Verdauung hervorgerufen werden –, weil dieser Effekt zum Überleben der Art beigetragen hat. Jemand kann berichten, daß eine Substanz gut schmeckt, aber diese Substanz ruft keinen Speichelfluß hervor, weil sie gut schmeckt. Ganz ähnlich ziehen wir unsere Hand von einem heißen Objekt zurück, aber tun dies nicht, weil sich das Objekt schmerzhaft *anfühlt.* Das Verhalten tritt vielmehr auf, weil angemessene Handlungsmechanismen im Verlauf der Evolution selektiert worden sind. Die Gefühle sind dabei lediglich Nebenprodukte der Bedingungen, die für das jeweilige Verhalten verantwortlich sind.

Dasselbe kann von operanten Verstärkern gesagt werden. Zukker und Salz sind lebensnotwendig. Individuen, die dazu neigten, mit größerer Wahrscheinlichkeit von ihnen verstärkt zu werden, haben wirksamer gelernt und in Erinnerung behalten, wo und wie sie zu beschaffen sind. Daher haben sie auch mit größerer Wahrscheinlichkeit überlebt und ihre Empfänglichkeit für diese Verstärker der Art übermittelt. Häufig ist darauf verwiesen worden, daß der Paarungswettbewerb dazu tendiert, die geschickteren und mächtigeren Mitglieder einer Art zu selegieren. Aber er selegiert auch diejenigen, die einer sexuellen Verstärkung zugänglicher sind als andere. Daher wird die menschliche Art wie andere Arten auch durch Zucker, Salz und sexuellen Kontakt besonders intensiv verstärkt. Diese Feststellung ist grundverschieden von der Aussage, daß diese Dinge verstärkend wirken, *weil* sie gut schmecken oder sich angenehm anfühlen.

Gefühle haben die Diskussion über Belohnungen und Bestrafungen Jahrhunderte hindurch beherrscht. Ein Grund hierfür liegt darin, daß die Zustände, von denen wir berichten, wenn wir sagen, daß ein Geschmack, Geruch, Klang, ein Bild oder ein Musikstück entzückend, angenehm oder schön seien, Teil der unmittelbaren Situation sind. Die Wirkung dagegen, die sie in der Veränderung unseres Verhaltens ausdrücken, springt sehr viel weniger ins Auge und wird weniger leicht «gesehen», weil die sprachliche Umwelt keine guten Kontingenzen bereitstellen kann. Die Philosophie des Hedonismus besagt, daß alles Handeln der Menschen darauf abzielt, Lust zu gewinnen und Schmerzen zu vermeiden. Edward L. Thorndikes berühmtes Wirkungsgesetz trägt dem Rechnung, indem es die Wirkungen dieser Bestrebungen als befriedigende oder ärgerliche Gefühle registriert. Einige der Begriffe, mit denen wir angenehme Gefühle beschreiben, beziehen sich auf andere Auswirkungen von Verstärkern. So verweist etwa das englische Wort «to satisfy» auf den Zustand der Sättigung. Die meisten dieser Begriffe aber beziehen sich auf Körperzustände, die durch Verstärker hervorgerufen werden. Zuweilen kann man auch entdecken, was einen Menschen verstärkt, indem man ihn fragt, was ihm gefällt oder wie er die Dinge sieht. Man lernt dabei etwas Ähnliches wie bei der Überprüfung der Wirkung eines Verstärkers; denn er wird von dem sprechen, was ihn in der Vergangenheit verstärkt hat oder wovon er glaubt, daß es ihm wichtig sei. Das aber heißt nicht, daß seine Gefühle kausal wirksam sind; denn seine Antwort stellt sie als bloße Nebenwirkung dar.

Die Ausdrücke «ich mag Brahms», «ich liebe Brahms», «ich genieße Brahms» und «Brahms gefällt mir» können leicht in einer Weise aufgefaßt werden, als bezögen sie sich auf Gefühle, während man sie aber auch als Feststellung betrachten kann, daß die Musik von Brahms verstärkend wirkt. Jemand, der sich so äußert, stellt das Radio nicht ab, wenn dort Brahms gespielt wird, er wird sich Schallplatten mit Musik von Brahms kaufen und spielen sowie in Konzerte gehen, in denen Brahms auf dem Programm steht. Zu der Reihe der genannten Ausdrücke gibt es eine Reihe von Gegensätzen: «Ich mag Brahms nicht», «ich hasse Brahms», «mir ist Brahms widerwärtig» und «Brahms langweilt mich». Jemand, der eine solche Abneigung gegen Brahms besitzt, wird es vermeiden, seiner Musik zuzuhören. Beide Reihen von Ausdrücken beziehen sich nicht auf Verstärkungsmomente, sondern eher auf eine allgemeine Empfänglichkeit für Verstärkungen oder auch deren Fehlen.

Anspielungen auf das, was gefühlt wird, bedürfen sorgfältiger Überprüfung. Gefühle erscheinen besonders plausibel, wenn die mit ihnen verbundene Erfahrung auf eine lebende Person bezogen ist. Die Aussage «ich liebe meine Frau» scheint von einem Gefühl zu berichten, doch hat sie ebensogut eine bestimmte Handlungswahrscheinlichkeit zum Inhalt. Wir sind im allgemeinen bereit, uns einem Menschen gegenüber, den wir lieben, so zu verhalten, wie er es mag. Meistens sind wir gegenüber einem Menschen, den wir unsympathisch finden oder gar hassen, auch nicht bereit, etwas zu tun, was er gern hat. Wir sind im Gegenteil nur allzu bereit, alles zu tun, was er nicht mag oder haßt. In der Beziehung zu einem Menschen bedeutet «Liebe» ein Verhalten, das bestimmte Auswirkungen besitzt, die möglicherweise von Zuständen begleitet werden, die als Gefühle empfunden werden.

Mängel, Bedürfnisse, Sehnsüchte und Wünsche

Einige mentalistische Begriffe beziehen sich auf Bedingungen, die sowohl die Empfänglichkeit für Verstärkung zum Gegenstand haben wie auch die Intensität von bereits verstärktem Verhalten. So kann der Begriff der «Notwendigkeit» einen Mangel beschreiben. Ein Hungriger braucht notwendig etwas zu essen, und zwar in dem einfachen Sinn, daß Nahrung seine Not zu beenden vermag. «Bedürfnisse» verweisen ursprünglich auf Gewalt, Einschränkung und Zwang. Wir machen noch immer einen Unterschied zwischen einer Notwendigkeit zu handeln – wegen deren positiv verstärkenden Wirkungen – und einem Bedürfnis zu handeln – weil nicht zu handeln aversive Folgen haben würde. Zumeist aber werden beide Begriffe als austauschbar verstanden. Wir sagen, daß ein Auto Benzin braucht, und ebenso, daß es Benzin nötig hat. Sagt man aber von einem Menschen, daß er es «nötig hat rauszukommen», so unterstellt das eine aversive Kontrolle. Ein Mensch, der Nahrung braucht oder nötig hat, wird mit besonders großer Wahrscheinlichkeit durch sie verstärkt werden und gerade das Verhalten an den Tag legen, das bei ihm zuvor durch Nahrung verstärkt worden ist. Ein Mensch, der aversiver Kontrolle ausgesetzt ist, wird mit besonderer Wahrscheinlichkeit und Intensität verstärkt werden, wenn es ihm gelingt zu fliehen.

Wenn wir die Stärke einer Deprivierung oder aversiven Stimulierung kennen, können wir genauer vorhersagen, in welchem Ausmaß ein gegebenes Ereignis als Verstärkung wirken wird und wie wahrscheinlich es ist, daß eine Person ein bestimmtes Verhalten übernehmen wird. Dieses Wissen ist seit langem zu Zwecken der Kontrolle eingesetzt worden. Man hat Menschen hungern lassen, damit sie «für ihre Nahrung arbeiten» und damit sie durch Nahrung verstärkt werden können. Ganz ebenso hat man Menschen ins Elend gestürzt, damit sie bestimmte Handlungen ausführen, um sich aus ihrem Elend zu befreien.

Ein Ereignis wirkt nicht verstärkend, *weil* es ein Bedürfnis verringert. Nahrung wirkt auch dann verstärkend, wenn sie nicht sättigt, und Deprivierungen können auf eine Art und Weise verändert werden, die nicht verstärkend wirkt. Das Verhältnis zwischen einem Zustand der Deprivierung und der Intensität des angemessenen Verhaltens beruht vermutlich auf dessen Überlebenswert. Wäre ein Verhalten, das dazu führt, daß man zuviel ißt, jederzeit gleich stark, so würden die Menschen ihre Energien verschwenden und sich ständig völlig überfressen.

Es ist falsch, daß Nahrung verstärkend wirkt, *weil* wir hungrig sind, oder daß wir uns aufgrund eines Hungergefühls mit größerer Wahrscheinlichkeit in einer Weise verhalten, die durch Nahrung verstärkt worden ist. Es ist der Zustand, der als Hunger empfunden wird, der in der Evolution der Art am intensivsten und unmittelbarsten mit operanter Verstärkung selegierend in Verbindung gebracht worden sein dürfte.

Die Zustände, die assoziativ mit Bedürfnissen und Notwendigkeiten verknüpft sind, werden mit größerer Wahrscheinlichkeit empfunden, wenn im Augenblick kein entsprechendes Verhalten möglich ist. Der Liebhaber schreibt «Ich brauche Dich» oder «Du fehlst mir», wenn er nichts anderes tun kann. Tut er, außer daß er schreibt, etwas anderes, so muß es in dem Zustand aufgehen, den er mit diesen Ausdrücken bezeichnet. Wird dann ein anderes Verhalten möglich, so fällt es leicht zu sagen, daß es durch das Bedürfnis und nicht durch die Deprivierung oder aversive Stimulierung verursacht worden ist, dic sowohl für das Verhalten wie auch für den Zustand der Empfindungen verantwortlich sind.

Verlangen, Sehnsucht und Hoffnung sind überaus eng mit dem Fehlen eines angemessenen Verhaltens in der Gegenwart verknüpft, denn sie sind beendet, sobald ein Handeln einsetzt. Der Satz «Du fehlst mir» könnte fast schon als Metapher vorgestellt werden, die auf den Satz verweist «Ich suche nach Dir und kann Dich nicht finden». Der Liebhaber, der sich in den Armen seiner Geliebten befindet, ist nicht augenblicklich von dem Bedürfnis nach ihr befreit. Aber sie fehlt ihm nicht mehr, und er muß sich nicht länger nach ihr sehnen. Wenn kein Verhalten möglich ist, ist ein Wunsch vielleicht der einzige Ausdruck eines Zustands erhöhter Deprivierung oder aversiver Stimulierung. Jemand kann wünschen, daß er in der Lage wäre zu handeln – «Ich wünschte, ich könnte gehen» – oder er kann Handlungsfolgen herbeiwünschen – «Ich wünschte, ich wäre dort».

Die Auswirkungen operanter Verstärkung werden oft als innere Zustände oder gar als innerer Besitz dargestellt. Wenn wir jemanden verstärken, so vermitteln wir ihm angeblich ein Motiv oder einen Anreiz. Aber in Wirklichkeit folgern wir das Motiv oder den Anreiz erst aus seinem Verhalten. Wir bezeichnen jemanden bereits als hochgradig motiviert, wenn wir lediglich von ihm wissen, daß er sich energisch verhält.

Jemandem etwas zu nehmen, das er braucht oder nötig hat, ist keine gewaltsame Handlung. Die Wirkung dieses Vorgangs stellt sich erst allmählich ein. Zuständen der Deprivierung wird eine dramatischere Rolle zugeschrieben, wenn man sie als Triebe oder Zwänge bezeichnet. Nach Freuds Auffassung sind die Menschen gnadenlos «von mächtigen biologischen Kräften getrieben, die in den Tiefen ihrer Seele oder Persönlichkeit wohnen.» Wir sind nach dieser Auffassung abhängig von Sexualität, Hunger und Haß, obwohl sie angeblich die zum Handeln notwendige psychische Energie bereitstellen sollen. Freuds Libido ist als «emotionale oder psychische Energie» definiert worden, «die aus primitiven biologischen Zwängen stammt». Diese Metaphern beruhen auf aversiver Kontrolle. Der Kutscher *treibt* seine Pferde an, indem er sie mit der Peitsche schlägt. Eine ähnliche Funktion können zumindest im Falle des Hungers starke innere Stimulierungen haben, aber eine Deprivierung besitzt als solche keinerlei treibende Kraft.

Mentalistische Begriffe, die mit Verstärkern sowie mit den Zuständen assoziiert werden, unter denen Verstärker wirksam werden, erschweren die Aufdeckung funktionaler Beziehungen. So soll zum Beispiel die Feststellung «Der Begriff ‹Aggression› sollte auf ein Verhalten beschränkt werden, das von dem Wunsch geleitet ist, andere zu verletzen» eine sinnvolle Unterscheidung zwischen einem Verhalten einführen, das nur seiner Form nach aggressiv ist, und jenem Teil eines solchen Verhaltens, der emittiert wird, weil er andere verletzt. Doch man gewinnt nichts, wenn man von dem Wunsch spricht, andere zu verletzen, oder davon, durch einen Wunsch motiviert zu werden. Die Utilitaristen, die die Auffassung vertraten, daß Lust und Schmerz die «Motive des menschlichen Verhaltens» seien, bezogen sich nicht auf Motive, sondern auf Gefühle, die assoziativ mit bestimmten Folgen verbunden waren. Die experimentelle Untersuchung der Kontingenzen von Verstärkungen kann größere Klarheit in diese Zusammenhänge bringen.

Vorstellung und Wille

Die Folgen, die ein als operant bezeichnetes Verhalten formen und aufrechterhalten, sind in der Anordnung, in der eine Reaktion auftritt, nicht enthalten. Sie sind zu einem Teil der Geschichte des jeweiligen Organismus geworden. Die gegenwärtige Anordnung kann, wie wir im nächsten Kapitel sehen werden, die Wahrscheinlichkeit einer Reaktion beeinflussen, doch ist sie keineswegs der einzige Faktor, dem dies möglich ist. Eine Wahrscheinlichkeit zu ändern bedeutet nicht wie bei einem Reflex, eine Reaktion *hervorzurufen.*

Jemand kann einige der Bedingungen, die mit der Wahrscheinlichkeit einhergehen, daß er sich in einer bestimmten Weise verhalten wird, empfinden oder auf andere Art beobachten. Er kann zum Beispiel sagen, daß er «gehen möchte», daß er «gehen will» oder daß er «zu gehen wünscht». Dieselben Ausdrücke können als Verstärker auftreten, wenn er sagt, daß er «etwas trinken möchte», «etwas trinken will» oder «etwas zu trinken wünscht». Möglicherweise ist die Aussage «mir ist jetzt danach, zu gehen» eng mit der Aussage verwandt «ich fühle mich jetzt, wie mir früher zumute war, wenn ich gegangen bin». Die Aussage «ich möchte gehen» kann eine Deprivierung oder einen Mangel anzeigen. Die Aussage «ich wünsche» ist, wie wir gesehen haben, der Feststellung einer bloßen Handlungswahrscheinlichkeit möglicherweise näher. Ob nun aber jemand die Wahrscheinlichkeit einer Reaktion empfindet oder auf andere Art beobachtet, Tatsache bleibt doch, daß er zu einem bestimmten Zeitpunkt reagiert.

Um einen operanten von einem hervorgerufenen Reflex zu unterscheiden, sagen wir, daß die operante Reaktion «emittiert» wird. – Es wäre besser, wenn man einfach sagen würde, daß sie auftritt. Denn der Begriff des Emittierens könnte zu der falschen Vorstellung verleiten, daß ein Verhalten innerhalb eines Organismus existiert und dann nach außen tritt. Das aber ist so wenig der Fall, wie bei einer Glühbirne das Licht sich in dem Leuchtfaden befindet, bevor es emittiert wird. Es ist von zentraler Bedeutung, daß dem Emittieren kein notwendiges kausales Ereignis voraufgeht. Wir erkennen dies an, wenn wir sagen, «daß es ihm plötzlich einfiel, zu gehen», anstatt «die Handlung, zu gehen, fiel ihm plötzlich ein». Zuweilen wird ein Verhalten dieser Art mit dem Begriff der Vorstellung in Verbindung gebracht. Wir sagen «die Vorstellung überkam ihn.» In Ausdrücken wie «eine Vorstellung entwikkeln» oder «sich eine Vorstellung anderer zu eigen zu machen» unterstellt das Wort eine unabhängige und losgelöste Einheit. Sagen wir dagegen «ich stelle mir vor, hinten ist die Tür offen», so beschreiben wir damit ein Verhalten, mit dessen Hilfe man versuchen kann, eine Hintertür zu öffnen. Gelingt es jemandem, seinen Tanzlehrer zu imitieren, so kann man sagen, daß er sich dessen «Vorstellung» zu eigen gemacht hat, obwohl er doch nur ein Verhalten wählt, das dem des Lehrers ähnlich ist. Es ist hier ebensowenig die Vorstellung als selbständige Einheit gemeint, wie wenn wir sagen, daß jemand, der über einen Witz lacht, sich die Pointe vorstellen kann, oder daß jemand, der ein Buch liest, sich von dessen Inhalt eine richtige Vorstellung zu machen in der Lage ist.

Das offenkundige Fehlen einer unmittelbaren Ursache hat bei operantem Verhalten zu der Erfindung von Auslöseereignissen geführt. Verhalten, so glaubt man, tritt auf, sobald jemand willens ist zu handeln. Der Begriff des Willens ist verwirrend. Die einfache Zukunft, wie sie aus dem Satz «er will gehen» herauszulesen ist, nimmt eine zusätzliche Bedeutung an, sobald wir sagen «trotz der Gefahr *will* er gehen». Ein Wille steht einer Wahl nahe. Dies gilt vor allem dann, wenn es darum geht, zwischen einem Handeln und einem Verzicht auf Handeln zu wählen. Ein Wille oder eine Wahl wird offenbar so wenig vorher angekündigt wie eine Handlung. Indem man ein auf andere Weise unerklärliches Verhalten einem Willensakt oder Wahl zuschreibt, scheint man ein Rätsel lösen zu können. Hierin liegt wohl der Grund für den Begriff des Willens. Jedes Verhalten läßt sich zureichend erklären, solange wir keinen Grund sehen, auf einen Willensakt als Erklärung zurückzugreifen. Aber die Bedingungen, die die Art der Wahrscheinlichkeit eines Operanten festlegen, liegen in der Lebensgeschichte einer jeden Person. Da sie nicht offen dargestellt werden, werden sie leicht übersehen. Es wird dann nur allzu einfach, daran zu glauben, daß der Wille frei sei und daß jeder Mensch über die Freiheit der Wahl verfüge. In Wirklichkeit aber liegt hier eine Determinierung vor. Denn wie die Mikroorganismen zur Zeit Pasteurs sich nicht spontan verhielten, sondern Gesetzen gehorchten, so unterliegt auch heutzutage scheinbar spontanes Verhalten bestimmten Gesetzen.

«Freiheit» bedeutet gewöhnlich das Fehlen von Einschränkungen oder Zwängen, in einem umfassenderen Sinn das Nichtvorhandensein irgendeiner vorausgehenden Determinierung. Formuliert wird das in der These: «Alle Dinge, die entstehen, mit Ausnahme von Willensakten, verfügen über bestimmte Ursachen.» Theologen sind sehr besorgt um die Freiheit, an der sie glauben festhalten zu müssen, um so den Menschen eine Verantwortlichkeit und Schuldfähigkeit zuschreiben zu können. Eine theologische Lehre vertrat die Auffassung, daß ein Mensch nur dann frei handelt, wenn er sich dazu entschieden hat zu handeln und *wenn diese Entscheidung ihrerseits durch eine Entscheidung hervorgebracht worden ist.*

Die Ursachen sind offenkundig, wenn ein Reflexverhalten als unwillkürlich bezeichnet wird – denn man verfügt nicht über die Freiheit, zu niesen oder nicht zu niesen. Ganz offenbar ist Pfeffer oder ein anderes Reizmittel die auslösende Ursache. Operantes Verhalten wird als willkürlich bezeichnet, doch es entsteht keineswegs ohne jede Ursache. Diese ist einfach nur schwerer auszumachen. Das Kriterium für die scheinbare Ausübung eines freien Willens liegt in einer positiven Verstärkung, aufgrund deren sich jemand frei fühlt und als frei bezeichnet. Er versichert dann, das zu tun, was ihm Spaß macht. – Wie wir in Kapitel 12 sehen werden, ist es von zentraler Bedeutung, daß positive Verstärkungen weder ein Vermeidungshandeln erzeugen noch eine Fluchtbewegung oder irgendein Verhalten, das dazu angetan wäre, die Bedingungen, unter denen es auftritt, zu verändern.

Der Begriff des Willens scheint ebenso wie der der Idee mit einer bestimmten Form von Verhalten oder dessen Wahrscheinlichkeit austauschbar zu sein, denn er signalisiert eine bestimmte Bereitschaft. Eine Autorität in Fragen der Gesundheit sagte kürzlich, daß es bei einer Abmagerungskur oder Diät auf die Willensanstrengung ankomme. Was er damit meinte, war vermutlich, daß jemand, der sich einer solchen Kur unterzieht, sie lange genug fortsetzen muß. Der «Wille zur Macht», den ein Führer an den Tag legt, unterstellt ein Verhalten, das durch ökonomischen, religiösen oder politischen Machtzuwachs verstärkt wird. Die Aussage, daß «manche Menschen über keinen Willen verfügen, weil sie Angst haben», scheint sich auf nichts weiter als die Tatsache zu beziehen, daß sie sich nicht in einer bestimmten Weise *verhalten*, weil sie sich vor etwas fürchten. Die Feststellung, daß «das Mädchen, in das er verliebt war – ohne sie je kennenzulernen –, einen zerstörerischen Einfluß auf ihn ausübte und seinen Willen lähmte», meint vermutlich, daß Teile seines Verhaltens durch sie gelähmt wurden.

Ein anderer Aspekt des Willens ergibt sich aus seiner scheinbar unerklärlichen Spontaneität, die zu der Annahme verleitet, der Wille könne ohne jedes Handeln Folgen hervorrufen. So kann etwa von Brahma in dessen religiöser Tradition behauptet werden, daß er durch die geheimnisvolle Kraft seines Willens alles Seiende geschaffen hat. Ähnlich wird in der Psychokinese unterstellt, daß jemand durch seinen Willen den Fall der Würfel beeinflussen kann.

Zweck und Absicht

Dem Behaviorismus ist möglicherweise kein Vorwurf häufiger gemacht worden als der, daß er mit der Absicht und dem Zweck nichts anzufangen wisse. Nun kann zwar ein Reiz-Reaktionsschema diesen Vorwurf nicht entkräften, aber das operante Verhalten weiß sehr wohl mit der Absicht und dem Zweck etwas anzufangen. Denn es ist seiner Natur nach auf die Zukunft ausgerichtet. Ein Mensch handelt, *damit* etwas geschieht, und sein Handeln ist zeitlich geordnet. Das englische Wort für Zweck, «purpose», wurde einst auch als Verb gebraucht und bedeutete so viel wie «vorschlagen». «Ich schlage vor zu gehen» ist ähnlich wie «Ich beabsichtige zu gehen». Sprechen wir statt dessen von unserer Absicht oder unserem Zweck zu gehen, so unterstellen wir allzu leicht, daß sich diese Wörter auf konkrete Dinge beziehen könnten.

Ein großer Teil der Mißverständnisse in bezug auf den Zweck ist aus der Tatsache entstanden, daß man sich den Zweckbegriff in seinen früheren Fassungen nicht anders als räumlich vorstellen konnte. Die Absicht eines Wettläufers besteht darin, ein Ziel zu erreichen, und wir spielen Halma mit der Absicht, unsere Steine nach Hause zu bringen. Da Verhalten, das mit einer Absicht verknüpft war, früher anhand einer verwirrenden Begriffsbildung untersucht wurde, konnte man unterstellen, daß sich Organismen auf den Ort zubewegten, an dem sie verstärkt wurden. Wenn man von dem Ziel statt vom Zweck spricht («Was ist Ihr Ziel im Leben?»), identifiziert man den Zweckbegriff mit einem Endzustand. Doch es ist zum Beispiel sinnlos zu sagen, daß das Ziel – geschweige denn der Zweck des Lebens der Tod sei, auch wenn alles Leben schließlich im Tod endet. Man lebt nicht, um zu sterben oder mit dem Tod als Lebenszweck, gleich ob man sich vom

Standpunkt der natürlichen Selektion oder der operanten Konditionierung aus darüber verständigt.

Ziele und Zwecke werden miteinander verwechselt, wenn man bei einem Gerät, das automatisch ins Ziel fliegt, von dessen Zweck spricht. So kann eine Rakete ihr Ziel erreichen, wenn sie auf Grund von Informationen, die sie während des Fluges von ihrem Ziel erhält, exakt kontrolliert wird. Zuweilen spricht man davon, daß ein solches Gerät «über einen eingebauten Zweck verfügt». Doch der kybernetische Feedback, der zu seiner Steuerung verwendet wird, ist keine Verstärkung, und eine Rakete besitzt in dem Sinn, von dem hier die Rede ist, keinen Zweck. – Feedback kann bei einer bestimmten Art von ausdrücklich zielgerichtetem Verhalten eingesetzt werden, von der im 8. Kapitel die Rede sein wird.

Nicht alle Folgen stellen Verstärkungen dar, und ein Großteil der Wirkungen, bei denen es sich um Verstärkungen handelt, hängt von bestimmten Kontingenzen ab. Psychoanalytiker haben häufig darauf hingewiesen, daß passionierte Glücksspieler häufig die Absicht verfolgen, sich zu bestrafen, indem sie verlieren. Fast immer verliert am Ende bei einem Glücksspiel der Spieler. Sein Verhalten führt zu dieser Konsequenz, aber es ist deshalb keineswegs verstärkend. Spielen kann bei vielen anderen Arten nachgewiesen werden. Man wird sich das Spielen nach einem besonderen Verstärkungsplan erklären müssen, von dem weiter unten die Rede sein wird. Daß er schließlich zum Verlust (der «negativen Nützlichkeit») führt, beeinträchtigt die Wirksamkeit eines solchen Plans keineswegs.

«Motive und Zwecke sind im Hirn und im Herzen eines Menschen angesiedelt, während die Folgen seines Handelns in einer Welt der Tatsachen ihren Ort haben.» Sieht man davon ab, daß dieser Satz die Physiologie über Gebühr strapaziert, so verbirgt sich hinter ihm eine wichtige Unterscheidung. Denn Motive und Zwecke sind in der Tat in den Menschen angesiedelt, während Kontingenzen der Verstärkung in der Umwelt ihren Ort haben. Doch sind Motive und Zwecke ihrerseits bestenfalls Auswirkungen von Verstärkungen. Die Veränderung, die durch eine Verstärkung herbeigeführt wird, wird häufig als «Erwerb von *Zwecken und Intentionen*» bezeichnet. Wenn wir einen Menschen in einer bestimmten Weise verstärken, geben wir ihm sozusagen «einen Zweck». Es handelt sich hier gewiß um eine geläufige Redeweise, doch die Tatsache bleibt bestehen, daß ein Mensch, der «sich seines Zwecks bewußt» ist, sich in einem Zustand fühlt und beobachtet, der durch eine Verstärkung herbeigeführt worden ist.

Nach etwas zu suchen oder Ausschau zu halten, scheint eine besonders starke Orientierung an der Zukunft vorauszusetzen. Wir lernen, nach einem Objekt zu suchen, wenn wir ein Verhalten erwerben, das gemeinhin zur Folge hat, daß wir es finden. Nach einem Streichholz zu suchen, bedeutet, sich in einer Weise suchend zu verhalten, die zuvor dadurch verstärkt worden ist, daß man Streichhölzer gefunden hat. Nach Hilfe zu suchen, heißt, in einer Art und Weise zu handeln, die in der Vergangenheit Hilfe herbeigeführt hat. Wenn die Handlungsfolgen in der Vergangenheit nicht eindeutig gewesen sind, suchen wir nur vage und ineffektiv herum.

Zahlreiche Einzelheiten der Diskussion über Zwecke im menschlichen Verhalten erinnern an die Debatte über die Zwecke in der Evolution. Die *Columbia Encyclopædia* bemerkt hierzu: Ein verbreitetes Mißverständnis der Evolution liegt in dem Glauben, daß ein Tier oder eine Pflanze sich verändert, um der jeweiligen Umgebung besser angepaßt zu sein. So kann dieser Glaube unterstellen, daß ein Organismus evolutionär Augen ausbildet, um sehen zu können. Da es sich bei einer Mutation um einen Zufallsprozeß handelt und da die meisten Mutationen für einen Organismus eher schädlich als neutral oder gutartig sind, ist es nur allzu offenkundig, daß das Auftreten einer Veränderung in sich selbst Sache eines Zufalls ist und daß man keineswegs davon sprechen kann, daß ein Wille oder Zweck auf seiten des Organismus eine neue Struktur oder eine abweichende Entwicklung herauszubilden in der Lage wäre, die sich als nützlich erweisen könnte.

Gefühle, die mit Verstärkungsplänen assoziiert werden

Die Wahrscheinlichkeit, daß jemand aufgrund der Vorgeschichte einer operanten Verstärkung in einer bestimmten Weise reagiert, verändert sich mit den Veränderungen der Kontingenzen. Assoziierte Körperzustände werden häufig als Ursachen solcher Veränderungen in der Wahrscheinlichkeit genannt, weil sie introspektiv empfunden und beobachtet werden können.

Wird eine bestimmte Handlung beinahe jedesmal verstärkt, so vermittelt das ein Gefühl des Vertrauens. Ein Tennisspieler berichtet, daß er einen besonderen Schlag so lange übt, «bis er sich seiner Sache sicher ist». Entscheidend ist dabei für ihn die Tatsache, daß er übt, bis ein bestimmter Anteil seiner Schläge ihm gut ausgeführt erscheint. Häufige Verstärkung führt dazu, daß man zu hoffen beginnt. So kann jemand seines Erfolgs gewiß werden. Er gewinnt Freude an seiner Selbstbeherrschung, seiner Macht und Kraft. Vom Säugling sagt man, daß er ein Gefühl frühkindlicher Allmacht erwirbt. Häufige Verstärkung führt auch dazu, daß man Interesse für das zeigt, was jemand tut. Bei all diesen Vorgängen wird das Verhalten irrtümlich den Gefühlen zugeschrieben und nicht den Kontingenzen, die dafür verantwortlich sind, was man fühlt.

Wenn sich keine Verstärkung mehr einstellt, wird ein Verhalten «gelöscht» und tritt nur noch selten oder gar nicht mehr auf. Die betreffende Person leidet dann unter einem Verlust an Selbstbewußtsein, Sicherheit und Realitätsbewältigung. Ihre Gefühle durchlaufen eine Skala, die von einem Verlust an Interesse aufgrund von Enttäuschung und Entmutigung über ein Gefühl der Ohnmacht bis hin zu einer möglicherweise tiefen Depression reicht. Von diesen Gefühlen wird dann irrtümlicherweise angenommen, daß sie das Fehlen eines jeden Verhaltens erklären könnten. So wird zum Beispiel von einem Menschen gesagt, der unfähig ist, zur Arbeit zu gehen, er sei hierzu nicht in der Lage, weil er entmutigt oder deprimiert sei, obwohl die Tatsache, daß er nicht geht, zusammen mit dem, was er fühlt, auf einem Mangel an Verstärkung beruht, der entweder in seiner Arbeitswelt oder in einem anderen Teilbereich seines Lebens eingetreten ist.

Frustration ist ein hiervon verschiedener Zustand; sie schließt eine Tendenz zu einem Angriff auf das Handlungssystem ein, die häufig darauf zurückzuführen ist, daß eine Verstärkung ausgeblieben ist. Frustriert, so nehmen wir an, ist jemand, der gegen den

Zigarettenautomaten schlägt, weil der nicht funktioniert, oder der seine Frau anschreit, weil sie vergessen hat, Zigaretten zu kaufen. Spricht man von «frustrierten Erwartungen», so bezieht man sich auf einen Zustand, der durch ein Ausbleiben gewohnter Verstärkungen hervorgerufen wurde.

Eine andere Art von Gefühlen wird gewöhnlich damit assoziiert, daß eine angemessene Gelegenheit fehlt, sich in einer bestimmten Weise zu verhalten. Das archetypische Muster dieses Zustands ist das Heimweh. Verläßt jemand zum erstenmal sein Zuhause, so kann er einen großen Teil des Verhaltens, das dieser Umgebung angemessen war, nicht länger emitieren. Der Zustand, in dem er sich befindet, kann dem einer Depression ähnlich sein, die, wie man sagt, häufig bei Menschen auftritt, die aus einer Stadt in eine andere gezogen sind. Er wird als «Nostalgie» bezeichnet, ein Ausdruck, der den Schmerz bezeichnet, der durch eine ebenso starke wie unmöglich gewordene Neigung, nach Hause zurückzukehren, ausgelöst wird. Ein ähnlicher Zustand herrscht vor, wenn man sich einfach verlaufen hat; er wird als «Verlassenheit» aufgefaßt. Jemand, der sich «in der Liebe verlassen fühlt», ist unfähig, ein Verhalten zu emitieren, das sich auf die geliebte Person bezieht. Jemand, der allein ist, kann sich einsam fühlen; wichtig ist dabei, daß sich niemand in seiner Nähe befindet, mit dem er reden oder zu dem er sich auf andere Art verhalten kann. Das Verhalten der Menschen, die Heimweh haben, sich verlassen, in der Liebe enttäuscht oder einsam fühlen, wird gewöhnlich eher den von ihnen empfundenen Gefühlen zugeschrieben als der Tatsache, daß ihnen die vertraute Umgebung fehlt. Die meisten Verstärkungen treten intermittierend auf. Die Pläne, nach denen sie programmiert werden, rufen Zustände hervor, die mit einer Vielzahl von Begriffen beschrieben werden. Die sogenannten Ratenpläne bieten hierfür zahlreiche Beispiele. Wenn die Reaktionsrate auf Verstärkungen hoch ist, wird das Verhalten gewöhnlich (1) der Sorgfalt, dem Fleiß oder Ehrgeiz, (2) der Entschlußkraft, Hartnäckigkeit oder dem Durchhaltevermögen, (3) der Erregung oder Begeisterung sowie (4) der Hingabe oder der Zwanghaftigkeit der jeweiligen Versuchsobjekte zugeschrieben.

Die Reaktionsrate auf Verstärkungen kann so weit gedehnt

werden, bis sie recht ungünstig wird. Das ist in vielen Handlungssystemen geschehen, so zum Beispiel beim Stücklohn innerhalb der Heimarbeit des 19. Jahrhunderts. Dort erzwang der Verstärkungsplan ein gefährlich hohes Maß an Aktivität und lief den Interessen der Arbeiter deutlich zuwider. Doch auch in unserem Alltagsleben treten Verstärkungspläne dieser Art auf. Ein Schriftsteller, der davon lebt, einen Artikel nach dem anderen zu schreiben, handelt nach einem Plan mit feststehenden Raten. Dabei macht er häufig die Erfahrung, daß er nach Fertigstellung eines Artikels eine Zeitlang in einem Zustand lebt, der dem der Löschung ähnlich ist und in dem er unfähig ist, eine neue Arbeit zu beginnen. Dieser Zustand wird gelegentlich als «Abulie» bezeichnet, also als eine krankhafte Willensschwächung oder eine neurotische Handlungsunfähigkeit. In ihr wird dann die Ursache der Störung gesehen, obwohl ein solcher Verstärkungsplan ähnliche Auswirkungen bei einer Vielzahl von Arten hervorruft.

Besonders interessant sind Pläne mit variablen Verstärkungsraten, bei denen eine Verstärkung nach einer bestimmten durchschnittlichen Anzahl von Reaktionen auftritt, ohne daß man Vorhersagen könnte, wann die nächste Reaktion verstärkt wird. Ein günstiger Verlauf, bei dem der Durchschnitt sich allmählich erhöht, erzeugt große Beträge von psychischer Energie, von Willensstärke oder Libido. Man hat behauptet, Hitler habe das Ende des Zweiten Weltkrieges schon «durch eine unglaubliche Willensanstrengung, zu der außer ihm niemand in Deutschland fähig war», um fast ein Jahr hinausgezögert. Doch läßt sich sein Verhalten – und damit auch seine «Willensanstrengung» – ohne Schwierigkeit auf ein – für Hitler, keineswegs aber für die übrige Welt – außerordentlich günstiges Programm zurückführen, in dem eine Serie von bestärkenden Erfolgen einen zunehmend größeren Aufwand an Anstrengungen erforderlich machte. – Diese Art der Interpretation eines historischen Ereignisses kann nie mehr als nur plausibel sein, doch sie stellt eine bessere Erklärung da als die, die sich auf Willensstärke beruft.

Obwohl ihre Wirkungen gewöhnlich Gefühlen zugeschrieben werden, beruhen alle Glücksspiele auf einem Verstärkungsplan, bei dem die Rate der Verstärkungen variabel ist. So wird zum

Beispiel häufig gesagt, daß Menschen sich wegen der Erregung dabei an Glücksspielen beteiligen. Doch die Erregung ist eindeutig nur ein Nebenprodukt des Spiels. Ebensooft hört man, daß Menschen spielen, «um ihre Herrschsucht und ihr Gewinnstreben zu befriedigen». Das steht im Gegensatz zu der Tatsache, daß am Ende fast alle Glücksspieler verlieren. Dieser Widerspruch in ihrem Verhalten wird dadurch erklärt, daß man die Spieler, die sich selbst und ihre Familie ruinieren, als «zwanghaft» oder «pathologisch» bezeichnet und damit ihr «irrationales» Verhalten einer Krankheit zuschreibt. «Anomal» ist ihr Verhalten in dem Sinn, daß nicht jeder mit ähnlicher Hingabe auf derlei Kontingenzen reagiert; doch ist schließlich auch nicht jeder einem Programm ausgesetzt, bei dem sich eine hochgradig ungünstige Rate der Verstärkung als wirkungsvoll erweist. Demselben Verstärkungsplan mit variablen Verstärkungsraten unterliegen diejenigen, die auf Entdeckungsreisen gehen, nach Rohstoffen suchen, Erfindungen machen, wissenschaftliche Forschungen unternehmen oder künstlerische Tätigkeiten ausüben. Auf allen diesen Gebieten wird ein großes Maß an Aktivität gewöhnlich weder einer Zwanghaftigkeit noch einer Irrationalität, sondern der Hingabe an die Sache zugeschrieben.

Es ist für intermittierende Verstärkungen charakteristisch, daß ein Verhalten ohne jede Rückkopplung lange Zeit hindurch aufrechterhalten wird. Man hat dies dadurch zu erklären versucht, indem man den Mensch als ein Wesen der Hoffnung bezeichnete, das von seiner Veranlagung her gar nicht resignieren könne. Doch liegt in solchen Reaktionen nichts wesentlich Menschliches; denn sie beruhen weder auf Hoffnung, noch auf Resignation, sondern auf den Kontingenzen als ihren allgemein zugänglichen und sichtbaren Ursachen.

Aversive Stimulierung und Bestrafung

Aversive Reize, die eine Menge von introspektiv beobachteten und empfundenen körperlichen Zuständen hervorrufen, sind diejenigen Reize, die als Verstärker wirken, wenn sie herabgesetzt oder beendet werden. Werden sie in anderer Weise auf Verhalten bezogen, so haben sie andere Wirkungen. Wenn bei einer respondenten Konditionierung auf einen zuvor neutralen Reiz, wie zum Beispiel eine Klingel, nach einem bestimmten Zeitintervall häufig ein schädlicher Reiz, wie zum Beispiel ein Elektroschock, folgt, so ruft das Klingelzeichen nach einer Weile Reaktionen hervor, die vor allem im autonomen Nervensystem angesiedelt sind und als Angst empfunden werden. Die Klingel ist dann zu einem konditionierten aversiven Reiz geworden, der eine Veränderung der Wahrscheinlichkeit eines jeden positiv verstärkten Verhaltens bewirken kann. So kann jemand, der sich gerade lebhaft unterhält, weniger energisch oder fehlerhafter zu sprechen beginnen oder gar ganz zu reden aufhören, sobald er jemanden kommen sieht, der ihn aversiv behandelt hat. Auf der anderen Seite kann sein negativ verstärktes Verhalten intensiviert werden; er kann zwanghafter, möglicherweise auch aggressiver zu handeln beginnen oder versuchen, zu fliehen. Sein Verhalten ändert sich nicht, weil er Angst hat; es verändert sich aufgrund der aversiven Kontingenzen, die einen Zustand, der als Angst empfunden wird, hervorrufen. Die Veränderung seines Gefühlszustands und die Änderung seines Verhaltens haben eine gemeinsame Ursache.

Bestrafung wird allzu leicht mit negativer Verstärkung verwechselt, die zuweilen als «aversive Kontrolle» bezeichnet wird. In beiden Fällen werden dieselben Reize verwendet, und man könnte die negative Verstärkung als eine Bestrafung dafür definieren, daß sich kein Verhalten ereignet. Aber Bestrafungen haben zum Ziel, ein bestimmtes Verhalten aus einem Repertoire zu entfernen, während negative Verstärkungen Verhalten erzeugen.

Bestrafende Kontingenzen sind das genaue Gegenteil der verstärkenden. Schlägt jemand ein Kind oder droht er damit, es zu schlagen, weil es sich falsch verhalten hat, so *verweist* er eher auf einen negativen Verstärker, als daß er ihn entfernt. Bestraft eine Regierung einen Gesetzesübertreter oder steckt sie ihn ins Gefängnis, so entfernt sie einen positiven Verstärker – oder eine Situation, in der Verhalten gelegentlich positiv verstärkt wurde –; jedenfalls verweist sie nicht auf einen negativen Verstärker. Wäre die Wirkung einfach das Gegenteil der Wirkung einer Verstärkung, so ließe sich ein Großteil des Verhaltens einfach erklären.

Doch wenn ein Verhalten bestraft wird, so werden unterschiedliche Reize, die durch das Verhalten oder die Situation erzeugt wurden, zu einem Reaktionsmuster konditioniert. Das bestrafte Verhalten wird dann durch ein als Flucht- oder Vermeidungshandeln konditioniertes Verhalten, das mit dem Vorherigen unvereinbar ist, ersetzt. Eine bestrafte Person bleibt weiterhin geneigt, sich in strafbarer Weise zu verhalten, aber sie vermeidet eine Bestrafung, indem sie statt dessen etwas anderes tut oder möglicherweise eigensinnig darauf beharrt, überhaupt nichts zu tun.

Was jemand empfindet, der in einer Situation ist, in der er bestraft worden ist, oder der sich in einer zuvor bestraften Weise verhält, hängt von der Art der Strafe ab. Die aber ist ihrerseits von der Person oder Institution abhängig, die sie ausgeführt hat. Ist jemand von Menschen bestraft worden, die ihm gleichgestellt sind, so soll er Scham empfinden. Ist er von einer religiösen Einrichtung bestraft worden, so soll er sich sündig fühlen. Ist er schließlich von einer Regierungsinstitution bestraft worden, so soll er Schuld empfinden. Verhält er sich in einer Weise, die weitere Bestrafung vermeiden soll, so kann er den als Scham, Sünde oder Schuld empfundenen Zustand in seiner Wirkung mildern, aber er verhält sich keineswegs so wegen seiner Gefühle oder weil er seine Gefühle zu ändern wünscht. Er handelt vielmehr aufgrund der bestrafenden Kontingenzen, denen er ausgesetzt gewesen ist. Ein als Scham, Schuld oder Sünde empfundener Zustand ist nicht einfach auf das Auftreten aversiver Reize zurückzuführen. Ein Gewitter kann Zustände hervorrufen, die als Angst empfunden werden. Während eines Sturmes kann ein positiv verstärktes Verhalten geschwächt werden, während ein negativ verstärktes Verhalten – wie zum Beispiel die Flucht an einen schützenden Ort – intensiviert werden kann. Doch wird ein solcher Zustand keineswegs als Schuld empfunden. Dies hat man nicht in der Behauptung ausgedrückt, daß «ein Mensch sich nicht schuldig fühlen kann, wenn er über keine objektbezogenen Triebregungen verfügt, die in ihm Schuldgefühle wachrufen». Er fühlt sich, mit anderen Worten, nur dann schuldig, wenn er sich in einer Weise verhält, die bestraft werden kann, oder wenn er zu einem solchen Verhalten neigt.

Ein Schriftsteller sagte: «Je mehr ich über die frühe und mittlere

Viktorianische Zeit lese, desto mehr sehe ich, daß der Schlüssel zu ihrem Verständnis in ihrer Angst und ihrer Besorgnis liegt.» Er unterstellte damit, daß das Verhalten der Viktorianischen Epoche durch Gefühle erklärt werden könne, die durch drohende Bestrafung hervorgerufen worden seien, während in Wirklichkeit die Gefühle nur aus dem Verhalten abgeleitet worden sind, das sie für gewöhnlich erklären sollen. Unser Schriftsteller behauptete nicht, zu diesen Gefühlen direkten Zugang zu haben, aber er glaubt zu verstehen, was die Viktorianische Epoche sagte und tat. Doch Angst und Besorgnis können nur dann zur Erklärung eines Verhaltens herangezogen werden, wenn sie ihrerseits erklärt werden. Dies versuchte unser Schriftsteller; denn er fuhr fort: «Sie versuchten, unvereinbare Gegensätze miteinander in Einklang zu bringen, und sie waren voller Sorge, wenn sie dabei scheiterten ... Sie sorgten sich über die Unsterblichkeit, über die Sexualität, über ihre Politik und ihre Geschäfte.» Das aber waren gerade die äußeren Umstände, die für dieses ihr Verhalten und für die Zustände verantwortlich waren, die sie als Sorge empfanden.

Die Häufigkeit, Intensität und Abfolge von Bestrafungen erzeugt noch andere Züge des Verhaltens, die häufig Gefühlen oder Charaktereigenschaften zugeschrieben werden. In vielen häufig auftretenden Situationen hat ein Verhalten sowohl bestrafende wie auch verstärkende Wirkungen. Tritt ein Verhalten nur noch in abgeschwächter Form auf, so kann man sagen, daß es unter dem Einfluß von Hemmungen, Ängsten, Verwirrungen oder Vorsichtsmaßnahmen zum Ausdruck kommt. Übertriebene Bestrafung führt zu einem gefährlichen Mangel an positiver Verstärkung und macht einen Menschen «in größerem Umfang für Resignationserscheinungen und Depressionen verantwortlich». Wir behandeln in solchen Fällen nicht das, was gefühlt wird, und wir versuchen nicht die Gefühle zu ändern, sondern wir verändern die Kontingenzen. Wir rufen zum Beispiel ein bisher bestraftes Verhalten hervor, ohne es aber zu bestrafen, damit die konditionierten aversiven Reize dadurch gelöscht werden.

Ein Verhalten, das sich trotz drohender Bestrafung nicht verändert, wird als Mut, Tapferkeit oder gar als Kühnheit bezeichnet. Wir ermutigen jemanden nicht, indem wir ihm Mut zusprechen, sondern indem wir die verstärkenden Folgen seines Verhaltens betonen und die möglicherweise drohenden Bestrafungen als fast völlig bedeutungslos erscheinen lassen. Ein dummer Mensch begibt sich nicht einfach Hals über Kopf in eine gefährliche Situation, weil er sich mutig fühlt, sondern weil die verstärkenden Folgen seines Handelns die in Aussicht stehenden Bestrafungen in den Hintergrund gedrängt haben. Wir können den Versuch unternehmen, sein Verhalten zu korrigieren, indem wir ihm andere – möglicherweise verbale – Bestrafungen in Aussicht stellen.

Ist eine Bestrafung besonders schwer, so kann das im 2. Kapitel erörterte Selbstbewußtsein durch sie gestört werden. Das unterdrückte Verhalten kann auch das Verhalten umfassen, das sich im Bewußtsein von Körperzuständen ausdrückt, die mit jenem Verhalten einhergehen. Als Ergebnis tritt dann das auf, was Freud als «Verdrängung» bezeichnet hat. Für Freud umfaßte dieser Prozeß, der nach seiner Auffassung in den Tiefen der Seele stattfand, jedoch eher Gefühle als Verhaltensweisen. Gefühle wurden durch andere Gefühle verdrängt und durch eine Zensur unter Kontrolle gehalten; nur auf Abwegen konnten sich Gefühle dieser Zensur manchmal entziehen. Sie konnten jedoch weiterhin Konflikte verursachen. Der Mensch wird nach Freuds Auffassung «von seinen verdrängten Triebregungen gequält». Einige der hiermit verbundenen Verhaltensaspekte werde ich weiter unten erörtern.

Der Strukturalismus

Frühen Untersuchungen des Verhaltens wurde es häufig zum Vorwurf gemacht, daß sie sich auf die Form oder Struktur beschränkten und das Verhalten behandelten als sei es kaum mehr als ein «Muskelkrampf». Ihre Weigerung, Gefühle und Seelenzustände als Ursachen anzuerkennen und ihre selbstgenügsame Beschäftigung mit der «Objektivität» schienen eine solche Auffassung zu bestätigen. Die Ausbildung von Gewohnheiten war ein strukturalistisches Prinzip. Denn um eine Gewohnheit auszubilden, mußte man nur damit vertraut werden, sich in einer bestimmten Weise zu verhalten. Die Kontingenzen der Verstärkung, die ein Verhalten hervorriefen, wurden ebenso vernachlässigt wie die Kontingenzen des Überlebens, die bestimmte Triebregungen hervorriefen.

Auch Lerntheorien, die sich an Häufigkeiten orientierten, waren ihrem Aufbau nach strukturalistisch. Sie behaupteten einfach, daß etwas, was einmal geschehen sei, wiederum geschehen werde und daß ein Organismus dazu neige, das zu tun, was er in der Vergangenheit am häufigsten getan habe. Wie ich bereits bemerkt habe, beschränkte der Behaviorismus sich auf eine Topographie des politischen Verhaltens. Der Strukturalismus ist jedoch innerhalb der Anthropologie häufig nicht über die Behauptung hinausgekommen, daß Sitten und Gebräuche nur deshalb befolgt werden, weil es eben Brauch und Sitte ist. Das frühe griechische und persische Recht war einfach und schnell anzuwenden, weil es sich ausschließlich auf die Topographie eines Verbrechens stützte. Danach war jemand, der einen anderen tötete, ohne Ansehen der Umstände des Mordes schuldig. Ich werde später darauf eingehen, daß der Strukturalismus sich sowohl auf die Phänomenologie wie auf den Existentialismus stützte, weil beide auf ihrer Suche nach den Wesenszügen des Hier und Jetzt die Vergangenheit und Zukunft vernachlässigten.

Hätte der Behaviorismus die Gefühle und Seelenzustände, die er als Erklärungen nicht gelten ließ, nicht durch andere Erklärungsmuster ersetzt, so könnte er in der Tat als eine Art Strukturalismus bezeichnet werden. Doch der Behaviorismus fand im Begriff der Umwelt ein neues Erklärungsmodell. In dem Maße, in dem wir unser Wissen über die Rolle der Kontingenzen von Verstärkungen vergrößern, neigen wir dazu, über deren formale Eigenschaften hinauszugehen. Das läßt sich am Begriff der Nachahmung illustrieren. Nach einer rein formalistischen Definition müßte man sagen, daß ein Organismus einen anderen imitiert, wenn er sich so verhält wie der andere. Wie wir aber im 3. Kapitel gesehen haben, müssen sowohl die Kontingenzen des Überlebens wie der Verstärkung in Betracht gezogen werden. So verhalten sich Menschen in einem Restaurant in bezug auf ihre Mahlzeiten ungefähr gleich, doch sie ahmen einander nicht nach. Sie verhalten sich ähnlich, weil sie ähnlichen Kontingenzen ausgesetzt sind.

In seiner Lerntheorie hält der Strukturalismus an der häufig gemachten Unterscheidung von Kompetenz und Performanz fest. Diese Unterscheidung war bei den frühen Untersuchungen des Lernens nützlich, weil in ihnen die beobachteten Veränderungen in der Performanz ziemlich regellos aufzutreten schienen. Da man unterstellte, daß es sich beim Lernen um einen geordneten Prozeß handle, schien damit eine Diskrepanz aufzutreten. Diese glaubte man durch die Annahme lösen zu können, daß das Lernen in dem Verhalten, das ein Organismus aufwies, nicht genau wiedergegeben werde. Performanz war eindeutig ein strukturalistischer Begriff; er bezog sich auf das, was ein Organismus tat, ohne danach zu fragen, warum er es tat. Verbesserte Untersuchungstechniken haben eine geordnete Beziehung zwischen der Performanz und den Kontingenzen zutage treten lassen. Seither ist es nicht mehr nötig, sich auf einen gesonderten inneren Lernprozeß oder auf eine Kompetenz zu berufen.

Dieselbe Verwirrung tritt in der Behauptung zutage, daß operante und respondente Konditionierung einen einzigen Prozeß darstellen. Diese Behauptung meint der Auffassung entgegenzutreten, daß die beiden Arten von Konditionierung unterschiedliche Verhaltenssysteme betreffen und daß die respondente Konditionierung dem autonomen Nervensystem, die operante Konditionierung der Skelettmuskulatur angemessen sei. Gewiß hat ein Großteil der Aktivität des autonomen Nervensystems keine natürlichen Folgen, die leicht zu einem Teil der operanten Kontingenzen werden könnten, doch können solche Folgen experimentell hervorgerufen werden. – Im 11. Kapitel werde ich von einem Versuch berichten, bei dem das Gefäßsystem des Armes dadurch unter operante Kontrolle gebracht wurde, indem das Ausmaß des Volumens des Armes instrumentell verstärkt wurde. Der entscheidende Unterschied liegt jedoch nicht in der Topographie der jeweiligen Reaktionssysteme, sondern in den Kontingenzen. Die Umweltbedingungen, die einen konditionierten Reflex hervorrufen, unterscheiden sich unabhängig von den jeweiligen Systemen weitgehend von den Bedingungen, die ein operantes Verhalten hervorrufen. (Die Tatsache, daß beide Prozesse in einer gegebenen Situation möglich sind, bedeutet nicht, daß es sich bei ihnen um denselben Prozeß handelt. Ein Kind, das operantes Verhalten erwirbt, erwirbt zweifellos auch konditionierte Reflexe. Und obwohl Pawlows Hunde durch die Experimentiervorrichtung daran gehindert wurden, wurden sie mehr oder weniger zufällig durch die gelegentliche Darbietung von Futter operant verstärkt.) Es bleibt abzuwarten, welche Lernprozesse die Physiologie eines Tages durch direkte Beobachtung statt der bisher üblichen Folgerungen und Rückschlüsse entdecken wird. Bis dahin aber erlauben die Kontingenzen eine nützliche und wichtige Unterscheidung.

Der Strukturalismus geht häufig über eine bloße Beschreibung hinaus, und eine seiner Strategien hat eine sehr lange Geschichte. Als der Begriff der Funktionsbeziehungen noch nicht voll entwickelt war, suchte man bestimmte Erscheinungen aus ihren Strukturen heraus zu erklären. Platos Formenlehre war der Versuch, Ereignisse nach Prinzipien zu erklären, die aus denselben oder ähnlichen Ereignissen gewonnen worden waren. Man hat gesagt, daß von Plato bis Kepler die Mathematik es sich nicht zur Aufgabe gemacht hatte, Himmelsbewegungen zu beschreiben, sondern sie zu deuten. Auch heutzutage gibt es noch Versuche, Deutungsmodelle auf den Begriff der Form oder Struktur zu gründen. Die Gestaltpsychologie unternahm den Versuch, den strukturalen Begriff der Gewohnheitsbildung durch Organisationsprinzipien zu ersetzen. Mathematische Merkmale bleiben als überkommene Deutungsmuster erhalten. Und einem Anthropologen war es noch kürzlich möglich, zu behaupten, «daß Verwandtschaftsbeziehungen sich weniger evolutionär entwickeln, als daß sich in ihnen vielmehr algebraische Beziehungen ausdrücken».

Wie ich bereits im 1. Kapitel ausgeführt habe, kann eine rein strukturale Darstellung dadurch ergänzt werden, indem die Zeit als eine unabhängige Variable hinzugefügt wird. Das Wachstum des Embryos von einer befruchteten Eizelle zu einem Fötus ist ein bemerkenswertes Beispiel eines Entwicklungsvorgangs. Man hat darauf verwiesen, daß ähnliche Wachstumsfolgen in der Entwicklung einer Fertigkeit, einer künstlerischen Fähigkeit oder einer Begriffsbildung von Wichtigkeit sein könnten. Auch das Verhalten einer Person oder einer Kultur durchläuft mehrere Entwicklungsstadien, bevor es seine Reife erreicht. Von der Psychopathologie des Drogensüchtigen ist gesagt worden, sie beruhe auf einer «psychischen Entwicklung, die zum Teil in der frühkindlichen Phase unterbrochen oder zum Stillstand gekommen ist». Wie diese Beispiele veranschaulichen, wächst etwas innerhalb des Geistes, wie Piaget annimmt, oder in der Persönlichkeit, wie Freud behauptete. Wenn sich aber ein Kind nicht mehr so verhält wie im Jahr zuvor, so liegt es nicht allein daran, daß es gewachsen ist, sondern weil es Zeit gefunden hat, in der Konfrontation mit neuen Kontingenzen der Verstärkung ein sehr viel größeres Handlungsrepertoire zu erwerben. Darüber hinaus hat sein neu erworbenes Verhalten seinen Grund darin, daß die Kontingenzen, denen Kinder unterschiedlicher Altersstufen ausgesetzt sind, voneinander verschieden sind. Auch die Welt eines Kindes «entwickelt sich».

Verglichen mit der experimentellen Verhaltensanalyse befindet sich die Entwicklungspsychologie noch im Zustand der Evolutionstheorie vor Darwin. Bereits im frühen 19. Jahrhundert wußte man, daß eine fortlaufende Entwicklung der Arten in Richtung auf eine größere Anpassung an ihre Umwelt stattgefunden hatte. Sie hatten sich entwickelt und waren gereift, und ihre bessere Anpassung an ihre Umwelt schien auf eine Art von Zwecksetzung zu verweisen. Die Frage war nicht so sehr, ob evolutionäre Veränderungen stattgefunden, sondern warum sie stattgefunden hatten. Sowohl Lamarck wie Buffon verwiesen auf den Zweck, der sich angeblich in der individuellen Anpassung an eine Umwelt zeige und der irgendwie der Art übermittelt werde. Erst Darwin entdeckte die selegierende Wirkung der Umwelt. In ähnlicher Weise müssen wir heutzutage die Entwicklungslehre in den Verhaltenswissenschaften durch eine Untersuchung der Selektionsleistungen der Umwelt ergänzen und ersetzen.

Geist und Seele bei operantem Verhalten

Ich habe mich in diesem Kapitel zumeist mit Gefühlen oder Seelenzuständen beschäftigt, die als Nebenprodukte der Kontingenzen, die Verhalten erzeugen, aufgefaßt werden können. Wir können uns jetzt anderen mentalistischen Vorgängen zuwenden, von denen gesagt wird, daß sie vorausgesetzt werden müßten, damit eine operante Konditionierung stattfinden kann. Geist und Seele sind dabei keine bloßen Zuschauer, vielmehr wird gesagt, daß sie an der Determinierung von Verhalten aktiven Anteil haben.

Viele dem Englischen eigentümliche Redewendungen, in denen das Wort «mind» auftritt, unterstellen eine bestimmte Handlungswahrscheinlichkeit. Das gilt zum Beispiel für die Wendung «I have a mind to go.» «Mind» wird dabei häufig als Handlungsträger vorgestellt, der sich kaum von der Person unterscheidet, die über ihn verfügt. «It crossed my *mind* that I should go» ist kaum deutlicher als «It occurred to *me* that I should go». Wenn Reaktionen der glatten – vegetativen – Muskulatur oder von Drüsen dadurch unter operante Kontrolle gebracht werden, daß Verstärkungen von ihnen abhängig gemacht werden, demonstriert dieses Ergebnis angeblich eine Kontrolle des «Geistes über die Materie.» In Wahrheit demonstriert es jedoch lediglich, daß jemand unter operanten Kontingenzen mit seinen Drüsen oder mit der glatten Muskulatur zu reagieren vermag. Von einem künstlichen, mechanischen Arm, der durch Muskeln bewegt wird, die normalerweise andere Körperteile kontrollieren, sagt man, er werde «rein vom Denken her» oder «durch den Geist» gesteuert, obwohl er tatsächlich durch den Menschen und dessen Muskeln seine Funktionsfähigkeit erhält. Wenn Menschen andere Menschen erschießen, kann man gelegentlich hören, daß sie es aufgrund ihrer Geisteshaltung getan haben. Ebenso hört man, daß eine solche Geisteshaltung für die Ermordung von Politikern wie John F. Kennedy und Martin Luther King verantwortlich sei. Doch man muß demgegenüber festhalten, daß Menschen von Menschen und nicht von Geisteshaltungen erschossen werden.

Die Auffassung, daß eine geistige Einstellung für das operante Verhalten wesentlich ist, ist ein Beispiel dafür, daß Gefühle oder introspektiv beobachtete Zustände als Ursachen angesehen werden. Antwortet jemand auf die Frage: «Wirst du morgen gehen?» indem er sagt: «Ich weiß nicht, ich weiß nie, wie ich mich fühle», so unterstellt er, daß sein Gefühl und nicht sein Verhalten zweifelhaft ist. Er wird also eher gehen, wenn er sich danach fühlt, als daß er sich umgekehrt in der Lage fühlt zu gehen, wenn er geht. Keine von beiden Aussagen kann natürlich als Erklärung dienen.

Es gibt andere Wörter, die sich auf eine Tätigkeit des Geistes beziehen und die aufgrund eines bestimmten Verhaltens erforderlich zu sein scheinen. Menschen müssen «beurteilen», was geschehen oder nicht geschehen wird, wenn sie sich in einer bestimmten Weise verhalten oder nicht verhalten. Der Hund in Pawlows Experiment sondert Speichel ab, weil er die Nahrung antizipiert oder weil er sie «erwartet.» In operanten Experimenten drückt eine Ratte einen Hebel, weil sie «erwartet», daß sie dann Futter erhält. «In der Theorie sozialen Lernens wird das Häufigkeitspotential eines Verhaltens als eine Funktion der Erwartung angesehen, das ein Verhalten in einer gegebenen Situation zu einer besonderen Verstärkung führt.» Wir sollten Äußerungen wie diese ungefähr so übersetzen: «Die Wahrscheinlichkeit eines Verhaltens hängt von der Häufigkeit der Verstärkung in ähnlichen Situationen in der Vergangenheit ab.» Nicht jeder Mensch ist sich notwendig der Bedingungen bewußt, die mit «Beurteilungen», «Antizipationen» und «Erwartungen» verbunden sind.

Man sagt über operantes Verhalten, daß es eine «Assoziation» von Vorstellungen erfordere. Die Tatsache, daß ein Kind lerne, einen heißen Ofen nicht zu berühren, verweise «auf seine Fähigkeit, sein Vermeidungshandeln mit der Gefahr, sich zu verbrennen, zu assoziieren». Da es sich hierbei jedoch um einen konditionierten Reflex handelt, sind das Berühren und Verbranntwerden in den Kontingenzen miteinander assoziiert. Man sagt auch, daß eine Verstärkung «Informationen bereitstelle»: «außer bei ganz kleinen Kindern können wir die hauptsächliche Wirkung einer Verstärkung nur als eine Informationsquelle ansehen, die das Kind dazu verwendet, seine Erwartungen zu bestätigen oder zu verändern und neue und versuchsweise Lösungen zu entwickeln.» Zuweilen wird es als Zeichen eines «erweiterten Bewußtseins» angesehen, wenn die Wahrscheinlichkeit erhöht wird, daß Menschen in einer bestimmten Weise reagieren. Wie schnell eine Ratte in einem Labyrinth läuft, hängt davon ab, ob sie «weiß», daß sich in der letzten Kammer des Labyrinths noch Futter befindet. Ich werde auf Wissen, Information und Bewußtsein in späteren Kapiteln eingehen.

Ein weiterer seelischer Vorgang, der bei operanter Konditionierung angeblich nötig ist, ist das Verstehen. Die Menschen müssen «die Regeln verstehen, auf die sie zählen können.» Ihr Handeln muß sich «auf ein Verständnis davon gründen, wie sich die Dinge verhalten.» Ferner ist angeblich ein gewisser Glaube nötig. Die Menschen müssen glauben, daß das, was sie tun, ihnen mit einiger Wahrscheinlichkeit das verschafft, was sie sich wünschen, oder ihnen hilft, das zu vermeiden, wovor sie sich schützen möchten. Auch hier liegen ihre Chancen wieder in den Kontingenzen. Denn die Beziehung von Glaubenseinstellungen zu anderen Bedingungen wie zum Beispiel Wünschen und Bedürfnissen kann recht einfach formuliert werden. Die Behauptung, daß «Wünsche zum Teil die Ursache für Glaubenseinstellungen bilden», besagt lediglich, daß die Wahrscheinlichkeit eines Verhaltens, an das sich eine Glaubenseinstellung knüpft, nicht nur von der Verstärkung abhängt, sondern auch von einem Zustand der Deprivierung oder aversiven Stimulierung.

Zuweilen wird gesagt, die operante Konditionierung sei lediglich ein Aspekt des Strebens nach Glück. Unter diesem Aspekt lassen sich verschiedene Argumente des vorliegenden Kapitels zusammenfassen. Glück ist ein Gefühl, ein Nebenprodukt der operanten Verstärkung. Die Dinge, die uns glücklich machen, sind diejenigen, die uns verstärken. Aber es sind nicht die Dinge und nicht die Gefühle, die zur Vorhersage, Kontrolle und Interpretation unseres Verhalten identifiziert und verwendet werden müssen. Ein Trachten unterstellt einen Zweck: wir handeln, um unser Glück zu erlangen. Aber ein Trachten ist jedoch – ebenso wie eine Suche – einfach nur ein Verhalten, das verstärkt worden ist, indem man etwas erreicht hat. Zum Verhalten wird das Trachten erst nach einer Verstärkung. Man hat gesagt, daß das Trachten nach Glück nicht als Erklärung für Verhalten dienen könne, da «nichts beweist, daß Menschen in modernen Gesellschaften glücklicher sind als in archaischen». Doch die operante Verstärkung ist in ihrer Wirksamkeit vollkommen davon unabhängig, welche Ziele am Ende erreicht werden. Nichts beweist das deutlicher als die negative Nützlichkeit des Glücksspiels.

5 Ein Konzept der Wahrnehmung

Das vielleicht schwierigste Problem, mit dem sich der Behaviorismus konfrontiert sah, stellte die Behandlung von Bewußtseinsinhalten dar. Sind wir nicht alle mit Farben, Tönen, Geschmacksrichtungen und Gerüchen vertraut, die über kein Gegenstück in der Außenwelt verfügen? Welchen Ort können sie innerhalb des Behaviorismus einnehmen? Ich meine die Antwort ist in der besonderen Rolle zu finden, die den Reizen in einer operanten Analyse zugewiesen wird. Zu ihrer Erklärung bedarf es einiger technischer Details, auf die ich etwas ausführlicher eingehen möchte.

Wahrnehmer oder Empfänger?

Nach der traditionellen Auffassung reagiert der Mensch auf seine Umwelt, indem er sich ihr gegenüber handelnd verhält. Die Welt zu erfahren, bedeutet, sie zu erproben, und die Welt wahrzunehmen, heißt, sie einzufangen, aufzunehmen und zu besitzen. Für die Griechen war das Wissen eine bestimmte Art von Vertrautheit mit den Gegenständen. Ein Mensch konnte natürlich nicht die wirkliche Welt einfangen und besitzen, aber er konnte Abbilder von ihr herstellen. Durch sie verfügte er über die sogenannten Daten, die Gegebenheiten, mit denen er stellvertretend für die Realität umgehen konnte. Er konnte diese Daten in seiner Erinnerung speichern und sie sich später zu weiterer Behandlung wieder verfügbar machen. Sein Verhalten, das mit diesen Daten verknüpft war, stimmte mehr oder weniger mit dem überein, das sich gezeigt hatte, als ihm die Daten zum erstenmal zugänglich geworden waren.

Die entgegengesetzte Auffassung, die, wie ich glaube, alle Versionen des Behaviorismus gemeinsam haben, läuft darauf hinaus, daß das Handeln ursprünglich nicht von dem ausgeht, der etwas wahrnimmt, sondern von seiner Umwelt. Reflexe boten hierfür das deutlichste Beispiel. Die Richtung des Behaviorismus, die sich an das Reiz-Reaktionsschema hielt, folgte demselben Muster wie die Informationstheorie und wie einige Computer-Modelle. Ein Teil der Umwelt trat ihrzufolge in den Körper ein, wurde in ihm umgewandelt, möglicherweise gespeichert und trat schließlich als Reaktion wieder hervor. Merkwürdigerweise unterschied sich diese Auffassung von der, die der Mentalismus vertrat, nur in bezug auf die Instanz, die eine Handlung auslöst. Beiden Theorien zufolge dringt die Umwelt in den Körper ein: nach der mentalistischen Auffassung nimmt der Wahrnehmende sie auf, nach dem Reiz-Reaktionsschema bahnt sie sich ihren Weg nach innen. Man könnte beide Auffassungen folgendermaßen miteinander verbinden: «Das Bild der Außenwelt, das auf die Netzhaut des Auges trifft, setzt einen überaus komplizierten Prozeß in Gang, der in einer Gesichtswahrnehmung endet: die Umwandlung des Bildes auf der Netzhaut in eine Wahrnehmung.» Beide Auffassungen lenkten die Aufmerksamkeit auf die innere Darstellung der Realität in ihren verschiedenen Umformungen. Die grundlegende Frage, die sich daraus ergibt, könnte folgendermaßen formuliert sein: Was ist das Schicksal der Reize, die aus der Umwelt hervorgehen?

In einer operanten Analyse und dem radikalen Behaviorismus, der sich auf sie gründet, *bleibt die Umwelt, wo sie ist und stets gewesen ist – außerhalb des Körpers.*

Die Kontrolle der Reize bei operantem Verhalten

Die Umwelt beeinflußt einen Organismus nicht nur, nachdem er reagiert hat, sondern auch vorher. Aus Reiz und Reaktion entwikkelt sich ein Ergebnis, bei dem es sich nicht einfach um einen dritten Begriff in einer Handlungsabfolge handelt. Die Gelegenheit, bei der ein Verhalten auftritt, das Verhalten selbst und sein

Ergebnis sind in den Kontingenzen der Verstärkung, von denen bereits die Rede war, miteinander verbunden. Als Folge seiner Stellung in den Kontingenzen kann ein Reiz, der wirksam wird, wenn eine Reaktion verstärkt wird, eine gewisse Kontrolle über diese Reaktion erlangen. Er ruft dann nicht einfach wie bei einem Reflex die Reaktion hervor, sondern macht es nur wahrscheinlicher, daß sie wieder auftreten wird. Dies kann vor allem in Verbindung mit den im vorigen Kapitel erörterten Bedingungen geschehen, die die Wahrscheinlichkeit beeinflussen. Eine Reaktion, die bei einer bestimmten Gelegenheit verstärkt wird, tritt mit größerer Wahrscheinlichkeit bei einer ähnlichen Gelegenheit wieder auf. Sie kann jedoch aufgrund eines Prozesses – den man als Generalisierung bezeichnet –, auch bei einer Gelegenheit auftreten, mit der sie nur einige Eigenschaften gemein hat. Wird sie jedoch nur verstärkt, wenn eine bestimmte Eigenschaft vorliegt, so gewinnt diese Eigenschaft aufgrund eines als Diskriminierung bezeichneten Prozesses die ausschließliche Kontrolle über sie.

Die Rolle der Reize verleiht dem operanten Verhalten einen besonderen Charakter. Es wird nicht wie in der Reiz-Reaktionspsychologie durch die Versuchsanordnung beherrscht und es ist vor allem nicht an bestimmte Reize gebunden. Dennoch aber unterliegt es einer Kontrolle durch die Geschichte seiner Umwelt. Die genetische Ausstattung der Art sowie die Kontingenzen, denen das Individuum ausgesetzt gewesen ist, legen seine Wahrnehmung fest.

Zustände, die das Gesehene beeinflussen

Viele der Themen, die im vorhergehenden Kapitel erörtert worden sind, erstrecken sich auf die Reizkontrolle bei operantem Verhalten. Auch die Wahrnehmung ist zum Beispiel in gewisser Weise zweckgerichtet oder intentional. Der Mensch ist nicht ein indifferenter Zuschauer, der die Welt in sich aufsaugt und den man aufgrund dessen mit einem Schwamm vergleichen könnte, der Wasser aufnimmt. Ein Einwand gegen John Lockes Theorie des menschlichen Verstandes lautete, daß sich nach seiner Auffassung die Reize aus der Außenwelt auf den Geist wie auf eine *tabula rasa* übertrügen. Man unternahm deshalb allerlei Anstrengungen, um diese Theorie durch die Auffassung zu ergänzen, daß Menschen die «Dinge als angenehm oder unangenehm, annehmbar oder unannehmbar und als lustvoll oder unlustvoll wahrnehmen». Ferner behauptete man, daß Menschen die Welt so «beurteilen», wie sie sie wahrnehmen. Aber Ergänzungsvorschläge dieser Art übertragen einfach auf phantasierte innere Prozesse, was sich in der genetischen Ausstattung und in der persönlichen Geschichte der Menschen finden muß. Wir sind uns der Welt um uns her nicht nur durch den «Geist» bewußt. Wir reagieren idiosynkratisch, weil etwas mit uns geschehen ist, als wir in Kontakt mit ihr getreten sind. Operante Konditionierung bedeutet nicht, daß jemand «erschließt, was passieren wird, wenn er handelt», und die Kontrolle, die durch Reize ausgeübt wird, bedeutet nicht, daß er, «was in der Welt um ihn her existiert, erschließt».

Man hat häufig darauf hingewiesen, daß jemand, der öfters eine bestimmte Strecke als Passagier zurückgelegt hat, den Weg, den er gefahren wurde, nicht so gut wiederfinden kann wie jemand, der diesen Weg ebensohäufig selbst gefahren ist. Tiere, die man in einer bestimmten Umgebung herumgetragen hat, zeigen ein anderes, weniger stark ausgeprägtes Orientierungsverhalten wie solche Tiere, die sich zuvor selbständig in ihr bewegt hatten. Zwar waren beide Gruppen von Tieren denselben visuellen Reizen ausgesetzt, aber die Kontingenzen waren jeweils verschieden. Fragt man, warum die Passagiere sowie die Tiere, die getragen wurden, sich «nicht mit ihrer Umgebung vertraut gemacht haben», so zielt man am Kern der Sache vorbei. Denn unter der Kontrolle ihrer Umgebung haben sie kein Orientierungsverhalten erwerben können.

Wenn ein Reiz nur schwach oder undeutlich ist, beeinflussen häufig andere Zustände die Wahrscheinlichkeit, daß man etwas in einer bestimmten Art und Weise sieht. Der Liebhaber glaubt, seine Geliebte in einer Menschenmenge zu sehen, doch geschieht ihm das nur, wenn der visuelle Reiz verschwindend gering oder undeutlich ist. – Dieser Effekt läßt sich im Versuch dadurch überprüfen, daß man einen Reiz nur für sehr kurze Zeit oder am Rande des Gesichtsfelds darbietet. Ein leises Geräusch wird des Nachts als ein Einbrecher oder als eine Maus von denen gehört, die auf Einbrecher oder Mäuse heftig reagieren. Auch das Ausmaß der Deprivierung spielt eine Rolle. Man hört aus Versehen «das Telefon klingeln», wenn man einen wichtigen Anruf erwartet, und jemand, der sexuell depriviert ist, sieht einen Phallus oder eine Vagina in Objekten, die mit diesen Organen tatsächlich nur sehr wenig Ähnlichkeit besitzen. Man sieht mit anderen Worten eine Sache als *etwas anderes,* wenn die Wahrscheinlichkeit, sie als solche zu sehen, hoch und die von der Sache ausgehende Kontrolle gering ist.

Den Einfluß, den die Lebensgeschichte einer Person auf ihre Wahrnehmung nimmt, wird am Beispiel eines Schachmeisters, der eine Partie betrachtet, deutlich. Was er sieht, unterscheidet sich durchaus von dem, was jemand sieht, der entweder nicht Schach spielt oder es lange nicht mehr gespielt hat. Für den Meister ist die Partie eine Angelegenheit, die sich aus vielen Zügen zusammensetzt, die zuvor mit guten oder schlechten Ergebnissen in anderen Spielen ausgeführt wurden, mit denen er vertraut ist. Für jemanden, der gerade dabei ist, das Spiel zu lernen, kann die Partie ein Anlaß zu einer Reihe von Zügen sein, um deren Folgen er sich nicht allzu sehr kümmert. Für den, der vollständig unvorbelastet ist, stellt das Schachbrett mit den Figuren lediglich eine visuell wahrnehmbare Vorrichtung dar, die er aufgrund möglicher Ähnlichkeiten mit anderen Situationen in seiner Lebensgeschichte beschreiben muß, die nicht mit dem Schachspiel zusammenhängen. Wir erkennen die Bedeutung der Geschichte von Verstärkungen, wenn wir die Wahrscheinlichkeit zu erhöhen versuchen, daß jemand eine besondere Sache sieht – oder daß er sich, mit anderen Worten, auf eine besondere Art zu sehen einläßt. Wir können eine Sache plötzlich oder sehr augenfällig oder aber auch völlig neu und überraschend darbieten. Wir können auf sie verweisen, wenn die betreffende Person gelernt hat, einem solchen Hinweis zu folgen – daß heißt, wenn sie gelernt hat, sich unter Kontingenzen wirksam zu verhalten, bei denen ein Objekt, auf das verwiesen wird, eine bedeutende Rolle spielt. Wir können aber dafür sorgen, daß ein besonderes Objekt gesehen wird, in dem wir Kontingenzen herrichten, denen nur dann entsprochen werden kann, wenn auf das Objekt reagiert wird. Verkehrsampeln sind so entworfen, daß sie gut zu sehen sind, aber wir sehen sie oder übersehen sie zumeist wegen der damit verbundenen Folgen. Von Maßnahmen dieser Art wird zuweilen behauptet, daß sie das Bewußtsein der Person erweitern oder ihre Aufmerksamkeit vergrößern; tatsächlich aber bringen sie die Person unter eine effektivere Kontrolle ihrer Umwelt.

Die Strukturalisten haben versucht, die Wahrnehmung durch die Form oder Konfiguration dessen zu erklären, was wahrgenommen wird. Die Gestaltpsychologen haben die Auffassung vertreten, daß spezifische Muster den Organismus dazu zwingen, sie in bestimmter Weise wahrzunehmen. Manche optischen Täuschungen scheinen zwingend zu sein; wir sehen etwas, von dem wir wissen, daß es nicht wirklich da ist. Für einige Beispiele lassen sich aufgrund der natürlichen Selektion scheinbar vernünftige Erklärungen finden. Wenn wir einen Vogel hinter einen Baumstamm fliegen sehen, so ist es nicht überraschend, daß wir uns in einer Weise verhalten, als würde er, auch wenn wir ihn nicht mehr sehen, weiter existieren. Wir sehen sogar, wie er sich von einer Seite zur anderen fortbewegt, so wie wir an einer Verkehrsampel wahrnehmen, daß sie von Rot auf Grün umschaltet. Geringfügige Ausfälle in geordneten Mustern übergehen wir zu unserem Vorteil, so wie wir auch die blinden Flecke in unserem Auge «übergehen». Es bedarf keiner strukturalistischen Prinzipien, um diese Eigenarten zu erklären. Auch Kontingenzen der Verstärkung tragen zu unwiderstehlichen Wahrnehmungen bei: ein schwenkbares Trapezoid, das sich allem Anschein nach nicht dreht, läßt sich wirksamer wahrnehmen, wenn man es sich als einen Fensterrahmen vorstellt.

Erfahrung gegen Realität

Die großen Unterschiede in dem, was zu verschiedenen Zeiten in einer gleichbleibenden Umgebung wahrgenommen worden ist, legen die Auffassung nahe, daß ein Reiz nicht in rein physikalischen Begriffen beschrieben werden kann. Der Behaviorismus, so wird von manchen hieraus gefolgert, vermag mit der Frage nicht fertig zu werden, «wie sich eine Situation einem Menschen darstellt» oder «wie er sie interpretiert» oder «welche Bedeutung sie für ihn hat». Um nun aber solche Fragen zu untersuchen, müssen wir als Behavioristen gerade das Verhalten untersuchen, ohne dabei zu übergehen, wie Menschen ihr eigenes Verhalten beschreiben. Zu diesem Zweck müßten wir die Geschichte ihrer Umwelt und ihrer genetischen Ausstattung in unsere Überlegungen mit einbeziehen. Um zu erklären, wie die wirkliche Welt in ihre innere, bildhafte Darstellung umgewandelt wird, hat ein bekannter Theoretiker folgende Formulierung gewählt: «Damit die Wahrnehmung über das in den Sinnen unmittelbar Gegebene hinausgehen kann, muß das Gehirn Informationen gespeichert haben, die es ihm gestatten, verfügbare Sinnesdaten zu verwenden, um unter den aus vergangenen Situationen abgeleiteten Möglichkeiten eine Auswahl zu treffen. Das Verhalten wird nicht unmittelbar durch Reize kontrolliert . . ., sondern durch die Hypothesen des Gehirns in bezug auf das, was sich mit einiger Wahrscheinlichkeit in der Außenwelt und in der unmittelbaren Zukunft befindet.» Wir haben hier ein Beispiel für eine weit verbreitete Praxis, um einen Dualismus zu vermeiden, indem man den Begriff des «Geistes» durch das Wort «Gehirn» ersetzt. Von ihm läßt sich dann behaupten, so wie man es früher einmal vom Geist behauptet hat, daß es Daten verwendet, Hypothesen bildet, zwischen Alternativen eine Auswahl treffe usw. Eine behavioristische Darstellung schreibt alle diese Leistungen ausschließlich der Person zu. Wir können schließlich beobachten, daß ein Mensch auf eine gegebene Situation – «das in den Sinnen unmittelbar Gegebene» – deswegen reagiert, weil er Kontingenzen ausgesetzt ist, von denen die gegenwärtige Situation nur einen Teil darstellt. Es gibt keinen Grund zu behaupten, daß er Informationen gespeichert hätte, auf die er jetzt zurückgreifen könne, um das zu interpretieren, was ihm in den Sinnen unmittelbar gegeben sei.

Ein Teil der für die Wahrnehmung wichtigen Geschichte mag sich während der Evolution der Arten ereignet haben. Was visuell wahrgenommen wird, scheint zum Beispiel in den oben erwähnten Wahrnehmungstäuschungen «von der Objektwelt auszugehen». Bei einigen dieser Täuschungen zieht angeblich der menschliche

Geist «aus unvollständigen Daten seine Schlüsse und trifft Vorhersagen». Wir müssen jedoch statt dessen feststellen, daß jemand aufgrund seiner genetischen Ausstattung auf anscheinend fragmentarische Reize möglichst wirksam reagiert.

Die Psychophysiker haben den Zusammenhang von Erfahrung und Wirklichkeit überaus gründlich erforscht. Frühe Psychologen wie Wundt und Titchener versuchten herauszufinden, was jemand unabhängig von den Auswirkungen früherer Reize unter exakter Kontrolle gegenwärtiger Reizeinwirkung sah, hörte oder fühlte. Ein geschulter Beobachter sollte seine Empfindungen darstellen, ohne einem «Reizirrtum» zu verfallen, daß heißt er sollte etwas, was er sah, so beschreiben, als hätte er es nie zuvor gesehen und noch nichts darüber in Erfahrung bringen können. Er sollte einen «Farbfleck» und nicht ein Objekt wahrnehmen, etwas Salziges und nicht Salz schmecken, oder Wärme empfinden und nicht die Sonnenwärme auf seiner Haut spüren.

Damit sollte es ihm gelingen, die nicht weiter reduzierbaren Elemente des Seelenlebens wahrzunehmen. Doch selbst wenn dies gelang, schienen sich seine Empfindungen von der Realität zu unterscheiden, weil Veränderungen in den Reizen keine vergleichbaren Änderungen in der Wahrnehmung hervorriefen. Eine psychophysische Funktion sollte die Beziehung zwischen beiden Welten herstellen. Doch wir können heute mit Recht von ihr behaupten, daß sie lediglich die diskriminierende Kontrolle der Reize darstellt. Die an Bewußtseinsinhalten orientierte Forschungsrichtung nahm in dem Maße ab, in dem der methodologische Behaviorismus zusammen mit dem Operationalismus und logischen Positivismus die Verwendbarkeit von Sinnesempfindungen als wissenschaftlichen Daten in Frage stellte. Die Psychophysiker untersuchten daraufhin, wie wir gesehen haben, den Vorgang der Diskriminierung. Denn es war möglich, die Diskriminierung zu erforschen, während man an dem Glauben an die Existenz einer Welt der Erfahrung festhielt.

Weitere Untersuchungen des Diskriminierungsvermögens, insbesondere Forschungen über die Sinnesvorgänge bei Tieren, waren maßgebend für den weiteren Fortschritt der Wissenschaft. Im Jahre 1865 hatte Claude Bernard gefordert, daß «experimentelle Untersuchungen von Sinnesorganen an Menschen vorgenommen werden müßten, da Tiere uns nicht unmittelbar ihre Empfindungen darstellen können». Aber es gibt heute eine weit verbreitete «Psychophysik der Tiere», die die Reizkontrolle durch experimentelle Methoden überaus genau erforscht. Mit einiger Wahrscheinlichkeit ist es dabei immer noch so, daß der Versuchsleiter «dem Tier beigebracht hat, zu berichten, was es sieht». Die Ergebnisse, zu denen er gelangt, lassen sich jedoch mit weniger Widersprüchen formulieren, wenn sie unter die Kontrolle der besonderen Kontingenzen der Verstärkung gebracht werden. Von allen großen mentalistischen Erklärungen hat das «Verstehen» oder «Wissen» der britischen Empiristen das schmählichste Schicksal erlitten: es ist auf die Physiologie von Auge und Ohr reduziert worden.

Vermutlich entstand die Unterscheidung zwischen einer physischen und einer geistigen Welt, die sich in den westlichen Kulturen am häufigsten findet, aus der Anstrengung heraus, das Problem der Dimensionen des Seelenlebens zu lösen. Es gab nicht genug Raum innerhalb des Körpers für die Vielzahl der Abbilder der Außenwelt, die ein Mensch zu besitzen schien. Späterhin entstand dann mit der Entwicklung der Naturwissenschaften eine andere Art von Diskrepanz. Sie lief auf die Frage hinaus, ob die Qualität der Bilder und Vorstellungen, die wir von den Dingen haben, sich in der Natur überhaupt wiederfinden lasse. Macht sich, um ein breitgetretenes Beispiel zu verwenden, ein fallender Baum auch dann durch ein Geräusch bemerkbar, wenn ihn niemand hört? Das Licht schien eine Substanz aus Atomen oder Wellen zu sein, keineswegs jedoch etwas Farbiges; grün war schließlich keine Wellenlänge des Lichts. Dies war kein ernsthaftes Problem für die frühen Philosophen, die keinen Grund sahen, die Tatsache in Frage zu stellen, daß sie in einer Welt von Tönen, Geräuschen usw. lebten. Noch heute ist das für Millionen von Menschen ebensowenig ein Problem wie für den Behavioristen.

Argumentiert man, daß der Laie und der Wissenschaftler einfach zwei verschiedene *Aspekte* derselben Sache sehen, so geht man am eigentlichen Problem vorbei; denn es sind hier gerade die Aspekte, die die Schwierigkeiten verursachen. Die Menschen sehen unterschiedliche Dinge, wenn sie verschiedenen Kontingenzen der Verstärkung ausgesetzt gewesen sind. Wie jeder andere Mensch sieht auch der Wissenschaftler das Grün, aber er kann sich zu ihm auch in anderer Weise verhalten. Es ist falsch zu behaupten, daß die Begriffe der Naturwissenschaft aus persönlicher Sinneserfahrung heraus konstruiert worden sind. Der Laie reagiert wie der Wissenschaftler je nach den Kontingenzen in ähnlicher oder unterschiedlicher Weise auf die Merkmale einer bestimmten Umgebung. – Ich werde im 9. Kapitel auf das persönliche Wissen des Naturwissenschaftlers zurückkommen.

Die Reizkontrolle des Verhaltens unterliegt weitgehenden Beschränkungen. Unsere genetische Ausstattung schränkt unsere Wahrnehmung auf elektromagnetische Strahlen im Bereich des Sichtbaren und auf Schallwellen im Bereich des Hörbaren ein. Sogar innerhalb dieser Bereiche haben das Auge und das Ohr Ausfallerscheinungen. Die Diskrepanzen treten nicht im Verhältnis von Erfahrung und Realität auf, sondern bei der Reizkontrolle.

Das Problem ist leichter zu verstehen, wenn es sich um komplexere Formen der Wirklichkeit handelt. Wird ein zufällig begonnener Weg einer «falschen Wahrnehmung» zugeschrieben oder ist ein Seminar der «Diskrepanz zwischen der Realität und der Wahrnehmung technologischer Veränderungen» gewidmet, so wird in beiden Fällen eine Übersetzung notwendig. Wie können wir die Realität eines Krieges oder die technologische Veränderung wahrnehmen, um festzustellen, daß sie in der Tat falsch wahrgenommen worden sind? Wir haben es stets «mit der Realität zu tun», und dieser Ausdruck muß sich auf mehr beziehen als nur auf das, was sich uns gegenwärtig darbietet. Die entscheidenden Unterschiede liegen jeweils in unterschiedlichem Verhalten, und dieses wiederum muß durch die Unterschiedlichkeit von vergangenen Kontingenzen erklärt werden.

Die Theorie von den Kopien

Wer glaubt, daß wir nur Kopien der Welt um uns her wahrnehmen, kann behaupten, daß wir nie die Welt selbst sehen. Doch es ist dann ebenso plausibel, zu behaupten, daß wir nie irgend etwas anderes sehen. Die Theorie von den Kopien der Wahrnehmung ist am überzeugendsten in bezug auf visuelle Reize. Sie werden in Kunstwerken ebenso wie in den optischen Systemen von Spiegeln und Linsen häufig vorgeführt, und es ist daher nicht schwer, sich ein plausibles Speichersystem für sie vorzustellen. Sehr viel weniger überzeugend klingt die Behauptung, daß wir nicht die Töne hören, die von einem Orchester hervorgebracht werden, sondern vielmehr deren Reproduktionen in uns. Die Musik unterliegt dem Zeitfaktor. Erst in jüngster Zeit sind von ihr Kopien herstellbar, die zu mentalistischen Metaphern Anlaß bieten könnten. Vollends ohne jede Überzeugungskraft bleibt die These, daß es sich bei der Wahrnehmung im Bereich des Geschmacks und des Geruchs um Kopien handelt. Hier fällt es schwer, sich Kopien vorzustellen, die von der Realität unterscheidbar wären. Auch in bezug auf Gefühle wird diese Theorie selten vorgebracht. Denn wenn wir die Oberfläche eines Blattes Papier fühlen, fühlen wir das Papier und nicht irgendeine innere Darstellung desselben. Wir brauchen wahrscheinlich deswegen keine Kopien von Geschmacksempfindungen, Gerüchen und Gefühlen, da wir uns ihrer physisch bereits gewiß sind. Und vermutlich empfinden wir aus demselben Grund Hunger oder Wut als innere Zustände und nicht als Kopien.

Die Schwierigkeit liegt darin, daß die Vorstellung von inneren Kopien bei der Erklärung der Kontrolle durch die Sinne und für die Wahrnehmungspsychologie und -physiologie keinerlei Fortschritt bringt. Das Grundproblem ist bereits von Theophrast vor mehr als 2000 Jahren formuliert worden:

«. . . in bezug auf das Hören kann man sich nur schwer vorstellen, daß er (Empedokles) es wirklich dadurch erklärt hat, daß er den Vorgang inneren Tönen zuschrieb. Er nahm an, daß das Ohr wie eine Glocke Töne hervorbringt. Vermittels dieser Töne könnten wir Klänge draußen hören. Wie aber sollten wir diese inneren Töne hören? Wir wären also noch immer mit dem gleichen Problem konfrontiert.»

Eine Autorität auf diesem Gebiet hat kürzlich darauf hingewiesen, daß es genauso schwerfällt zu erklären, wie wir ein Bild im Cortex unseres Gehirns wahrnehmen und auf welche Weise wir die

Außenwelt, die dieses Bild darstellen soll, sehen. In derlei Formulierungen wird das Sehen als *Verhalten* vernachlässigt. Den ihm gebührenden Platz kann es nur einnehmen, wenn die Kontingenzen, die für eine Reizkontrolle verantwortlich sind, berücksichtigt werden.

Das Sehen bei gleichzeitiger Abwesenheit des Gesehenen

Wenn sich jemand an etwas erinnert, was er einmal gesehen hat, wenn er sich einer Phantasie überläßt oder einen Traum träumt, so befindet er sich zweifellos nicht unter der Kontrolle eines gegenwärtig vorhandenen Reizes. Aber sieht er dann nicht eine Kopie? Auch hier müssen wir uns wieder seiner Umweltgeschichte zuwenden, wenn wir nach einer Antwort suchen. Hat jemand ein Musikstück mehrere Male gehört, so kann er es, auch wenn es nicht gespielt wird, wieder hören, obwohl er es dann wahrscheinlich nicht so deutlich und genau wahrnimmt. Er tut dann einfach, auch wenn die Musik nicht wirklich gegenwärtig ist, einige der Dinge, die er tat, als sie ihm unmittelbar vorgespielt wurde. Sieht jemand in seiner Einbildungskraft eine andere Person oder einen bestimmten Ort, so kann es sein, daß er einfach das tut, was er in Gegenwart jener Person oder an jenem Ort verrichtete. Jedes Sicherinnern bedeutete ursprünglich, daß man sich etwas vor Augen führt, daß man also etwas sieht, was man zuvor schon einmal gesehen hat. Wie wir im 7. Kapitel zeigen werden, dienen Techniken, mit denen man sich etwas vor Augen führt, einer Stärkung des Wahrnehmungsverhaltens.

Man hat dem Behaviorismus vorgeworfen, «eines der zentralen Forschungsgebiete der klassischen Psychologie – die Untersuchung des Imaginären – nicht nur zu vernachlässigen, sondern gezielt abzuwerten». Ich glaube im Gegenteil, daß der Behaviorismus den einzigen Weg zu zeigen vermag, auf dem der Gegenstand des bildlichen Vorstellens oder des Imaginären sinnvoll angegangen werden kann.

Jeder ist damit vertraut, daß er zuweilen etwas sieht, was nicht da ist. Aber die traditionelle Beschreibung eines solchen Vorgangs ist eine bloße Metapher. Wir neigen dazu, in unserem Handeln Reize hervorzubringen, die als Verstärker wirken, wenn wir sie sehen. Hatte der Anblick Venedigs uns verstärkt – wir meinen eine Verstärkung, wenn wir etwas als schön bezeichnen –, so können wir dorthin zurückkehren, um erneut verstärkt zu werden. Können wir nicht wieder dorthin gehen, so können wir Bilder von Venedig kaufen. Es kann sich bei ihnen um realistische Farbbilder seiner schönsten Ansichten oder auch nur um Schwarz-Weiß-Skizzen handeln. Wir können Venedig aber auch sehen, wenn wir etwas über es lesen, vorausgesetzt, daß wir die Fähigkeit erworben haben zu visualisieren, während wir lesen. – Unsere technischen Geräte haben es uns leichter gemacht, verstärkende Dinge wahrzunehmen, wenn sie tatsächlich präsent sind, und sie haben zugleich die Chance herabgesetzt, sie wahrzunehmen, während sie nicht gegenwärtig sind. Vor zwei oder drei Generationen las ein Kind oder ließ sich etwas aus Büchern vorlesen, in denen wenig oder keine Illustrationen enthalten waren. Heute sieht es fern oder liest Bücher, die auf jeder Seite farbige Bilder haben. Mit sehr viel geringerer Wahrscheinlichkeit wird es daher eine Fähigkeit entwickeln, unter der Kontrolle verbaler Reize etwas zu visualisieren. Auch ohne irgendeine äußere Unterstützung können wir Venedig ganz einfach «sehen», weil wir verstärkt werden, wenn wie es tun. Wir sagen uns dann, daß wir einem Tagtraum über die Stadt nachhängen. Weil wir physische Reize hervorrufen, die uns in die Lage versetzen, Venedig deutlicher zu sehen, wenn wir die Stadt besuchen oder ein Bild von ihr kaufen, machen wir den Fehler anzunehmen, daß wir auch *seelische* hervorrufen, um sie in unserer Erinnerung wahrzunehmen. Wir brauchen aber nur festzustellen, daß wir verstärkt werden, wenn wir Venedig wahrnehmen, denn dann ergibt es sich als wahrscheinlich, daß wir dieses Verhalten (eben das Verhalten, Venedig zu sehen) auch dann wieder aufnehmen, wenn sich in unserer unmittelbaren Umgebung sehr wenig findet, das eine Ähnlichkeit mit der Stadt besitzt. Einem unserer Wörterbücher zufolge ist die Phantasie definiert als «die Handlung oder Funktion, Bilder oder Darstellungen in direkter Wahrnehmung oder in der Erinnerung auszuformen.» Wir könnten aber ebensogut behaupten, daß es sich bei ihr um die Handlung oder Funktion handele, etwas in direkter Wahrnehmung oder in der Erinnerung zu sehen.

Wir können etwas, das eigentlich nicht da ist, nicht nur deswegen sehen, weil wir dabei unmittelbar bestärkt werden, sondern auch, weil wir uns anschließend in einer Weise verhalten, die ihrerseits verstärkt wird. So können wir zum Beispiel Venedig wahrnehmen, während wir einem Freund erklären, wie er in einen bestimmten Teil der Stadt gelangt. Wären wir miteinander in der Stadt, so könnten wir ihm den betreffenden Weg zeigen, indem wir zusammen dort entlanggehen. Aber wir können auch «visuell einen bestimmten Weg zurücklegen», wenn wir nicht dort sind, indem wir dem Freund diesen Weg beschreiben. Wirksamer gelingt uns das, wenn wir den Weg anhand einer Karte oder einer Skizze zeigen und erklären. Wir ziehen jedoch keine «kognitive Karte» zu Rate, wenn wir beschreiben, was wir sehen, indem wir «uns die Stadt vor Augen führen». Eine Stadt zu kennen, bedeutet, über ein Verhalten zu verfügen, durch das man sich in ihr orientieren kann. Es bedeutet aber nicht, daß man eine Karte besitzt, anhand deren man sich orientiert. Man kann eine solche Karte entwerfen, während man sich in der Stadt befindet oder indem man sie visualisiert, wenn man nicht dort ist. Aber einen Weg durch eine Stadt so zu visualisieren, daß man ihn einem Freund beschreiben kann, bedeutet, diesen Weg *so* zu sehen, wie man ihn sieht, wenn man selbst durch die Stadt geht.

Claude Bernard hätte auch sagen können, daß es unmöglich ist, Tiere dazu zu bringen, von dem zu berichten, was sie sich vorstellen. Aber es gibt keinen Grund dafür anzunehmen, daß die Kontingenzen, unter denen ein Mensch etwas wahrnimmt, was nicht vorhanden ist, nicht auch bei anderen Arten wirksam sein könnten. Es ist möglich, Tiere dazu zu bringen, daß sie auf Bilder reagieren, die sich auf ihrer Netzhaut erhalten, während der wahrgenommene Gegenstand bereits verschwunden ist. Durch erhöhte Deprivierung kann man eine Taube veranlassen, auf ein Rechteck zu reagieren, «als wäre es ein Dreieck». Es gibt keinen Grund, warum man sie nicht mit der gleichen Versuchsanordnung dahin bringen könnte, auf eine glatte Oberfläche zu reagieren, nachdem sie zuvor nur dann verstärkt worden war, wenn auf die Oberfläche ein Dreieck projiziert wurde. Es wäre interessant, «verbale» Kontingenzen zu entwerfen, die es ihr erlauben würden, uns mitzuteilen, daß sie ein Dreieck «gesehen» hat.

Menschen verändern sich mit den Kontingenzen der Verstärkung, unter denen sie sich verhalten. Sie speichern diese Kontingenzen nicht. Vor allem speichern sie aber auch keine Kopien der Reize, die bei den Kontingenzen eine Rolle gespielt haben. In ihrem Geist verfügen sie nicht über «bildhafte Darstellungen». Ebensowenig haben sie «Datenstrukturen in ihrem Gedächtnis gespeichert» oder eine «kognitive Karte» der Welt, in der sie gelebt haben. Sie sind einfach so verändert worden, daß die Reize, denen sie ausgesetzt gewesen sind, jeweils die besondere Art ihres Wahrnehmungsverhaltens kontrollieren.

Das Sehen, bei dem das Gesehene nicht vorhanden ist, tritt am deutlichsten während des Schlafes im Traum hervor. Die fortlaufende Reizung aus der Außenwelt übt dann nur noch eine geringe Kontrolle aus, und die aus der Lebensgeschichte eines Menschen stammenden Emotionen und Zustände von Deprivierung treten in den Vordergrund. Freud betonte die Bedeutung von Wünschen und Ängsten, die sich aus den Träumen erschließen lassen. Unglücklicherweise aber betonte er auch den Unterschied zwischen dem Sehen und dem, was gesehen wird. Der Träumende leistet seiner Auffassung nach eine sogenannte Traumarbeit; er setzt, ähnlich wie ein Theaterregisseur, den Traum in Szene und nimmt dann im Parkett Platz, ihn zu beobachten. Gegenüber dieser Auffassung müssen wir aber darauf bestehen, daß es sich beim Träumen um ein Wahrnehmungs*verhalten* handelt. Der Unterschied zwischen Verhalten im Schlaf und im Wachzustand, ob innerhalb oder außerhalb einer bedeutsamen Umgebung, ist einfach ein Unterschied in bezug auf die herrschenden Kontrollbedingungen.

Schnelle Augenbewegungen (REM) während des Schlafes scheinen diese Auffassung zu bestätigen. In den Phasen, in denen sie am heftigsten träumen, bewegen die Menschen ihre Augen, als beobachteten sie eine visuelle Darbietung – auch die Muskeln im Mittelohr, in denen Gehörwahrnehmungen auftreten, scheinen sich bei Träumen zu bewegen. Man hat die Meinung vertreten, daß diese Augenbewegungen ebenso wie die Bewegungen der Muskeln des Ohrs den Beweis dafür liefern, daß ein «physiologischer Input» das Träumen beeinflußt. Ganz deutlich aber ist ein solches Verhalten ein physiologischer *Output.* Wir können kaum unterstellen, daß die bildhaften Darstellungen, die im Traum beobachtet werden, sich unter den Augenlidern oder dem äußeren Teil des Ohres befinden.

Man kann jemanden auf vielerlei Art dahinbringen, etwas zu sehen, wo es nichts zu sehen gibt, und dieser Vorgang kann jeweils als ein Arrangement von Kontingenzen analysiert werden, die das Wahrnehmungsverhalten stärken. Man hat bestimmte Techniken in der Verhaltenstherapie, bei denen ein Patient gebeten wird, sich verschiedene Zustände oder Ereignisse vorzustellen, als nicht genuin behavioristisch kritisiert, weil sie auf Bilder zurückgreifen. Aber es gibt keine Bilder im Sinne von privaten Kopien, sondern nur ein Wahrnehmungsverhalten. Die Maßnahmen, die ein Psychotherapeut ergreift, sind darauf abgestellt, dieses zu stärken. Das Verhalten eines Patienten ändert sich, wenn das, was er sieht – hört, fühlt, usw. –, dieselbe positiv oder negativ verstärkende Wirkung hat, wie wenn er die Sachen selber sehen würde. Nur außerordentlich selten genügt es, einem Patienten einfach zu sagen, er solle «Gefühle entwickeln», sich sexuell erregt oder abgestoßen fühlen. Häufig ist die Wirkung leichter zu erzielen, wenn man ihm pornographisches oder abstoßendes Material zeigt oder ihn auffordert, eine sexuelle oder abstoßende Episode «so deutlich wie möglich zu visualisieren».

Daß man Dinge sehen kann, auch wenn es nichts zu sehen gibt, muß ein wichtiger Grund dafür gewesen sein, daß die Welt des Geistes erfunden wurde. Es war schon schwer genug, sich vorzustellen, wie eine Kopie der Umwelt in den Kopf gelangt und dort «bewußt» werden konnte. Aber man hatte immerhin eine Außenwelt, auf die man hierbei zurückgreifen konnte. Reine Bilder aber schienen auf einen rein geistigen Stoff zu verweisen. Erst wenn wir fragen, wie die Welt oder eine Kopie der Welt gesehen wird, verlieren wir das Interesse an Kopien. Das Sehen erfordert nicht von sich aus etwas Gesehenes.

Geist und Reizkontrolle

Wir haben im 4. Kapitel gesehen, daß das Wort «Geist» gelegentlich als bloßes Synonym für die handelnde Person gebraucht wird. Ebensogut kann es aber auch als Synonym für eine wahrnehmende Person verwandt werden. Hat jemand den Kontakt mit der Realität verloren, so wandert sein Geist angeblich umher oder ist möglicherweise abwesend.

Der Geist wird auch zuweilen einfach als der Ort betrachtet, an dem die Dinge visuell wahrgenommen werden. Von manchem, was man visuell wahrnimmt, muß man sich, wenn es sich um eine Täuschung handelt, sagen lassen, man trage es «nur in seinem Geist» mit sich herum, in der Realität sei es nicht vorhanden. Als der Ort, an dem die Dinge wahrgenommen werden, ist der Geist eng mit der Theorie von der Wahrnehmung als einer Kopie verbunden und hat in der Psychologie der Bewußtseinsinhalte eine bedeutende Rolle gespielt. Als der Operationalismus damit begann, die Vorgänge der Diskriminierung und nicht mehr die Empfindungen zu untersuchen, glaubte man, den Menschen so darzustellen, wie er sehend und hörend die wirkliche Welt wahrnahm. Denn er berichtete jetzt nicht mehr von Wahrnehmung oder Empfindungen, sondern von Reizen. Die Welt war wieder dorthin gelangt, wohin sie gehörte.

Das Problem erfährt eine kritische Zuspitzung, wenn wir uns der Unterscheidung zuwenden, die zwischen der visuellen Wahrnehmung eines Dinges und der Wahrnehmung dieser visuellen Wahrnehmung getroffen werden kann. Wenn es zu keinem Zeitpunkt Kopien der Dinge innerhalb des Körpers gibt, dann ist alles, was man introspektiv sehen kann, der Vorgang des Sehens. Er ist denn auch gemeint, wenn man jemanden fragt: «Sehen Sie?» Es ist jedoch noch immer möglich, zwischen Dingen zu unterscheiden, die vorhanden und wahrnehmbar sind, und solchen, die es nicht sind. Man kann von mir behaupten, daß ich weiß, daß dieses Blatt Papier wirklich vorhanden ist, weil ich einen Federhalter nehme und auf ihm schreibe. Ebensogut kann man sagen, daß das helle Nachbild, das mich stört, nicht vorhanden ist, weil ich nicht versuche, es wegzuwischen. Ich habe den Unterschied zwischen den beiden Arten des Sehens gelernt. Ein Verdurstender greift nicht nach dem nur phantasierten Glas Wasser, aber der Träumende weiß nicht, daß das, was er sieht, «nicht wirklich vorhanden» ist. Er reagiert, soweit ein Schlafender das tun kann, mit seiner ganzen Person. Das instrospektive Wissen von Träumen ist nur schwach ausgebildet oder fehlt ganz, weil in ihnen die für die Selbstbeobachtung notwendigen Voraussetzungen fehlen. Überlebt das Wissen von einem Selbst im Wachzustand, so verschwindet es gewöhnlich so schnell, wie man seine Träume vergißt. Es ist auch möglich, die Erfahrung zu machen, daß man etwas zuvor bereits gesehen hat. Wir erkennen etwas wieder, was wir schon einmal erkannt haben. Bei einem *déja vu* ist dieser Zug des Wissens von einem selbst unvollständig.

Andere Arten des Wissens, das man selbst über die Reizkontrolle erlangt hat, werden verfügbar, wenn wir die Kontingenzen analysieren, die unser Verhalten kontrollieren.

6 Das verbale Verhalten

Relativ spät in ihrer Entwicklungsgeschichte machte die menschliche Art eine bemerkenswerte Veränderung durch: ihre Stimm-Muskulatur geriet unter operante Kontrolle. Bis zu diesem Zeitpunkt hatte sie wie andere Arten Warnrufe, drohende Schreie oder andere angeborene Reaktionen hervorgebracht. Ihr sprachliches operantes Verhalten stellte einen großen Schritt nach vorn dar, weil es ihr soziales Umfeld erweiterte. In Verbindung mit der Sprache entwickelten sich viele bedeutende Merkmale menschlichen Verhaltens, über die zahllose mentalistische Erklärungen erfunden worden sind.

Schon die Unterscheidung zwischen «Sprache» und «verbalem Verhalten» ist ein Beispiel dafür. Die Sprache besitzt den Charakter eines Dings, sie ist etwas, was jemand erwirbt und besitzt. Die Psychologen sprechen vom «Spracherwerb» bei Kindern. Die Wörter und Sätze, aus denen eine Sprache besteht, werden als Werkzeuge angesehen, die Bedeutungen, Gedanken, Vorstellungen, Meinungen, Gefühle, Bedürfnisse, Wünsche und viele andere Dinge ausdrücken, die sich in der Seele oder im Geist des Sprechenden befinden sollen. Eine produktivere Auffassung sieht das verbale Verhalten eben als Verhalten an, es ist nur deshalb von Besonderheit, weil es durch seine Wirkungen zunächst auf andere Menschen und schließlich auf den Sprecher selbst verstärkt wird. Das führt zu dem Ergebnis, daß dieses Verhalten von den räumlichen, zeitlichen und mechanischen Beziehungen befreit ist, die das Verhältnis zwischen operantem Verhalten und seinen nicht sozial orientierten Folgen beherrschen. Wenn das Öffnen einer Tür verstärkend wirkt, kann jemand den Türgriff drehen und in einer bestimmten Weise ziehen oder drücken. Sagt er statt dessen: «Bitte öffnen Sie die Tür», und die angesprochene

Person reagiert entsprechend, so folgt daraus dieselbe Verstärkung. Die Kontingenzen sind in beiden Fällen unterschiedlich, und sie rufen viele bedeutsame Unterschiede im Verhalten hervor, die nur allzulange durch mentalistische Erklärungen verschleiert worden sind.

Wie jemand spricht, hängt von den Praktiken der Sprachgemeinschaft ab, deren Mitglied er ist. Ein Vokabular kann nur geringen Umfang haben oder es kann Vielfältigkeit bei einer großen Anzahl subtiler Reizkontrollen aufweisen. Die Kontingenzen, durch die es geschaffen wird, können nachsichtig sein – wenn etwa Eltern auf die nur annäherungsweise richtigen Artikulationen ihrer Kinder reagieren –, oder sie können fordernd sein wie bei einer Schulung in korrekter Diktion. Unterschiedliche Sprachgemeinschaften bilden bei ein und demselben Sprecher verschiedene Sprachen aus, so daß er über ein unterschiedliches Vokabular verfügt, mit dem er bei jeweils anderen Zuhörern ähnliche Wirkungen erzielen kann. Sprachliche Reaktionen werden als Forderung, Befehl, Erlaubnis usw. klassifiziert. Diese Klassifizierung hängt von den Gründen ab, aus denen heraus der Zuhörer reagiert, wobei diese Günde häufig den Absichten oder Stimmungen des Sprechers zugeschrieben werden. Der Umstand, daß die Energie der Reaktion in keinem Verhältnis steht zu der Größe des Ergebnisses, hat zu dem Glauben an die Magie der Sprache beigetragen. Allein durch das «Abrakadabra» des Zauberers wird ein Taschentuch in ein Kaninchen verwandelt. Starke Reaktionen können trotz des Fehlens einer angemessenen Öffentlichkeit auftreten, wie es etwa Richard III. mit seinem Ruf bewies: «Ein Pferd! ein Pferd! mein Königreich für ein Pferd!», obwohl doch niemand da war, der ihn hätte hören können.

Unabhängig von jeder Öffentlichkeit, die zuweilen allerdings von Bedeutung ist, muß verbales Verhalten nicht durch die Umwelt unterstützt werden. Um Fahrrad zu fahren braucht man ein Fahrrad, ohne sich dabei das Wort «Fahrrad» vorzusagen. Verbales Verhalten kann daher bei fast jeder Gelegenheit auftreten, das hat zur Folge, daß die meisten Menschen es leichter finden, sich das Wort «Fahrrad» schweigend vorzusagen, als «schweigend Fahrrad zu fahren». Eine weitere bedeutsame Folge des verbalen

Verhaltens liegt darin, daß der Sprecher seinerseits zum Zuhörer wird und sein eigenes Verhalten intensiv verstärken kann.

Bedeutung und Bezugnahme

Obwohl der Begriff «Bedeutung» eng mit verbalem Verhalten verbunden ist, hat man ihn dazu verwendet, einige der bereits erörterten Unterscheidungen zu treffen. Diejenigen, die den Behaviorismus mit dem Strukturalismus verwechselt haben, haben sich bei ihrer Betonung der Form oder Topographie darüber beschwert, daß der Behaviorismus das Problem der Bedeutung vernachlässige. Wichtig, so behaupten sie, sei nicht, was jemand tue, sondern was sein Verhalten für ihn bedeute. Sein Verhalten gewinnt demnach für sie einen tieferen Sinn, der nicht ohne Beziehung zu den Begriffen von Zweck, Intention oder Erwartung bleibt, die im 4. Kapitel erörtert worden sind. Aber die Bedeutung einer Reaktion liegt nicht in ihrer Topographie oder Form – das ist der Fehler eines Strukturalisten, nicht des Behavioristen –, sondern sie liegt in ihrer Vorgeschichte. Man hat den Behavioristen auch vorgeworfen, daß sie die Umwelt in rein physikalischen Begriffen beschreiben und die Bedeutung übersehen, die sie für die Menschen gewinnt, die auf sie reagieren. Aber auch hier liegt die Bedeutung wiederum nicht in der Umwelt selbst, sondern in der Vorgeschichte der Kontingenzen, in der eine ähnlich strukturierte Umwelt zuvor schon einmal eine Rolle gespielt hat.

Die Bedeutung wird also mit anderen Worten nicht als eine Eigenschaft der Reaktion oder einer Situation angesehen, sondern als eine Eigenschaft der Kontingenzen, die sowohl für die Topographie des Verhaltens wie für die durch Reize ausgeübte Kontrolle verantwortlich sind. Das soll durch ein einfaches Beispiel veranschaulicht werden. Wenn eine Ratte einen Hebel bewegt, um Futter zu erhalten, wenn sie hungrig ist, und wenn eine andere Ratte einen Hebel bewegt, um Wasser zu erhalten, sobald sie durstig ist, so kann die Topographie ihres jeweiligen Verhaltens nicht zu unterscheiden sein, obwohl die Bedeutung doch in beiden Fällen eine andere ist. Denn für die eine Ratte «bedeutet» die

Hebelbewegung Futter, für die andere «bedeutet» sie Wasser. Hier handelt es sich um die Aspekte der Kontingenzen, die das Verhalten unter die Kontrolle der jeweiligen Situation gebracht haben. In einem anderen Beispiel könnte eine Ratte mit Futter verstärkt werden, sobald sie einen Hebel drückt, wenn ein Licht aufblitzt, und sie könnte mit Wasser verstärkt werden, wenn sie den Hebel bei gleichbleibendem Licht bedient. In beiden Fällen ließe sich dann dazu sagen, daß das aufblitzende Licht Futter «bedeutet», während das gleichbleibende Licht Wasser «bedeutet». Doch auch in diesen Fällen würde man sich nicht auf die Eigenschaften des Lichts beziehen, sondern auf die Kontingenzen, von denen die Lichtquellen jeweils nur einen Teil darstellen.

Dasselbe Argument läßt sich mit viel weiterreichenden Implikationen in bezug auf die Bedeutung bei verbalem Verhalten vorbringen. Ausschlaggebend hierbei ist die Funktion des Verhaltens. In einem sehr einfachen Verhaltensmuster steht ein Sprecher in Kontakt mit einer Situation, auf die ein Zuhörer, der zu dieser Situation keinen Kontakt hat, reagieren soll. Eine verbale Reaktion auf seiten des Sprechers ermöglicht es dem Zuhörer, angemessen zu reagieren. Nehmen wir zum Beispiel an, daß jemand eine Verabredung hat, die er einhalten möchte, indem er auf die Uhr schaut. Ist er nicht im Besitz einer Uhr, so kann er jemanden bitten, ihm die Zeit zu sagen, und dann aufgrund dieser Reaktion seinerseits richtig reagieren. Der Sprecher sieht die Uhr und gibt die Zeit bekannt. Der Zuhörer hört diese Äußerung und kann seine Verabredung einhalten. Drei Vorgänge, die zwischen zwei Leuten aufgeteilt sind, treten in den Kontingenzen der Verstärkung auf, die wiederum zu einem operativen Vorgang führen. Der Sprecher reagiert auf die Umgebung, der Zuhörer verhält sich in einer bestimmten Weise und wird durch die Folgen seines Verhaltens beeinflußt. Dies aber geschieht nur, wenn das Verhalten von Sprecher und Zuhörer durch zusätzliche Kontingenzen gestützt wird, die durch die Sprachgemeinschaft bereitgestellt worden sind.

Der Glaube des Zuhörers an das, was der Sprecher sagt, ist dem Glauben ähnlich, der die Wahrscheinlichkeit einer jeden Reaktion unterstützt – «Ich glaube, das klappt». Oder er ähnelt dem Glauben, der durch die Reizkontrolle gestützt wird – «Ich glaube, dies ist nicht der richtige Ort». Er hängt darüber hinaus von vergangenen Kontingenzen ab, von denen man nicht einfach annehmen kann, daß sie internalisiert worden sind. Definiert man zwischenmenschliches Vertrauen als «die von Individuen oder Gruppen geteilte Erwartung, daß ein Wort, ein Versprechen, eine schriftliche oder mündliche Äußerung anderer Individuen oder Gruppen zuverlässig ist», so kompliziert man die Dinge unnötigerweise.

Die *Bedeutung einer Reaktion für den Sprecher* umfaßt den Reiz, der sie kontrolliert – im vorliegenden Fall das Zifferblatt der Uhr – und mögliche aversive Affekte der Frage, die die Reaktion einer Lösung näherbringt. Die *Bedeutung für den Zuhörer* kommt derjenigen nahe, die das Zifferblatt für ihn haben würde, wenn es ihm sichtbar wäre, aber sie umfaßt auch die Kontingenzen, die die Verabredung betreffen und die eine Reaktion auf das Zifferblatt oder eine verbale Reaktion zu eben diesem Zeitpunkt wahrscheinlich machen. Jemand, der sich zu einer Verabredung begeben will, sobald er die Zeiger einer Uhr in einer bestimmten Position wahrnimmt, wird ebensogut aufbrechen, wenn er die Reaktion eines Menschen hört, dessen Reaktionen in der Vergangenheit durch die Uhrzeiger richtig kontrolliert wurden und der aus eben diesem Grund auch jetzt wieder durch eine starke Reaktion kontrolliert wird.

Eine der weniger glücklichen Unterstellungen der Kommunikationstheorie läuft darauf hinaus, daß Deutungen für einen Sprecher und einen Hörer jeweils gleich sind und daß beide sie in einer Mitteilung miteinander teilen. Der Sprecher übermittelt demnach eine Vorstellung, einen Sinn oder eine Information oder er teilt etwas von seinem Wissen mit, so als würde sein geistiges Eigentum zum geistigen Eigentum eines Zuhörers. Es gibt nun aber keine Bedeutungen, die für Sprecher und Hörer jeweils gleich wären. Bedeutungen sind keine unabhängigen Einheiten. Wir können nach ihnen in einem Lexikon suchen, aber Lexika vermitteln uns keine Bedeutung. Bestenfalls können wir aus ihnen andere Wörter entnehmen, die gleiche Bedeutungen haben. Ein Lexikon mit «bereits entwickelten Bedeutungen» wäre erst noch zu erstellen.

Ein Referent ließe sich als derjenige Aspekt einer Umwelt definieren, der eine Reaktion kontrolliert, deren Referent er angeblich ist. Er tut dies aufgrund der Verstärkungen einer Sprachgemeinschaft. Nach traditioneller Auffassung finden sich Bedeutungen und Referenten nicht in den Wörtern, sondern in den Umständen, unter denen Wörter durch Sprecher verwendet und von Zuhörern verstanden werden. Aber die Wörter «verwenden» und «verstehen» bedürfen einer weiteren Untersuchung.

Häufig wird die Auffassung vertreten, daß verbale Reaktionen von einem Zuhörer als Zeichen oder Symbole der Situationen angesehen werden, die sie beschreiben. Man hat daher dem Symbolisierungsprozeß, den wir im folgenden Kapitel anhand einiger Beispiele erörtern werden, große Aufmerksamkeit gewidmet. Bestimmte Zustände in der Atmosphäre können ein «Anzeichen von Regen» sein. Wir reagieren auf sie, indem wir versuchen, nicht naß zu werden. Gewöhnlich reagieren wir etwas anders, wenn wir dem Regen selbst zu entkommen suchen und nicht vorher durch Anzeichen vor ihm gewarnt worden sind. Auch die verbalen Reaktionen der Meteorologen, die ebensogut oder ebensowenig ein Anzeichen von Regen sind wie die atmosphärischen Veränderungen, unterliegen diesen Bedingungen.

Metaphern. Wir haben gesehen, daß ein Reiz, der wirksam ist, wenn eine Reaktion verstärkt wird, Kontrolle über die Wahrscheinlichkeit gewinnt, daß diese Reaktion später wiederum auftreten wird. Aus diesem Grund kann eine Wirkung generalisiert werden. Wenn Reize einige Eigenschaften miteinander gemein haben, können sie die gleiche Kontrolle ausüben. Bei verbalem Verhalten wird eine Art von Reaktion, die durch einen nur ähnlichen Reiz hervorgerufen wird, als Metapher bezeichnet. Die Reaktion wird nicht von einer Situation auf die andere übertragen, wie es die Etymologie nahezulegen scheint. Sie tritt vielmehr aufgrund einer Ähnlichkeit der Reize auf. Hat man sich daran gewöhnt, in bezug auf Feuerwerkskörpern oder Bomben davon zu sprechen, daß sie «explodieren», so kann man auch von einem Freund, der sich plötzlich gewalttätig verhält, sagen, daß er «vor Wut explodiert». Andere metaphorische Redewendungen dienen zur Illustration weiterer Verhaltensabläufe.

Abstraktionen. Ein charakteristischer Zug verbalen Verhaltens, der sich direkt den besonderen Kontingenzen der Verstärkung zuschreiben läßt, ist die Abstraktion. Nicht der Sprecher, sondern der Zuhörer handelt in bezug auf die Reize, die eine verbale Reaktion kontrollieren. Als Folge hiervon kann das Verhalten des Sprechers durch die Eigenschaften eines Reizes kontrolliert werden, dem keine praktische Reaktion angemessen ist. So kann jemand lernen, unter den nicht gesellschaftlich bedingten Kontingenzen seiner Umgebung auf rote Gegenstände zu reagieren und dies nur in der Weise zu tun, daß er für jeden roten Gegenstand eine praktische Reaktion emittiert. Die Kontingenzen können nicht eine einzelne Reaktion unter die Kontrolle der Eigenschaften von «Rot» allein bringen. Aber eine einzelne Eigenschaft kann für den Zuhörer von Bedeutung sein, der bei vielerlei unterschiedlichen Gelegenheiten ihretwegen eine Vielzahl von praktischen Handlungen ausführt und der daher angemessen verstärkt wird, wenn ein Objekt als rot bezeichnet wird. Der Referent für «rot» kann niemals in einem einzelnen Zusammenhang identifiziert werden. Zeigen wir jemandem einen roten Federhalter und fragen ihn: «Was ist das?» und antwortet er: «Rot», so können wir nicht sagen, welche Eigenschaft seine Reaktion hervorgerufen hat. Zeigen wir ihm dagegen viele rote Gegenstände und sagt er jedesmal: «Rot», so können wir, wenn sich die Fälle häufen, mit zunehmender Genauigkeit sagen, auf welche Eigenschaft seine Reaktion zurückgeht. Der Sprecher reagiert stets auf ein physisches Objekt, nicht auf «Rot» als eine abstrakte Einheit. Er antwortet nicht: «Rot», weil er einen Begriff von Röte besitzt, sondern weil besondere Kontingenzen diese Reaktion unter die Kontrolle jener Eigenschaft von Reizen gebracht haben.

Es hat keinen Sinn zu fragen, wie jemand «die als Rot bezeichnete abstrakte Einheit kennen kann». Kontingenzen erklären das Verhalten, und wir sollten uns nicht dadurch verwirren lassen, weil es im Einzelfall zuweilen unmöglich scheint, einen Referenten zu entdecken. Wir brauchen nicht mit William von Ockham und den Nominalisten die Tatsache zu leugnen, daß abstrakte Einheiten existieren, und wir müssen auch nicht darauf bestehen, daß es sich bei derartigen Reaktionen um bloße Wörter handelt. Denn bei dem, was existiert, handelt es sich um Kontingenzen, die ein Verhalten unter die Kontrolle von Eigenschaften oder von Objektklassen bringen, die wiederum durch Eigenschaften definiert sind. – Wir können festlegen, daß eine einzelne Reaktion von einer Eigenschaft kontrolliert wird, indem wir sie benennen. Zeigen wir zum Beispiel jemandem einen Federhalter und fragen: «Welche *Farbe* hat er?» so wird er auf die als Farbe bezeichnete Eigenschaft reagieren, vorausgesetzt, daß er zuvor in seiner Lebensgeschichte entsprechend verstärkt worden ist.

Begriffe. Ist eine Klasse durch mehr als eine Eigenschaft definiert, so wird der Referent gewöhnlich als Begriff und nicht als abstrakte Einheit bezeichnet. Man hat darauf verwiesen, daß Begriffe sich auf konkrete Referenten beziehen, indem man gesagt hat, daß «sie Entdeckungen und nicht Erfindungen sind und daß sie die Realität darstellen». Sie existieren mit anderen Worten bereits in der Welt, bevor sie noch von irgendjemandem identifiziert werden. Doch daß sie entdeckt werden, unterstellt der Bildung von Begriffen ganz ebenso etwas Mentalistisches, wie wenn sie erfunden würden. Ein Begriff ist einfach ein Zug an einem Satz von Kontingenzen, die in der Welt existieren, und er wird einfach in dem Sinn entdeckt, daß die Kontingenzen Verhalten unter ihre Kontrolle bringen. Der Satz: «Wissenschaftliche Begriffe versetzen den menschlichen Geist in die Lage, bestimmte Aspekte der enormen Komplexität der Welt zu handhaben», wird sehr viel richtiger, wenn man statt von «menschlichem Geist» von «Menschen» spricht.

Sätze und Aussagen

Die traditionelle Auffassung von Bedeutung und Referenten bereitet dann Schwierigkeiten, wenn wir beginnen, größere verbale Reaktionen unter der Kontrolle komplexerer Umweltverhältnisse zu analysieren. Was denn sind die Referenten von Sätzen, ganz zu schweigen von Absätzen, Titeln oder gar Büchern? Ein Satz bedeutet gewiß mehr, als seine einzelnen Wörter bedeuten. Sätze beziehen sich nicht bloß auf Sachverhalte, sie *sprechen* sie aus. Was für Sachverhalte sind es aber, die sie aussprechen? Eine traditionelle Antwort hierauf lautet, daß es sich dabei um «Aussagen» handele. Doch Aussagen sind so schwer zu fassen wie Bedeutungen. Bertrand Russells Auffassung wurde folgendermaßen zusammengefaßt: «Die Bedeutung eines Satzes ist das, was diesen Satz in einer Sprache mit seiner Übersetzung in eine andere Sprache verbindet. So haben zum Beispiel ‹I am hungry› und ‹J'ai faim› gemeinsame Elemente, die die Bedeutung eines Satzes ausmachen. Diese gemeinsamen Elemente bilden eine Aussage.» Was aber *sind* diese Elemente? Wo sind sie zu finden? Ein Lexikon, das die Bedeutung von Sätzen anzeigen würde, würde einfach nur wieder andere Sätze mit gleicher Bedeutung enthalten.

Eine Übersetzung läßt sich am besten als ein verbaler Reiz definieren, der – soweit wie möglich – auf eine andere Sprachgemeinschaft dieselbe Wirkung wie das Original hat. Eine französische Übersetzung eines englischen Buches besteht nicht aus einer Reihe von völlig verschiedenen Aussagen, sondern sie stellt ein anderes verbales Verhalten dar, das auf einen französischen Leser eine ähnliche Wirkung hat wie die englische Version auf einen englischen Leser. Diese Auffassung läßt sich auch bei der Übersetzung von einem Medium in ein anderes vertreten. So hat man das Vorspiel zu *Tristan und Isolde* als «eine erstaunlich intensive und getreue Übertragung von Gefühlen, die die Vereinigung eines Liebespaars begleiten, in Musik» bezeichnet. Statt nun diese Gefühle oder gar die so übertragene Aussage identifizieren zu wollen, können wir einfach sagen, daß die Musik etwas von der Wirkung einer Liebesvereinigung besitzt.

Unsere Vorstellungen von Ausdruck und Kommunikation können in ähnlicher Weise behandelt werden. Ein Sprecher oder ein Zuhörer reagiert auf Körperzustände, die er gelernt hat als Gefühle zu bezeichnen. Was er aber sagt oder hört, ist ein Verhalten, das auf Kontingenzen zurückgeht, von denen die empfundenen Körperzustände ein bloßes Nebenprodukt sein können. Die Aussage, daß Musik etwas ausdrückt, «was in kognitiver und insbesondere in wissenschaftlicher Sprache nicht auszudrücken ist», bedeutet, daß sie eine Wirkung erzielt, die verbales Verhalten nicht herbeiführen kann. Verbales Verhalten übermittelt keine Gefühle, obwohl es Zustände hervorrufen kann, die sehr wohl gefühlt werden. Es übermittelt auch keine Aussagen oder Vorschriften. «Instruiert» man eine Katzenmutter dazu, ihre Jungen zu verlassen, indem man einem bestimmten Teil ihres Gehirns Elektroschocks versetzt, so übermittelt man ihr keineswegs damit eine Vorschrift, die zunächst im Geist eines Wissenschaftlers vorhanden gewesen ist; es ist der Schock, der vielmehr seine Wirkung erzielt. Von Frischs Darstellung der Bienensprache – die übrigens zunehmend in Frage gestellt wird – hat aus ihm keinen Champollion gemacht, dem es gelang, die Hieroglyphen zu entziffern.

Der Begriff der Reizkontrolle ersetzt die Vorstellung eines Referenten nicht nur in bezug auf Reaktionen, die isoliert auftreten und als Worte bezeichnet werden – wie etwa Substantive und Adjektive –, sondern auch in bezug auf diejenigen komplexen Reaktionen, die als Sätze bezeichnet werden. Als einen Referenten solch komplexer Reaktionen könnte man die «Tatsache» ansehen, obwohl mit einem solchen Referenten nicht zwischen Wahrheit und Unwahrheit unterschieden werden soll. Ein Kind reagiert mit Sätzen auf Ereignisse in seiner Umgebung, die mehr als nur eine Eigenschaft eines Dings, Beziehungen zwischen Dingen oder das Verhältnis eines Handelnden zu seinem Handlungsgegenstand umfassen. Seine Reaktionen enthalten Elemente, die es bei keiner Gelegenheit allein emittieren kann. Der Linguist schreibt diese Elemente der Grammatik oder Syntax zu. Er untersucht die Praktiken einer gegebenen Sprachgemeinschaft, aus denen er Regeln entwickelt, die zur Bildung neuer Sätze herangezogen werden können. Im 8. Kapitel werden wir darauf näher eingehen.

Die Manipulation von Wörtern und Sätzen

Der Strukturalismus hat innerhalb der Linguistik an Bedeutung gewonnen, da verbales Verhalten häufig einen unabhängigen Status zu besitzen scheint. Wir neigen dazu, seiner Form eine besondere Aufmerksamkeit zu widmen, weil wir sie leicht und ziemlich genau, etwa im direkten Zitat, wiedergeben können. Das Zitat «er sagte: ‹Hammer›» vermittelt eine sehr viel vollständigere Beschreibung der Topographie eines Verhaltens als der Satz: «Er hämmerte.» Bringt man einem Kind das Sprechen bei oder einem Erwachsenen die Aussprache eines schwierigen Wortes, so stellt man eine modellhafte Situation her. Man sagt das Wort und schafft zugleich Kontingenzen, aufgrund derer eine Reaktion verstärkt wird, die über ähnliche Eigenschaften verfügt. Die Herstellung einer modellhaften Situation muß sich nicht notwendigerweise im Bereich der Sprache abspielen. Beim Sport oder in der Tanzstunde zeigt der Lehrer seinen Schülern, was sie tun sollen, indem er es ihnen vormacht. Mit der Entdeckung des Alphabets wurde es jedoch möglich, verbales Verhalten aufzuzeichnen. Derartige Aufzeichnungen sind nicht auf eine weitere Unterstützung durch eine bestimmte Umwelt angewiesen und scheinen eine unabhängige Existenz zu führen. Von einem Sprecher nimmt man an, daß er ein Gedicht, eine Eidesformel oder ein Gebet «kennt». Die Erziehung im frühen Griechenland wie auch im alten China bestand in der Hauptsache daraus, daß literarische Werke auswendig gelernt wurden. Der Student schien sich die im Werk ausgedrückte Weisheit zu eigen zu machen, obwohl sein Verhalten nicht notwendig von den Zuständen kontrolliert wurde, die den ursprünglichen Sprecher, Schreiber oder informierten Zuhörer dazu gebracht hatten, in einer bestimmten Weise zu reagieren.

Verbales Verhalten hat diesen unabhängigen Status, wenn es zwischen Sprecher und Zuhörer beispielsweise als eine »Information» durch das Telefon übermittelt wird oder wenn es von einem Schreiber in Form eines Textes an einen Leser gelangt. Bis in die jüngste Zeit haben sich Linguistik und Literaturkritik fast ausschließlich auf die Analyse schriftlicher Aufzeichnungen beschränkt. Die aber hatten einen Sinn nur für den Leser; denn die Umstände, unter denen ein Verhalten von seiten des Schreibers zum Ausdruck kam, waren auch dann, wenn sie einmal bekanntgewesen waren, in Vergessenheit geraten.

Die Verfügbarkeit verbalen Verhaltens in dieser scheinbar objektiven Form hat sehr viel Verwirrung verursacht. Wenn wir sprachliche Aufzeichnungen in Worte und Sätze unterteilen, ohne nach den Bedingungen zu fragen, unter denen dieses Verhalten emittiert wurde, vernachlässigen wir die Bedeutung, die es für einen Sprecher gehabt hat, und beinahe die Hälfte des verbalen Verhaltens entgeht damit unserer Aufmerksamkeit. Es werden, schlimmer noch, Teile der aufgezeichneten Rede auseinandergerissen und zu neuen «Sätzen» zusammengesetzt, die dann – nach ihrer Wirkung auf einen Leser oder Zuhörer – auf ihren Wahrheitsgehalt hin untersucht werden, obwohl sie niemals von einem Sprecher hervorgebracht worden sind. Sowohl Logiker wie Linguisten neigen dazu, auf diese Weise neue Sätze zu bilden, die sie dann behandeln, als wären sie Aufzeichnungen eines emittierten verbalen Verhaltens. Nehmen wir etwa den Satz «Die Sonne ist ein Stern» und setzen den Buchstaben «k» an die entsprechende Stelle, so können wir ihn in den Satz «Die Sonne ist kein Stern» umwandeln. Niemand hat je dieses Stück verbaler Reaktion emittiert; es beschreibt weder eine Tatsache, noch stellt es eine Äußerung dar. Es ist einfach das Ergebnis eines mechanischen Prozesses.

Es richtet vielleicht keinen Schaden an, mit Sätzen dieser Art herumzuspielen oder Veränderungen zu untersuchen, die solche Sätze einem Durchschnittsleser annehmbar erscheinen lassen. Dennoch ist es besonders dann eine Zeitverschwendung, wenn die auf diesem Wege gebildeten Sätze nicht als verbales Verhalten hätten emittiert werden können. Ein klassisches Beispiel hierfür ist das Paradox «Dieser Satz ist unwahr», daß, wenn es wahr ist, unwahr erscheint, und wenn es unwahr ist, wahr. Wichtig ist hierbei allein die Überlegung, daß niemand diesen Satz als verbales Verhalten je hätte emittieren können. Ein Satz muß existieren, bevor ein Sprecher sagen kann: «Dieser Satz ist unwahr.» Diese Reaktion als solche ist nicht ausreichend, da sie nie emittiert worden wäre, wenn ihr nicht ein anderer Satz vorangegangen wäre. Was Logiker oder Linguisten als einen Satz bezeichnen, ist nicht notwendig ein verbales Verhalten, das einer Verhaltensanalyse bedarf.

Die Transformationsregeln, nach denen Sätze entstehen, die für einen Zuhörer aktzeptabel sind, können durchaus von Interesse sein. Dennoch ist es ein Fehler, zu unterstellen, daß verbales Verhalten durch sie entsteht. Wir können zum Beispiel das Verhalten kleiner Kinder analysieren und dabei entdecken, daß ein Teil ihrer

Rede aus der großen Klasse der «Substantive» besteht und ein anderer Teil aus der kleinen Klasse der «Bestimmungsworte». Diese Tatsache des verbalen Verhaltens beruht auf den Kontingenzen der Verstärkung, wie sie von den meisten Sprachgemeinschaften bereitgestellt werden. Hieraus folgt nicht, daß ein Kind «einen Substantivsatz eines bestimmten Typus bildet», indem es «zunächst ein Wort aus der kleinen Klasse der *modifier* und dann ein zweites Wort aus der großen Klasse der Substantive auswählt». Dabei handelt es sich um eine nachträgliche linguistische Konstruktion.

Die Analyse des verbalen Verhaltens und insbesondere die sogenannte Entdeckung der Grammatik sind überaus späte Errungenschaften. Über Jahrtausende hinweg war es niemandem möglich zu wissen, daß er sich mit einer Sprache an Regeln orientierte. Was geschieht, sobald solche Regeln entdeckt werden, wird im 8. Kapitel erörtert.

Entwicklung. Ein einseitiges Interesse an der Struktur verbalen Verhaltens hat der Metapher von der sprachlichen Entwicklung Auftrieb gegeben. Man hat die Länge von Äußerungen als eine Funktion des Alters dargestellt sowie semantische und grammatische Züge in ihrer «Entwicklung» beobachtet. Das Wachstum der Sprache bei einem Kind läßt sich leicht mit dem Wachstum eines Embryos vergleichen. Die Grammatik kann dann Regeln zugeschrieben werden, über die das Kind schon bei seiner Geburt verfügt. Ein Programm in der Form eines genetischen Codes soll dann angeblich «den frühen Spracherwerb eines Kindes in Gang setzen und steuern». Aber die menschliche Art hat sich nicht aufgrund eines eingebauten Mechanismus evolutionär entwickelt. Sie entwickelte sich vielmehr aufgrund einer Selektion unter den Kontingenzen des Überlebens. Ganz ähnlich entwickelt sich das verbale Verhalten eines Kindes unter der Selektion von Kontingenzen der Verstärkung.

Ein Kind scheint mit erstaunlicher Geschwindigkeit sein Vokabular zu erweitern. Aber wir sollten diesen Vorgang nicht überschätzen oder ihn gar erfundenen linguistischen Fähigkeiten zuschreiben. Ein Kind mag als Ergebnis einer einzigen Verstärkung «ein neues Wort lernen», aber es lernt Dinge, die nicht verbal sind, mit einer vergleichbaren Geschwindigkeit. Sein Sprachverhalten ist beeindruckend, weil es in seiner Topographie nicht zu übersehen ist und auf verborgene Bedeutungen hinzuweisen scheint.

Hätten sich die Strukturalisten und Entwicklungstheoretiker nicht so weitgehend auf die Topographie des Verhaltens zum Nachteil der übrigen Kontingenzen der Verstärkung beschränkt, würden wir sehr viel mehr darüber wissen, wie ein Kind sprechen lernt. Wir kennen die Wörter, die ein Kind als erstes verwendet, sowie die besondere Reihenfolge, in der sie auftreten. Wir wissen, wie lang in den einzelnen Altersstufen sprachliche Äußerungen in der Regel sind usw. Würde es mit der Struktur der Sprache sein Bewenden haben, so besäßen wir ein vollständiges Bild von ihr. Aber eine Darstellung der Topographie muß notwendig durch eine ebenso ausführliche Darstellung der Bedingungen ergänzt werden, unter denen sie erworben worden ist. Welche Sprache hat ein Kind gehört? Unter welchen Umständen hat es sie gehört? Welche Wirkungen hat es erzielt, wenn es ähnliche Reaktionen vorgebracht hat? Solange wir nicht über diese Informationen verfügen, kann der Erfolg oder das Scheitern einer jeden Analyse des verbalen Verhaltens nicht beurteilt werden.

Kreatives verbales Verhalten

Bei verbalem Verhalten werden – wie in jeder Art von operantem Verhalten – ursprüngliche Reaktionsformen durch Situationen hervorgerufen, denen man zuvor nicht ausgesetzt gewesen ist. Der Ursprung des Verhaltens ist dem Ursprung der Arten nicht unähnlich. Neue Kombinationen von Reizen treten in immer neuen Umgebungen auf, und die Reaktionen, die sie beschreiben, sind vielleicht nie zuvor von einem Sprecher hervorgebracht, gehört oder in schriftlichen Äußerungen anderer gelesen worden. Es gibt eine Vielzahl von Verhaltensvorgängen, die «Mutationen» hervorbringen, die dann zum Objekt des selektiven Handelns von Kontingenzen der Verstärkung werden. Wir alle schaffen jederzeit neue Formen, zum Beispiel durch Neologismen, Mischwörter,

Schachtelwörter, durch witzige Bemerkungen, die bestimmte Entstellungen mit sich bringen, und durch die Fehler, die wir machen, wenn wir allzu hastig sprechen.

Man hat der Tatsache große Aufmerksamkeit gewidmet, daß ein Kind eine schwache Vergangenheitsform bei einem Verb «erfindet», wenn es zum Beispiel sagt «er gehte» statt «er ging». Wenn es die Form «ging» nie gehört hat – das heißt, wenn es nur mit Erwachsenen zusammen war –, muß es eine neue Form gebildet haben. Aber wir sprechen doch auch nicht von einer «Erfindung», wenn ein Kind zum erstenmal von einem «purpurfarbenen Auto» spricht, wenn es eine Reihe von Farbbezeichnungen und objektbezogenen Wörtern gelernt hat. Dem Umstand, daß die Endung «-te» auf eine «Grammatik» verweist, messen wir unnötig viel Bedeutung zu. Es ist ebensogut möglich, daß diese Endung als ein selbständiger Operant auftritt, wie sie es zum Beispiel in einer anderen Sprache als Anzeichen einer Vergangenheitsform oder einer abgeschlossenen Handlung tun könnte. «Gehen» und die Endung «-te» werden dann bei neuer Gelegenheit ebenso zusammengesetzt wie «purpurfarben» und «Auto». Auf den sogenannten kreativen Aspekt des verbalen Verhaltens werden wir später erneut eingehen.

7 Die Strukturen des Denkens

In mentalistischen Theorien wird die physische Umwelt in den Geist verlegt und wird dort zur Erfahrung. Verhalten geht als Zweck, Absicht, Vorstellung oder Willenshandlung in den Geist ein. Die Wahrnehmung der Welt und der Nutzen, den man aus seinen Erfahrungen zieht, werden zu «einem allgemeinen Zweck kognitiven Handelns». Zuweilen hat man sogar behauptet, daß abstraktes und begriffliches Denken über keinerlei Bezugspunkte in der Außenwelt verfügt. Demnach ist es nicht überraschend, wenn in manchen Theorien auch die noch außerhalb des Geistes angesiedelten Funktionen des Verhaltens ins Innere des Geistes verlegt werden. Kürzlich haben drei kognitive Psychologen beim Abschluß eines Buches erklärt, sie seien jetzt «subjektive Behavioristen».

In diesem Kapitel werde ich eine Reihe von Verhaltensprozessen erörtern, die die Erfindung dessen begünstigt haben, was man gewöhnlich als höhere geistige Vorgänge bezeichnet. Diese Prozesse stellen einen Großteil des Denkens dar. Es handelt sich hier um ein schwieriges Gebiet, von dem, soweit ich weiß, niemand behauptet, es vollständig erfaßt und abschließend dargestellt zu haben. Die hier zu leistende Analyse kann allein wegen der erforderlichen Kürze nicht vollständig oder gar perfekt sein. Aber auch wenn uns eine behavioristische Interpretation des Denkens nicht in vollem Umfang möglich ist, müssen wir doch daran erinnern, daß mentalistische oder kognitive Erklärungen nichts zu erklären vermögen.

«Denken» bedeutet häufig ein nicht stark ausgeprägtes Verhalten, welches sich zum Beispiel auf mangelhafte Reizkontrolle zurückführen läßt. Zeigt uns jemand ein Objekt, mit dem wir nicht sehr vertraut sind, so können wir sagen: «Ich denke, dies ist eine

Art Schraubenschlüssel». «Ich denke» steht hier deutlich im Gegensatz zu «ich weiß». Wir zeigen eine geringe Wahrscheinlichkeit dadurch an, daß wir sagen: «Ich denke, ich werde gehen», und nicht: «Ich werde gehen» oder «ich weiß, daß ich gehen werde».

Aber es gibt wichtigere Verwendungen dieses Wortes. Beobachten wir etwa ein Schachspiel, so können wir überlegen, «was sich ein Spieler denkt», wenn er einen bestimmten Zug macht. Wir meinen damit, daß wir überlegen, was er als nächstes tun wird. Wir fragen uns, mit anderen Worten, nach seinem Folgeverhalten. «Er dachte daran, seinen Turm zu ziehen», sagt vielleicht so viel wie «Er war kurz davor, ihn zu ziehen». Gewöhnlich bezieht sich der Ausdruck allerdings auf ein abgeschlossenes Verhalten, das sich in so kleinem Maßstab vollzieht, daß es von anderen nicht entdeckt werden kann. Solches Verhalten wird als verdecktes Verhalten bezeichnet. Seine häufigsten Beispiele sind sprachlicher Natur. Denn sprachliches Verhalten bedarf keiner Unterstützung von seiten seiner Umwelt, weil eine Person zu sich selbst sprechen und damit zugleich Sprecher und Hörer sein kann. Aber auch nichtverbales Verhalten kann als verdecktes Verhalten auftreten. So kann ein Schachspieler Züge vor Augen haben, die sich daraus ergeben haben, daß er die Partie in Gedanken durchgespielt hat, um zunächst einmal verdeckt die möglichen Folgen auszuprobieren. Verdecktes Verhalten bietet den Vorzug, daß wir mit ihm handeln können, ohne auf bestimmte Folgen festgelegt zu sein. Wir können es als Verhalten zurücknehmen und bei anderer Gelegenheit erneut versuchen, wenn sich seine Konsequenzen nicht als verstärkend erweisen. – Gewöhnlich spricht man nur dann von einem Willensakt, wenn ein Verhalten emittiert worden ist; der Ausdruck unterstellt, daß man Stellung bezieht und die unwiderruflichen Folgen seines Handelns hinnimmt. Verdecktes Verhalten wird beinahe stets offen erworben, und niemand hat je nachgewiesen, daß die verdeckte Form irgend etwas erreicht, was der offenen Form nicht erreichbar wäre. Verdecktes Verhalten ist leicht zu beobachten und keineswegs ohne Bedeutung. Es war ein Fehler des methodologischen Behaviorismus und bestimmter Spielarten des logischen Positivismus und Strukturalismus, es einfach deswegen zu vernachlässigen, weil es nicht «objektiv» sei. Es wäre allerdings auch ein Fehler, seine Beschränkung nicht zu erkennen. Verdecktes Verhalten ist weit davon entfernt, die traditionellen Auffassungen vom Denken angemessen zu ersetzen. Es vermag offenes Verhalten nicht zu erklären; denn es handelt sich bei ihm um eine weitere Form von Verhalten, die ihrerseits erklärungsbedürftig ist.

Unsere These läßt sich folgendermaßen zusammenfassen: Das Leben des Geistes und die Welt, in der es gelebt wird, sind Erfindungen. Sie sind nach einer Analogie zu äußerlichem Verhalten erfunden worden, das unter Kontingenzen der Außenwelt auftritt. Denken ist Verhalten. Der übliche Fehler besteht darin, es als Verhalten dem Geist zuzuschreiben. Im Folgenden sollen verschiedene Beispiele erörtert werden, die zeigen, wie dies zumeist geschehen ist.

Die «kognitive» Kontrolle von Reizen

Die alte Auffassung, daß es sich bei der Wahrnehmung darum handele, die Welt einzufangen oder in Besitz zu nehmen, wird durch eine sprachliche Unterscheidung angeregt. Wir unterscheiden zwischen Sehen und Anschauen, zwischen Hören und Zuhören, zwischen Riechen und Schnuppern, zwischen Schmecken und Genießen sowie zwischen Spüren und Fühlen. Bei allen diesen Ausdrücken bezieht sich der jeweils zweite auf eine Handlung. Durch eine solche Handlung wird einem Reiz zu größerer Wirksamkeit verholfen. Schnuppern wir zum Beispiel, so führen wir der Nase zusätzliche Luft zu und können dadurch einen Geruch entdecken, der uns sonst vielleicht entgangen wäre. Wir können durch unsere Handlungen aber auch Reize herabsetzen. Wir zwinkern mit den Augen oder schließen sie, wir halten uns die Ohren zu, spucken aus, halten den Atem an oder ziehen unsere Hand von einem Objekt, das uns Schmerzen verursacht, zurück. Manches an diesem Vorbereitungsverhalten geht auf unsere genetische Ausstattung zurück; anderes wird durch die Kontingenzen der Verstärkung hervorgebracht.

Einen ziemlich ähnlichen Prozeß kann man folgendermaßen

nachweisen: Eine hungrige Taube wird gelegentlich mit Futter verstärkt, wenn sie gegen eine runde Scheibe an der Wand der Versuchskammer pickt. Wird sie nur dann verstärkt, wenn die Scheibe rot und nicht grün ist, so hört sie schließlich auf zu picken, wenn die Scheibe grün ist. Als Erschwernis für die Taube beginnt nach einiger Zeit die Farbe zu verblassen, und es wird für die Taube zunehmend schwieriger, und schließlich sogar unmöglich, die Farbe festzustellen. Die Taube kann nun aber die Farbe stärker hervortreten lassen, wenn sie gegen eine andere Scheibe pickt, und sie wird dies tun, solange die Farbe für sie von Bedeutung ist. Die Hervorbringung zusätzlicher Reize, die eine diskriminierende Reaktion begünstigen, ist in der Naturwissenschaft üblich. Will man zum Beispiel den Säuregehalt einer Lösung feststellen, so gibt man eine andere Lösung hinzu. Verändert sich die Farbe in einer besonderen Weise, so kann der Säuregehalt bestimmt werden.

Im Bereich geistiger oder kognitiver Handlungen sind ähnliche Techniken entwickelt worden. Wir wenden einem Reiz unsere Aufmerksamkeit zu oder ignorieren ihn, ohne unseren Körperzustand zu verändern. Wir tun dies mit verschiedenen geistigen Mechanismen. Wir können zum Beispiel bei einer Musikaufnahme einem einzelnen Instrument zuhören, indem wir unsere Reaktionen auf die anderen Instrumente bis zu einem gewissen Grad unterdrücken. Radio und Fernsehen sind vermutlich für die oft verwandte Metapher verantwortlich, der zufolge man «die Welt an- oder abdreht». Einer älteren Metapher zufolge wird die Reizkontrolle durch eine Art von Torwächter ausgeführt, einen treuen Diener, der erwünschte Reize einläßt und seinen Herrn vor Unerwünschtem abschirmt. Man hat behauptet, es sei «denkbar, daß das Nervensystem tatsächlich ein Ohr abschaltet, um sich ganz der Gehörwahrnehmung des anderen Ohres hinzugeben». Solange wir für den Selektionsmechanismus, der im Bild des Torwächters dargestellt wird, keine Erklärung gefunden haben, verfügen wir über keine ausreichende Darstellung der Veränderungen in der Reizkontrolle.

Bei einem Wechsel der Aufmerksamkeit geht es nicht um Veränderungen der Reize oder Rezeptoren, sondern um die Kontingenzen, die dem Vorgang der Diskriminierung zugrunde liegen.

Ob wir eine Vorlesung aufmerksam verfolgen oder ein Verkehrszeichen beachten, hängt davon ab, was uns in der Vergangenheit unter ähnlichen Umständen widerfahren ist. Diskriminierung ist ein Verhaltensprozeß; er geht von den Kontingenzen, nicht vom Geist aus. Wir sagen, daß jemand ein Objekt im Nebel oder über große Entfernung hinweg erkennt oder «ausmacht», und wir meinen damit, daß er auf dieses Objekt schließlich angemessen reagiert. Bei einem solchen Erkennen muß es sich nicht notwendig um ein Handeln halten, das wie die Diskriminierung eine Reaktion begünstigt. Aber es kann dem «Zuschauen» näher stehen als dem «Sehen». Wir erkennen die Dinge, die in einer bestimmten Umgebung von Bedeutung sind, aufgrund von vergangenen Kontingenzen, in denen sie von Bedeutung gewesen sind.

Abstraktionen und Begriffsbildungen werden häufig als kognitiv bezeichnet, aber auch sie beruhen auf Kontingenzen der Verstärkung. Wir brauchen nicht zu unterstellen, daß eine abstrakte Einheit oder ein Begriff im Geist gespeichert wäre; denn eine subtile und komplexe Geschichte von Verstärkungen hat bei abstrakten Einheiten und Begriffen eine besondere Art von Reizkontrolle hervorgerufen. Im allgemeinen sagt man, daß Begriffe «unsere Gedanken vereinheitlichen». Allem Anschein nach aber versetzen sie uns in die Lage, Züge unserer Umwelt zu vereinheitlichen. Ein Naturwissenschaftler hat geäußert, «daß es ausgezeichnete Gründe für die Annahme gibt, daß sich die gesamte Chemie aufgrund von Elektronen und aufgrund der Wellenfunktionen erklären lasse, die den Ort dieser Elektronen beschreiben. Damit ist eine Vereinfachung des Denkens möglich.» Es ist gewiß eine Vereinfachung – oder es wäre eine, wenn sie möglich wäre –, aber es ist eine Vereinfachung des verbalen und praktischen Verhaltens und nicht des Denkens. Derselbe Autor hat die Auffassung vertreten, daß Begriffe «nicht nur Erfindungen, sondern mehr noch Entdeckungen» sind und daß es sich bei ihnen um «eine Übung des menschlichen Geistes in der Darstellung der Realität handelt». Aber er gibt gleichzeitig zu, daß die Beziehung von Geist und Realität immer noch ein Geheimnis sei. Es ist viel mehr das Geheimnis der abstrakten Einheit, als das der tatsächlich verfügbaren Tatsachen. Die Bezugspunkte von Begriffen liegen in der Wirklichkeit; es handelt sich bei ihnen nicht um Vorstellungen, die ihren Platz im Geist eines Wissenschaftlers haben. Es sind insofern Entdeckungen oder Erfindungen, als sich durch sie eine verbale Umwelt entwickelt hat, durch die die bis dahin noch unerklärlichen Eigenschaften der Natur unter die Kontrolle menschlichen Verhaltens gebracht worden sind. Wahrscheinlich ist es auch unter Zuhilfenahme der Wissenschaftsgeschichte zu spät, das Auftreten von Begriffen wie Masse, Energie oder Temperatur historisch zurückzuverfolgen. Ihre gegenwärtige Verwendung ist vielleicht ebenso schwer zu analysieren. Nichts aber ist gewonnen, wenn man diese Begriffe ausschließlich dem Geist eines Wissenschaftlers zuschreibt.

Ein Beispiel aus einem populärwissenschaftlichen Artikel über das Erlernen von Reihenfolgen zeigt, wie mühsam es ist, ein Verhalten durch die Erfindung eines Begriffs zu erklären, statt es auf Kontingenzen zurückzuführen. Kindern, denen man beigebracht hat, den Ausdruck «3 + 6» dadurch zu komplettieren, daß sie «9» sagen, wird anschließend die Zahlenfolge «6 + 3» gezeigt. «Ein Kind ist daraufhin hoffnungslos verwirrt, ein anderes antwortet sofort ‹9›. Es ist klar, daß die beiden Schüler unterschiedliche Dinge gelernt haben. Das erste Kind hat eine Antwort auf eine besondere Frage gelernt; das zweite hat sich eine arithmetische Vorstellung gebildet.» Aber was können wir daraus ableiten? Können wir sicher sein, daß man nicht auch dem zweiten Kind irgendwann einmal beigebracht hat, auf die Zahlenfolge «6 + 3» mit «9» zu antworten? Hat es vielleicht anhand einer großen Reihe anderer Beispiele wie «1 + 2 = 2 + 1» und «1 + 3 = 3 + 1» eine Vertauschungsregel gelernt, die es auch von sich aus erklären kann? Wenn wir uns damit zufriedengeben, von einer arithmetischen Vorstellung zu sprechen, werden wir nie herausfinden, was das Kind tatsächlich gelernt hat.

Suchen und Erinnern

Ein anderes als kognitiv bezeichnetes Handeln, das den Kontakt eines Menschen mit Kontrollreizen bestimmt, ist die Suche. Nach etwas zu suchen, bedeutet, sich in einer Weise zu verhalten, die verstärkt wurde, als einmal etwas auftauchte. Ein hungriges Tier streift umher auf der Suche nach Futter. Daß es in einer bestimmten Weise aktiv ist, kann ein Teil seiner genetischen Ausstattung sein, der seinerseits durch den Überlebenswert eines solchen Verhaltens erklärbar ist, aber die Art, in der ein Organismus in einer vertrauten Umgebung nach Futter sucht, hängt deutlich davon ab, wie erfolgreich eine solche Suche in der Vergangenheit verlaufen ist. Wir sagen einem Kind, daß es seinen Schuh finden soll, und es beginnt daraufhin, an den Orten zu suchen, wo es zuvor Schuhe gefunden hat.

Es gibt jedoch auch noch spezialisiertere Strategien des Suchens. Wie verhält man sich, um in einer Schublade voller Kleinkram oder in den Regalen eines Warenhauses etwas zu finden? Wie findet man ein einzelnes Wort auf einer Seite oder wie streicht man jeweils den Buchstaben a überall dort in einer Druckspalte durch, wo er vorkommt? Jemand, der im Suchen geübt ist, sortiert das Material und kann sich mit der Bewegung seiner Augen eine maximale Chance verschaffen, das zu finden, was er sucht. Zugleich kann er, und zwar ebenfalls aufgrund früherer Kontingenzen die Chance, etwas zu übersehen, auf ein Minimum reduzieren. Es gibt keinen Grund, ein solches Verhalten als kognitiv zu bezeichnen, obwohl doch angeblich ein ähnlicher Prozeß in der Welt des Geistes stattfindet.

Aus verschiedenen Gründen, die in solchen Ausdrücken wie «Memorandum», «Andenken», «Souvenir» und «Denkmal» angedeutet werden, haben die Menschen Kopien ihrer Umwelt angefertigt und bestimmte Ereignisse dieser Umwelt für einen späteren Gebrauch aufgezeichnet. Beispiele dafür sind die in Tonscherben eingeritzten Bilder, die Bücher, Gemälde, Fotografien, Schallplatten und Magnetspeicher von Computern. Eine derartige Aufzeichnung kann bei zukünftigen Gelegenheiten ein Verhalten hervorrufen, das einer vorausgegangenen Situation angemessen war, und sie kann für eine wirksamere Reaktion sorgen. Die Praxis der Aufzeichnung von Dokumenten hat zu einer kognitiven Metapher geführt, die ohne Zweifel jeder psychologischen Systembildung um Jahrhunderte voraus war, der zufolge Erfahrungen im Gedächtnis gespeichert werden, um zu einem späteren Zeitpunkt und in einem anderen Zusammenhang abgerufen oder erinnert werden zu können. Gespeichert werden angeblich die Kopien von Reizen – Gesichter, Namen, Daten, Texte, Worte usw. –, die, wenn sie abgerufen werden, etwas von der Wirkung des Originals haben. Die Kopien haben jedoch nicht die Dimensionen der Originale; denn sie müssen in ein anderes Medium überführt und dort zum Beispiel in Form von schriftlichen Aufzeichnungen, Schallrillen oder elektrischen Feldern neu kodiert werden. Bei der Erinnerung an eine musikalische Komposition oder eine literarische Geschichte, die beide über zeitliche Dimensionen verfügen, kann man sich eine Speicherung besonders schwer vorstellen. Dennoch wird von all diesen Dingen behauptet, daß sie im Gedächtnis «angesiedelt» sind.

Was ist jedoch die geistige Parallele zu physischem Suchen? Wie stellen wir es an, daß wir im Speicher unseres Gedächtnisses etwas finden? Plato hat eine grundlegende Frage aufgeworfen: Ein Mensch kann weder darüber Nachforschungen anstellen, was er weiß, noch darüber, was er nicht weiß; denn wenn er etwas weiß, braucht er sich danach nicht zu fragen, und wenn er etwas nicht weiß, kann er sich danach nicht fragen. Denn in einem solchen Fall kennt er nicht einmal den Gegenstand seiner Nachforschungen. Wenn wir uns an einen Namen erinnern, brauchen wir nicht nach ihm in unserem Gedächtnis zu suchen; wenn wir uns aber nicht an ihn erinnern, wie sollen wir dann nach ihm suchen? Ein kognitiver Psychologe kann uns verschiedene Systeme anbieten, mit denen das möglich ist. Sie sind der Registratur von Bibliotheken, Computern, Warenhäusern oder Postleitzahlen entlehnt. Die Möglichkeit, bestimmte Items schneller aufzunehmen, wird «einem Katalogsystem» zugeschrieben, «das unmittelbaren Zugang zu den Items erlaubt». In einer verhaltensorientierten Analyse wird die Zugänglichkeit von Daten durch ihre Wahrscheinlichkeit ersetzt. Die Kontingenzen, die einen Organismus betreffen, werden nicht von ihm gespeichert. Sie befinden sich niemals in ihm; sie verändern ihn einfach. Das hat zur Folge, daß sich der Organismus unter einer besonderen Art von Reizkontrolle in einer besonderen Weise verhält. Zukünftige Reize werden wirksam, wenn sie den Reizen ähnlich sind, die ein Teil der früheren Kontingenzen gewesen sind. Ein zufällig auftretender Reiz kann uns an eine Person, einen Ort oder ein Ereignis «erinnern», wenn er mit ihnen irgendeine Art von Ähnlichkeit besitzt. An etwas erinnert zu werden, bedeutet, in eine Situation versetzt zu sein, in der man – möglicherweise auch in seiner Wahrnehmung – ähnlich reagiert wie zuvor. So kann uns ein Name an einen Menschen in der Weise erinnern, daß wir ihn unmittelbar vor uns sehen. Das bedeutet nicht, daß wir eine Kopie dieser Person, die uns dann vor Augen tritt, heraufbeschwören. Es bedeutet nur, daß wir uns in der Weise verhalten, wie wir uns bei früherer Gelegenheit in Gegenwart dieser Person verhalten haben. Es gab damals ebensowenig eine Kopie seiner visuellen Erscheinung in uns, wie es so etwas jetzt gibt. Kein zufällig auftretender Reiz löst bei uns die Suche nach einer gespeicherten Kopie aus, die wir erneut wahrnehmen, sobald wir sie auffinden.

Die zahlreichen Experimente von kognitiven Psychologen über die Zugänglichkeit von Erinnerungen lassen sich alle in Wahrscheinlichkeitsbegriffen neu interpretieren. Wenn geläufige Wörter schneller erinnert werden als fremdartige, so liegt das daran, daß sie eine größere Anfangswahrscheinlichkeit haben, die auf eine Vorgeschichte zurückgeführt werden muß, auf die bereits das Wort »geläufig» anspielt. Wir brauchen also keineswegs den Schluß zu ziehen, daß «der Wortspeicher eine Organisationsform besitzt, die zu den oft erforderlichen Items einen schnelleren Zugang gestattet als zu denen, die seltener verwandt werden».

Bei den Techniken des Erinnerns geht es nicht darum, das Gedächtnis wie ein Lagerhaus zu durchsuchen, sondern um eine Erhöhung der Wahrscheinlichkeit von Reaktionen. Die Kunst des Gedächtnisses besteht in einem vorab erlernten oder leicht zu lernenden Verhalten, durch das das Verhalten, das erinnert werden soll, hervorgerufen oder in anderer Weise gestärkt wird. Wenn wir einen Teil einer Melodie, die wir spielen, oder ein Gedicht, das wir aufsagen, vergessen haben, so versuchen wir sie vom Anfang her zu erinnern. Wir tun dies nicht, weil die Melodie oder das Gedicht als Gedächtniseinheiten gespeichert worden wären, wobei dann der eine Teil zur Auffindung des anderen beitragen könnte, sondern weil der zusätzliche Reiz, den wir dadurch erzeugen, daß wir von vorn beginnen, ausreicht, um den vergessenen

Teil ins Bewußtsein zu heben. Wenn man versucht, sich an einen Namen zu erinnern, so ist es nützlich, sich das Alphabet aufzusagen. Nützlich ist dies nicht, weil wir alle Namen, die wir kennen, in alphabetischer Reihenfolge gespeichert hätten, sondern weil wir mit dem Aussprechen des Klangs eines Buchstaben einen Teil des gesuchten Namens aussprechen. Wir rufen in uns selbst die Reaktion hervor, die wir in genau derselben Weise bei anderen hervorrufen, denen wir helfen, sich an etwas zu erinnern. Drängt sich uns bei dem Versuch, uns an einen Namen zu erinnern, ein falscher Name allzusehr auf, so geschieht dies nicht, weil sich hinter dem falschen Namen im Lagerhaus unseres Gedächtnisses der richtige verbirgt, sondern weil er unter Ausschluß des Namens, an den wir uns zu erinnern suchen, wiederholt emittiert wird. Techniken, bei denen man lernt, etwas so zu beobachten, daß man sich später leichter daran erinnern kann, sind keine Speicherungstechniken, sondern Methoden, mit deren Hilfe eine wirksame Wahrnehmung erzeugt wird. Ein Maler, der etwas betrachtet, was er später skizziert, wird in gewissem Umfang die Skizze so ausführen, wie er zuvor seinen Gegenstand betrachtet hat; denn er stärkt auf diese Weise ein Verhalten, das später für ihn von Bedeutung sein wird.

Die Metapher vom Gedächtnisspeicher, die durch die Entwicklung von Computern scheinbar bestätigt wurde, hat sehr viel Verwirrung hervorgerufen, denn der Computer ist ein schlechtes Beispiel, ebenso schlecht wie die Tontafeln, auf die sich die Metapher vom Gedächtnisspeicher wahrscheinlich zuerst bezog. Zwar stellen wir äußerliche Aufzeichnungen her, um sie später dazu zu benutzen, mangelhafte Kontingenzen von Verstärkung zu ergänzen, aber die Annahme eines parallel laufenden inneren Aufzeichnungsvorgangs trägt nicht zum Verständnis dieser Art von Denken bei. – Nebenbei gesagt, stellen nicht die Behavioristen, sondern die kognitiven Psychologen, die den Geist als einen Computer auffassen, den Menschen als Maschine dar.

Problemlösung

Andere sogenannte kognitive Prozesse haben mit Problemlösungen zu tun. Es handelt sich dabei um ein Gebiet, das zum Teil schon wegen der Art und Weise, in der es formuliert worden ist, so außerordentlich rätselhaft erscheint. Probleme, so hören wir, müssen gelöst werden, weil der Mensch «sich in einer unendlich komplexen Realität orientieren muß, um seine unablässig zerfallenden Erfahrungen zu strukturieren, das Wesentliche hinter den Tatsachen aufzuspüren und seinem In-der-Welt-Sein einen Sinn zu geben». Glücklicherweise läßt sich das viel einfacher sagen. Jemand hat ein Problem, wenn er durch einen Zustand verstärkt würde, den er nicht herbeiführen kann, weil er nicht in angemessener Weise reagiert. Lösen kann er sein Problem, sobald er eine solche Reaktion emittiert. Will man zum Beispiel jemanden vorstellen, dessen Namen man vergessen hat, so ergibt sich daraus ein Problem, das sich nur dadurch lösen läßt, indem man sich entweder an den Namen erinnert oder ihn von anderen erfährt. Eine algebraische Gleichung wird dadurch gelöst, daß man den Wert x ermittelt. Das Problem, das durch ein mit einem Defekt liegengebliebenes Auto entsteht, wird gelöst, indem man es repariert und wieder in Gang setzt. Ein durch eine Krankheit aufgeworfenes Problem wird gelöst, indem man eine wirksame Behandlung ausfindig macht. Eine Problemlösung besteht jedoch nicht allein darin, eine Reaktion zu emittieren, die eine Lösung darstellt; vielmehr gilt es zumeist, durch eine Veränderung der Umgebung Maßnahmen zu ergreifen, die eine solche Reaktion wahrscheinlicher machen. Wenn es zum Beispiel darum geht, festzustellen, ob zwei Dinge gleich oder verschieden sind, können wir sie nebeneinander legen, um den Vergleich zu erleichtern. Geht es darum, sicherzustellen, daß wir sie als verschieden behandeln, werden wir sie voneinander trennen. Wir versammeln einander ähnliche Dinge in Klassen, um sie gleichartig zu behandeln. Wir ordnen die Dinge in einer Reihenfolge, wenn eine Lösung diese schrittweise Behandlung erforderlich macht. Wir formulieren eine verbale Reaktion erneut, indem wir die Worte in Symbole übersetzen. Die Prämissen eines Syllogismus stellen wir durch überlappende

Kreise dar. Wir vergewissern uns der Quantitäten durch Zählen oder Messen. Wir bestätigen uns eine Lösung, indem wir ein Problem, vielleicht auf anderem Weg, noch einmal lösen.

Einige dieser Strategien lernen wir von den problematischen Kontingenzen, denen wir ausgesetzt sind. Doch in einem einzigen Leben läßt sich nicht viel lernen, und es ist eine der bedeutendsten Funktionen einer Kultur, zu vermitteln, was andere bereits gelernt haben. Unabhängig davon, ob Problemlösungen unmittelbar aus den Kontingenzen erwachsen oder aufgrund einer Unterrichtung durch andere geleistet werden, werden sie in offener Form erworben und können jederzeit offen ausgeführt werden. – Eine mögliche Ausnahme stellt eine Strategie dar, die in verdeckter Form aufgrund privater Konsequenzen erlernt worden ist. Die verdeckte Form der Problemlösung, auf die mit großer Wahrscheinlichkeit der Begriff «Denken» angewandt wird, besitzt abgesehen von ihrer Geschwindigkeit und Vertraulichkeit keine besonderen Vorzüge.

Entscheidung. Ein Problem, dem große Aufmerksamkeit gewidmet worden ist, entsteht, wenn zwei oder mehr Reaktionen möglich erscheinen und wenn sich eine Person zwischen ihnen entscheiden muß. Dieses Problem liegt eher in einer Flucht vor der Unentschiedenheit als darin, eine wirksame Reaktion zu entdekken. Wir erleichtern uns eine Auswahl oder eine Entscheidung, indem wir uns zum Beispiel «die Tatsachen vor Augen führen». Wenn wir es mit Materialien zu tun haben, die sich außerhalb von uns befinden, so können wir sie uns tatsächlich in der Weise vor Augen führen, daß wir sie erneut betrachten. Gehen wir statt dessen verdeckt vor, können wir uns die Tatsachen nicht in der Weise zugänglich machen, daß wir sie wie Karteikarten aus einer Registratur herausziehen, sondern wir sehen sie einfach noch einmal. Führen wir uns ein Argument noch einmal vor Augen, so wird diese bestimmte Form der Argumentation einfach wiederholt. Sich etwas vor Augen zu führen, bedeutet nicht, sich daran zu erinnern, da alle benötigten Tatsachen bereits verfügbar sind.

Man sagt, daß sich jemand entschieden hat, wenn er sich auf einen bestimmten Handlungsablauf festgelegt hat, obwohl gleichzeitig noch eine oder auch mehrere andere Möglichkeiten des Handelns offenstanden. Die Schwierigkeit liegt hier in dem Wort «möglich». Denn es erfordert keine ernsthafte Entscheidung, eine von mehreren «möglichen» Reaktionen hervorzurufen, wenn man zum Beispiel ziellos im Park spazierengeht. Sind jedoch die Konsequenzen einer Entscheidung von Bedeutung und ist die Wahrscheinlichkeit von zwei oder mehr Reaktionen ungefähr gleich groß, so muß ein Problem gelöst werden. Die meisten Menschen lösen es gewöhnlich, indem sie vor der Unentschiedenheit fliehen und die näheren Umstände verändern, aus denen sich das Problem ergibt.

Sagt man, daß «Menschen Entscheidungen treffen und dies zu tun wünschen», so bedeutet das einfach, daß eine Situation, in der zwei oder mehr Reaktionen ungefähr gleich wahrscheinlich sind, aversiv sein kann und daß jedes Entscheidungsverhalten verstärkt wird, das eine Reaktion bekräftigt und andere weniger wahrscheinlich macht. Wenn man sagt, daß «die Menschen Freiheit brauchen, um die Entscheidungen auszuführen, die sie zu treffen in der Lage sind», so kompliziert das den Sachverhalt. Eine Entscheidung auszuführen, ist einfach ein Handeln, und die Entscheidung, die jemand treffen kann, ist eben dieses Handeln. Freiheit ist für den Menschen insofern notwendig, daß er in bezug auf seine körperliche Verfassung sowie im Hinblick auf andere Bedingungen, die sein Verhalten beeinflussen, keinerlei Beeinträchtigungen unterliegt.

Allzu leicht übersieht man das Verhalten, das zu einer Problemlösung führt. In einem klassischen Fall schien ein Schimpanse zwei Stöcke so zusammengesetzt zu haben, daß er mit ihnen eine Banane, die ihm zuvor jenseits der Stäbe seines Käfigs nicht erreichbar war, zu sich herbeiziehen konnte. Dieser Vorgang ist folgendermaßen kommentiert worden: «Der Schimpanse legte ein intelligentes Verhalten an den Tag, das sich auf die Wahrnehmung dessen gründete, was zur Problemlösung erforderlich war. Eine Überwindung der mit der Entfernung gegebenen Schranke.» Aufgrund eines solchen Kommentars macht man es sich beinahe unmöglich, festzustellen, was wirklich vorgegangen ist. Denn um ein solches Problem zu lösen, hätte der Schimpanse zumindest das folgende gelernt haben müssen: aufzuhören, nach einer Banane zu greifen, die sich außerhalb seiner Reichweite befand; den Versuch aufzugeben, sie mit kurzen Stöcken zu erreichen; zwischen langen und kurzen Stöcken in der Weise unterscheiden zu können, daß man lange Stöcke braucht, um Bananen erfolgreich zu sich heranzuziehen; zwei Stöcke mit je einer Hand zu greifen sowie Stöcke in Löcher zu stecken. Nach einer solchen Vorbereitung mag es nicht unmöglich sein, daß der Schimpanse in diesem seltenen – und vielleicht nicht einmal authentischen – Fall einen Stock in das Loch am Ende des anderen gesteckt und eine Banane zu sich hergezogen hat.

Die Bedeutung einer Verhaltensanalyse tritt immer dann hervor, wenn wir Problemlösungen näher untersuchen. Wollen wir zum Beispiel einem Kind etwas Ähnliches beibringen, so müssen wir die erwähnten Lernschritte jeweils einzeln betonen. Es bleibt zweifelhaft, ob sich das Kind durch «ein Bedürfnis nach Überwindung einer Distanzschranke» beeindrucken ließe.

Kreatives Verhalten

Wie schon die klassische Diskussion in Platos «Meno» zeigt, ist der schöpferische Geist stets ein Problem gewesen. Der Reiz-Reaktionspsychologie erschien dieses Problem unlösbar. Denn wenn es sich beim Verhalten lediglich um Reaktionen auf Reize handelte, konnten die Reize zwar neu sein, nicht aber das Verhalten. Die operante Konditionierung löst dieses Problem in mehr oder weniger der gleichen Weise wie die natürliche Selektion ein ähnliches Problem in der Evolutionstheorie gelöst hat. Wie zufällig auftretende geringfügige Veränderungen, die sich aus Mutationen ergeben, durch ihren Beitrag zum Überleben der Art selegiert werden, so werden zufällige Veränderungen des Verhaltens aufgrund ihrer verstärkenden Konsequenzen selegiert.

Daß Zufälle auch auf Gebieten eine Rolle spielen können, die so bedeutend sind wie die Mathematik, die Naturwissenschaften oder die schönen Künste, ist häufig in Frage gestellt worden. Denn auf den ersten Blick scheint in keinem vollständig determinierten

System Platz für Zufälle zu sein. In ihrem Glauben an einen vorgegebenen Heilsplan zensierte die Kirche in den Schriften Montaignes Wörter wie »Schicksal» und «Natur». Und wenn Augustinus den Himmel um Rat fragte, indem er in seiner Bibel die ersten Worte las, die ihm in die Augen sprangen, so war dies nur möglich unter der Voraussetzung, daß jeder Zufall ausgeschaltet blieb. In unserer Zeit hat ein anderes deterministisches System, die Psychoanalyse, ein Tabu um den Zufall errichtet. Für einen strengen Freudianer ist es nicht möglich, daß man rein zufällig eine Verabredung vergißt, jemanden mit einem falschen Namen anredet oder sich verspricht. Dennoch aber zeigt sich in den Biographien von Schriftstellern, Komponisten, Malern, Bildhauern, Wissenschaftlern, Mathematikern und Erfindern, von welcher Wichtigkeit glückliche Zufälle für ihr kreatives Verhalten waren.

Auch hier ist die Selektion wieder der Schlüsselbegriff. Nach der genetischen Theorie und der Evolutionstheorie treten Mutationen zufällig auf. Die Topographien von Reaktionen, die durch Verstärkung selegiert werden, sind, wenn sie schon zufällig auftreten, zumindest nicht notwendig auf die Kontingenzen bezogen, unter denen sie selegiert werden. Kreatives Denken ist weithin mit der Schaffung von «Mutationen» befaßt. Techniken, mit denen man ein ursprüngliches Verhalten dadurch wahrscheinlicher macht, daß man «Mutationen» einführt, sind Schriftstellern, Künstlern, Komponisten, Mathematikern, Naturwissenschaftlern und Erfindern vertraut. Entweder verändern sie die Topographie eines Verhaltens oder aber dessen nähere Umstände mehr oder weniger willkürlich. Der Maler variiert seine Farben, nimmt andere Pinsel und Grundflächen, um zu neuen Texturen und Formen zu gelangen. Durch eine systematische Permutation älterer Formen und möglicherweise unter Zuhilfenahme mathematischer oder mechanischer Vorrichtungen bringt ein Komponist neue Rhythmen, Tonleitern, Melodien und Harmoniefolgen hervor. Der Mathematiker untersucht die Ergebnisse, zu denen er gelangt, wenn er einen Satz bestimmter Axiome verändert. Das Resultat solcher Veränderungen kann in bestimmter Weise verstärkend wirken, indem sie nämlich als schön gelten oder wie zumeist bei der Mathematik und bei naturwissenschaftlichen Erfindungen als erfolgreich.

Neue verbale Reaktionen werden mit einiger Wahrscheinlichkeit durch die Diskussion erzeugt. Dies geschieht nicht allein deswegen, weil in einer Diskussion mehr als eine Geschichte von Verstärkung wirksam wird, sondern weil unterschiedliche Verstärkungsgeschichten durch Zufall oder mit Absicht zu neuen Umständen führen können. Die Geistesgeschichte bietet hierfür zahllose Beispiele. Die führenden Männer der Aufklärung im Frankreich des 18. Jahrhunderts entlehnten einen Teil ihrer Ideen von englischen Schriftstellern, insbesondere von Bacon, Locke und Newton. Ein zeitgenössischer Autor bemerkt dazu: «Englische Gedanken in französischen Köpfen führten mit der Zeit zu einigen erstaunlichen und explosiven Konsequenzen.» Der Satz ist natürlich absichtlich metaphorisch formuliert, denn er vermischt das Geistige («Gedanken») mit dem Anatomischen («Köpfe»). Er weist aber zu Recht darauf hin, daß Übersetzungen vom Englischen ins Französische, wie sie zu jener Zeit von Menschen mit sehr unterschiedlicher verbaler Geschichte gelesen worden sind, neue Reaktionen hervorrufen können.

Die Struktur des Geistes

Die Struktur des Denkens und die Entwicklung des Geistes sind über Jahrunderte hinweg verbreitete Themen gewesen. Wie wir in den nächsten beiden Kapiteln sehen werden, gibt es zwar bestimmte objektive Zustände der Erkenntnis, aber Gedankenprozesse müssen als Verhalten betrachtet werden. Eine strukturalistische Darstellung bleibt notwendig unvollständig, wenn sie die genetische Vorgeschichte sowie die Vorgeschichte einer Person vernachlässigt. Überaus häufig ist die Entwicklung des Denkens mit Metaphern beschrieben worden, die aus dem Bereich gärtnerischer Beschäftigungen stammen. Das Wachsen des Geistes ist dabei eine zentrale Figur. Der Lehrer ist dazu da, den Geist zu kultivieren, wie ein Gärtner seine Beete kultiviert. Und der Verstand soll großgezogen werden wie ein Weinstock im Weinberg. Bei alldem wird die Entwicklung der Welt, der ein denkender Mensch ausgesetzt ist, übersehen.

Wir haben bereits darauf verwiesen, daß uns diejenigen, die die «Entwicklung der Sprache» beim Kind untersuchen, sehr viel über dessen Vokabular, Grammatik und Satzlänge mitteilen, aber sehr wenig von den hunderttausend Gelegenheiten berichten, bei denen ein Kind gesprochene Wörter und Sätze hört, oder von den vielen tausend Gelegenheiten, bei denen es sie mit Erfolg nachspricht. Daher ist auf dem Weg einer solchen Darstellung der «Sprachentwicklung» kein angemessenes Ergebnis zu erzielen. Dasselbe läßt sich für eine Darstellung vom Wachsen des Geistes behaupten. Das Verhalten, das angeblich eine voll entwickelte Vorstellung von der Trägheit der Objektwelt anzeigt, sowie das Alter, in dem dieses Verhalten normalerweise auftritt, sind in der Tat und ohne jeden Zweifel von großer Bedeutung. Wir müssen aber zugleich etwas von den vielen tausend Gelegenheiten wissen, bei denen ein Kind die Dinge hin- und hergeschoben, verdreht und verkehrt hat, um diese Vorstellung «entwickeln» zu können.

Solange eine angemessene Darstellung über die Entwicklung oder das Wachsen der Beziehung fehlt, die ein Mensch zu seiner Umgebung unterhält, ist es beinahe unvermeidlich, daß bedeutende Aspekte des Denkens der genetischen Ausstattung zugeschrieben werden. Nicht nur vom verbalen Verhalten behauptet man, daß es auf das Vorhandensein von angeborenen Regeln der Grammatik verweise, sondern man behauptet darüber hinaus, daß «Vorstellungen wie Größe, Form, Bewegung, Stellung, Anzahl und Dauer angeboren» seien und daß wir mit diesen Vorstellungen «den verwirrenden Sinnesdaten, die wir Tag für Tag in uns aufnehmen, Form und Bedeutung verleihen». Größe, Gestalt, Bewegung, Stellung, Anzahl und Dauer sind jedoch Merkmale der *Umwelt.* Sie haben lange genug vorgeherrscht, so daß ein ihrer Bedeutung angemessenes Verhalten sich evolutionär entwickeln konnte. Kontingenzen der Verstärkung bleiben Tag für Tag im Leben des Individuums wirksam und rufen unter der Kontrolle eben dieser Merkmale ein verändertes und erweitertes Verhalten hervor. Die größten Errungenschaften der menschlichen Art – nicht des menschlichen Geistes – sind in zu kurzen Zeiträumen erfolgt, als daß ihre genetische Erklärung vertretbar wäre. Ob wir uns nun aber auf Kontingenzen des Überlebens oder auf Kontingenzen der Verstärkung berufen, wir können zumindest darauf verzichten, uns auf die These von angeborenen Ideen zu stützen. Es mag wahr sein, daß es keine Struktur ohne Konstruktion gibt, doch wir müssen dann nach der konstruierenden Umwelt und nicht nach einem konstruierenden Geist suchen.

Der denkende Geist

Der Geist spielt angeblich beim Denken eine bedeutende Rolle. Zuweilen wird er als der Ort bezeichnet, an dem sich das Denken ereignet, an dem ein Bild, eine Erinnerung oder Vorstellung in einem «Bewußtseinsstrom» zu weiteren Bildern, Erinnerungen oder Vorstellungen führt. Er kann leer sein oder gefüllt mit Fakten; er kann geordnet sein oder chaotisch. «Mathematik», sagt die Anzeige einer Telefongesellschaft, «ereignet sich im Geist . . . Weil sie mit Begriffen, Symbolen und Beziehungen arbeitet, ist sie ihrem Wesen nach eine Angelegenheit des Geistes». Zuweilen tritt der Geist als Instrument des Denkens auf; er kann kühn oder langweilig, von Alkohol vernebelt oder durch einen Spaziergang erfrischt sein. Gewöhnlich aber ist er ein Agent des Denkens. Denn es ist der Geist, der angeblich Sinnesdaten überprüft und Schlüsse in bezug auf die Außenwelt zieht, Aufzeichnungen speichert und erneut abruft, eingehende Informationen filtert, bestimmte Informationsteile in entsprechende Kästchen steckt, Entscheidungen trifft und Handlungswillen beweist.

In bezug auf all diese Rollen konnte das Problem eines Dualismus vermieden werden, indem der Begriff des Geistes durch den des Gehirns ersetzt wurde. Das Gehirn ist der Ort, an dem das Denken angeblich stattfindet. Es ist das Instrument des Denkens und kann seinerseits kühn oder langweilig sein. Auch das Gehirn ist angeblich ein Agent, der einkommende Daten verarbeitet und in Form von Datenstrukturen speichert. Sowohl der Geist wie das Gehirn sind ihrer Funktionsbeschreibung nach nicht weit von der alten Vorstellung eines Homunkulus entfernt, einer inneren Person also, die sich gezwungenermaßen in genau der Weise verhält, die zur Erklärung des Verhaltens der äußeren Person, in der sie wohnt, notwendig ist.

Eine sehr viel einfachere Lösung identifiziert den Geist mit der Person. Menschliches Denken ist menschliches Verhalten. Die Geschichte des menschlichen Denkens beinhaltet, was die Menschen gesagt und getan haben. Mathematische Symbole sind das Ergebnis eines geschriebenen oder gesprochenen verbalen Verhaltens, die Begriffe und Beziehungen, die sie symbolisieren, finden sich in ihrer Umwelt. Das Denken hat Dimensionen von Verhalten und nicht die von eingebildeten inneren Prozessen, die sich angeblich im Verhalten ausdrücken.

Wir haben gerade erst damit begonnen, die Auswirkungen komplexer Kontingenzen der Verstärkung zu verstehen. Doch wenn auch unsere Analyse des Verhaltens, das als Denken bezeichnet wird, noch mangelhaft ist, so sind die zu verarbeitenden Fakten nichtsdestoweniger relativ klar umrissen und zugänglich. Im Gegensatz dazu ist uns die Welt des Geistes noch immer so weit entrückt, wie zu der Zeit, als Plato sie entdeckt hat. Durch den Versuch, menschliches Verhalten in anderen Dimensionen als denen einer physikalischen Welt zu erklären, haben die mentalistischen oder kognitiven Psychologen die grundlegenden Fragestellungen in eine unlösbare Form gebracht. Zugleich haben sie uns wahrscheinlich sehr viel nützliches Beweismaterial vorenthalten. Denn sie haben große Denker – die vorgeblich wissen, was das Denken ist – dazu gebracht, über ihre Tätigkeit nur in subjektiven Begriffen zu berichten und sich auf ihre Gefühle sowie auf das zu konzentrieren, was sie während des Denkens introspektiv beobachtet haben, ohne auf die bedeutsamen Fakten ihrer eigenen Vorgeschichte einzugehen.

8 Auf der Suche nach den Ursachen und Gründen

Einige wichtige Arten des Denkens müssen noch erörtert werden. Das im vorigen Kapitel dargestellte Verhalten ist das Ergebnis von Kontingenzen der Verstärkung. Es tritt auf, wenn ein Verhalten in einer bestimmten Umgebung eine besondere Art von Konsequenzen nach sich zieht. Mit dem Auftreten von verbalem Verhalten setzte sich im geistigen Leben eine bedeutende Veränderung durch. Die Menschen begannen über das zu sprechen, was sie taten und warum sie es taten. Sie beschrieben ihr Verhalten, die Umgebung, in der es sich ereignete, und seine Folgen. Sie begannen, mit anderen Worten, über die bloße Betroffenheit durch Kontingenzen von Verstärkung hinaus diese zu analysieren.

Befehle, Ratschläge und Warnungen

Eine der ersten verbalen Praktiken dieser Art muß darin bestanden haben, Anweisungen oder Befehle zu geben. «Hier herüber!» beschreibt eine Handlung und impliziert die Konsequenz, daß der Hörer sich herüberbewegen soll, sonst . . .! Der Sprecher sagt dem Hörer, was er tun soll und stellt aversive Konsequenzen bereit, aufgrund derer der Hörer lernt, es zu tun und jedesmal erneut tut, wenn der Befehl wiederholt wird. Eine Warnung unterscheidet sich gewöhnlich von einer Anweisung oder einem Befehl dadurch, daß die aversiven Konsequenzen nicht durch die Person bereitgestellt werden, von der die Warnung kommt. «Paß auf!» beschreibt eine Handlung und impliziert eine Konsequenz, wie zum Beispiel eine Flucht vor einem herabstürzenden Felsbrocken, aber eine solche Flucht ist eher eine natürliche Folge eines Verhaltens als ein vom Sprecher geplantes Verhalten. Ratschläge spezifizieren ein

Verhalten und implizieren positiv verstärkende Folgen, die ebenfalls nicht durch den Sprecher geplant sind. Je nachdem, was unter ähnlichen Umständen in der Vergangenheit sich ereignet hat, ist man bereit, Warnungen zu beachten und Vorschläge entgegenzunehmen. Wie im 5. und 6. Kapitel kann auch hier die Wahrscheinlichkeit, daß eine positive Reaktion erfolgt, als Maß für das Vertrauen in und den Glauben an den Sprecher und seine Worte angesehen werden.

Anweisungen und Instruktionen

Eine Person gibt einer anderen Anweisungen, indem sie ein Verhalten beschreibt, das eine Verstärkung zur Folge hat, und indem sie ausdrücklich auf die kontrollierende Umwelt verweist: «Wenn Sie nach Boston wollen, folgen Sie der B 93 bis zur Kreuzung mit der B 495 und nehmen dann nach links die B 90 . . .» Bedienungsanweisungen für einen Verkaufsautomaten beschreiben eine Serie von Handlungen, die in einer bestimmten Folge ausgeführt werden müssen: «Bitte, Münzen einwerfen und den Hebel unter der gewünschten Ware ziehen.» Anweisungen teilen kein Wissen mit und übermitteln keinerlei Informationen; sie beschreiben das auszuführende Verhalten und benennen dessen Folgen oder unterstellen sie als bekannt. Instruktionen werden so formuliert, daß keine weitere Anleitung notwendig ist. Jemand, der Autofahren lernt, reagiert auf das verbale Verhalten der neben ihm sitzenden Person; er startet, stoppt, schaltet oder betätigt den Winker, wenn ihm gesagt wird, daß er es tun soll. Bei solchen verbalen Reizen kann es sich zunächst um Anweisungen handeln; sie gehen aber in dem Maße in Instruktionen über, wie verbale Hilfe nur noch dann gegeben wird, wenn sie nötig ist. Das Verhalten des Fahrers wird dann allmählich durch die natürlichen, nichtverbalen Kontingenzen des Autofahrens gesteuert. Man würde sehr lange brauchen, wenn man das Autofahren allein dadurch lernen wollte, daß man sich diesen Kontingenzen aussetzt. Denn man würde nur langsam entdecken, was passiert, wenn man die Gangschaltung betätigt, das Steuer dreht, Gas gibt, auf die Bremse tritt usw. Darüber hinaus wäre ein solches Vorgehen mit einer großen Selbstgefährdung verbunden. Indem man die Instruktionen befolgt, vermeidet man es, sich vielen dieser Kontingenzen auszusetzen, und kann sich am Ende so verhalten wie der Fahrlehrer.

Dieser hat seinem Schüler sein Wissen und seine Erfahrung nicht «übermittelt». Denn das Ergebnis, ein Verhalten ohne Instruktionen, wird durch die natürlichen Kontingenzen von Wagen und Straße geformt und aufrechterhalten. Der Fahrlehrer hat es seinem Schüler ermöglicht, sich schnell unter ihre Kontrolle zu begeben und keinen Schaden dabei zu nehmen.

Ein großer Teil der Erziehung besteht aus Instruktionen in bezug auf verbales Verhalten. Dem Schüler wird gesagt, wie er bestimmte Worte verwenden muß und nicht, wie er aufs Gaspedal oder die Bremse treten soll. In keinem Fall wird ihm ein Wissen übermittelt; ihm wird lediglich gesagt, wie er sich zu verhalten hat. Die Instruktionen, die durch beschriftete Bilder gegeben werden, funktionieren sehr rasch; der Betrachter weiß sofort, wie ein Objekt heißt und was die Beschriftung bedeutet. Dagegen ist eine Definition anscheinend eher eine stärker nach innen verlagerte Form von Instruktion. Aber ihre Wirkung besteht einfach darin, daß durch sie eine verbale Reaktion mit anderen vertauschbar wird.

Brauchtum und Sprichwörter

Einige Formen der Instruktion können von Generation zu Generation übermittelt werden, weil sie langandauernde Kontingenzen beschreiben. So beschreibt die Maxime «Wer einen Freund verlieren will, muß ihm Geld leihen» ein Verhalten – das Geldverleihen – und seine Folgen – den Verlust eines Freundes. La Rochefoucaulds Satz: «Selbstbewußtsein ist der größte Schmeichler» läßt sich folgendermaßen übersetzen: «Wir sind eher geneigt, Gutes über uns selbst als über andere zu sagen, und in dem, was wir sagen, sind wir eher darauf aus, unserem Zuhörer zu gefallen, als Tatsachen zu berichten.» Auch die Faustregeln der Handwerker sind ein Teil des Brauchtums, sie können leicht zu fortdauernden Zügen einer Kultur werden, wenn sie das Erlernen oder Erinnern des mit ihnen beschriebenen Verhaltens erleichtern. Brauchtum und Sprichwörter sind häufig besonders wirksam, weil viele der Verhaltensvorteile, die sie betonen, zeitlich weit hinausgeschoben sind und als Verstärker nicht gut funktionieren.

Sobald die gesellschaftlichen Kontingenzen, die für eine kleine, nur in langsamem Wandel begriffene Gemeinschaft bezeichnend waren, gestört werden, wird es nötig, sich auf formale Anweisungen zu berufen, die zuvor überflüssig waren. So bemerkt ein Autor, daß es bis vor wenigen Jahrzehnten «nicht abstrakte Prinzipien waren, die den Rhythmus der Muttersprache regulierten, sondern der Sprachinstinkt. Heutzutage aber sind ausdrückliche Regeln notwendig geworden, die an die Stelle des Instinkts getreten sind.» – «Instinkt» bezeichnet hier vermutlich ein Verhalten, das direkt durch die Sprachgemeinschaft geschaffen worden ist.

Politische und religiöse Gesetze

In dem Maße, in dem Menschen begannen, in Gruppen miteinander zu leben, bildete sich eine soziale Umwelt heraus, die durch bestimmte Praktiken gekennzeichnet wurde. Wer zum Beispiel durch sein Verhalten andere verletzte, wurde von ihnen bestraft. In dem Maße, in dem man begann, ein bestimmtes Verhalten als böses zu bezeichnen und entsprechend zu bestrafen, konnte man standardisierte Warnungen formulieren, die auch von denen beachtet wurden, die nicht durch einen besonderen Vorfall in ihren Rechten verletzt worden waren. Die Kontingenzen wurden mächtiger, als man daran ging, sie in religiösen und politischen Normen, Anweisungen und Instruktionen zu kodifizieren, die dann als Gesetze bezeichnet wurden. Durch die Beachtung dieser Gesetze konnten die Menschen Bestrafungen vermeiden.

Zwar wurden besondere Kontingenzen bereitgestellt, um politischen oder religiösen Gesetzen Geltung zu verschaffen, aber ungeplante gesellschaftliche Kontingenzen, die von den jeweiligen Gruppen durchgesetzt wurden, können die gleiche Wirkung haben. Wo zum Beispiel ein Gesetz die zuvor schon bestehenden gesellschaftlichen Sanktionen gegen Diebstahl kodifizierte, konnte jemand damit beginnen, dem Gebot zu gehorchen «Du sollst nicht stehlen». Er konnte aber auch vorher schon unter dem Druck von Mißbilligung und Kritik von seiten seiner Freunde das Stehlen aufgeben. Tut er dies, so gerät er unter die Kontrolle nichtkodifizierter gesellschaftlicher Sanktionen, aus denen das Gesetz sich ursprünglich entwickelt hat.

Die Gesetze der Wissenschaft

Francis Bacon, ein Jurist, scheint als erster von den Gesetzen der Wissenschaft gesprochen zu haben. Wie ein gut regierter Staat seine innere Ordnung seinen Gesetzen verdankt, so schien es seiner Auffassung nach auch möglich zu sein, die Gesetze zu entdecken, die für die Ordnung der Natur verantwortlich waren. Naturwissenschaftliche Gesetze sind wahrscheinlich aus der Lehre der Handwerker hervorgegangen. Ein einfaches Beispiel mag den Unterschied zwischen einem Verhalten erklären, das durch natürliche Kontingenzen geschaffen worden ist, und einem Verhalten, das durch Regeln hervorgerufen ist. In der Werkstatt eines mittelalterlichen Schmieds sorgte ein großer Blasebalg für die zur Unterhaltung eines Feuers erforderliche Luftzufuhr. Der Blasebalg arbeitete am wirksamsten, wenn man ihn zunächst weit und rasch öffnete und dann langsam zusammenpreßte. Wegen der verstärkten Wirkung, die von einem gleichmäßigen und starken Feuer ausging, lernten die Schmiede, den Blasebalg auf diese Weise zu bedienen. Sie können diese Technik entwickelt haben, ohne ihr Verhalten zu beschreiben, aber eine Beschreibung mag sich bei ihrer Anwendung oder bei der Erinnerung an sie als nützlich erwiesen haben. Ein kleiner Vers übernahm diese Funktion:

Up high,
Down low,
Up quick,
Down slow,
And that's the way to blow.

Dieser Vers wird sich auch als nützlich erwiesen haben, wenn es galt, einem Lehrling beizubringen, wie der Blasebalg zu bedienen war. Der Lehrling konnte ihm dann wie einer Regel folgen. Er tat dies nicht, weil sich dadurch ein gleichmäßiges und starkes Feuer erzeugen ließ, sondern weil er dafür bezahlt wurde. Er brauchte die Wirkung auf das Feuer nicht einmal gesehen zu haben. Sein Verhalten war vollständig regelgeleitet; das des Schmiedes war sowohl durch Kontingenzen geformt wie nach seiner Entdeckung der Regel von dieser geleitet.

Die frühesten wissenschaftlichen Gesetze ergänzten die natürlichen Kontingenzen der physikalischen Welt. Ein Farmer, der seinen Boden umgrub, oder ein Steinmetz, der einen Stein mit der Stange auseinanderbrach, wurden durch Kontingenzen kontrolliert, bei denen Hebelwirkungen eine Rolle spielten. Die Erde oder der Stein ließen sich am besten bewegen, wenn die Kraft so weit wie möglich vom Drehpunkt entfernt angesetzt wurde. Spaten und Stangen hatten aus diesem Grund eine bestimmte Länge. Und es ist durchaus denkbar, daß irgendein Spruch, ähnlich wie die Regel der Schmiede, verwendet worden ist, um den Lehrlingen beizubringen, welchen Spaten oder welche Stange man nimmt und wo man sie anfaßt. Eine formalisiertere Fassung des Hebelgesetzes erlaubte dessen Anwendung in Situationen, in denen ein durch Kontingenzen hervorgerufenes Verhalten sich als unwahrscheinlich oder unmöglich erwies. Man hat zuweilen unterschiedliche Denkprozesse auf die offenkundigen Unterschiede zwischen den Gesetzen der Religion oder des Staates und den naturwissenschaftlichen Gesetzen zurückgeführt. Die ersteren, so sagt man, «seien gemacht», die letzteren aber entdeckt worden. Der wirkliche Unterschied jedoch liegt nicht in den Gesetzen, sondern in den Kontingenzen, die diese Gesetze beschreiben. Die Gesetze der Religion und des Staates kodifizieren Kontingenzen der Verstärkung, die durch eine soziale Umwelt aufrechterhalten werden. Die Gesetze der Wissenschaft beschreiben Kontingenzen, die in einer Umwelt gültig sind, die jedem bewußten menschlichen Handeln entzogen ist.

Durch die Kenntnis der Gesetze der Wissenschaft wird der Mensch in die Lage versetzt, sich unter den Kontingenzen einer außerordentlich komplexen Welt wirksam zu verhalten. Die Naturwissenschaft trägt ihn über den Bereich persönlicher Erfahrung und über die beschränkten Möglichkeiten einer höchst mangelhaften Inventarisierung der Natur hinaus, wie sie mit der Kürze eines einzigen Lebens unausweichlich gegeben sind. Sie bringt ihn sogar unter die Kontrolle von Zuständen, die bei der Formung und Aufrechterhaltung seines Verhaltens keine Rolle hätten spielen können. Er kann aufhören zu rauchen, weil er sich dies nach der Lektüre einer statistischen Untersuchung über die Folgen des Rauchens zur Regel gemacht hat, obwohl diese Folgen selbst viel zu weit entfernt sind, um eine verstärkende Wirkung auf ihn auszuüben.

Durch Kontingenzen geformtes versus regelgeleitetes Verhalten

Regeln können gewöhnlich rascher gelernt werden als das durch Kontingenzen geformte Verhalten, das sie beschreiben. «Knüppel der Gangschaltung nach unten drücken, bevor der Rückwärtsgang eingelegt wird.» Diese Anweisung lernen die meisten Menschen leichter als die konkrete Bewegung der Gangschaltung. Das gilt insbeondere, wenn der Knüppel sich nicht leicht bewegen läßt oder wenn er in anderen Autos, mit denen der Fahrer vertraut ist, nicht erst nach unten gedrückt werden muß. Regeln erleichtern es, die Ähnlichkeiten zwischen Kontingenzen auszunutzen: «Diese Gangschaltung funktioniert genauso wie bei einem BMW.» Besonders wertvoll sind Regeln überall da, wo die Kontingenzen komplex, unklar oder aus anderem Grund nicht sehr wirksam sind.

Man kann den Regeln einer Sprache auch dann korrekt folgen, wenn man der betreffenden Sprachgemeinschaft nicht während einer angemessen langen Zeit ausgesetzt gewesen ist. So kann man zum Beispiel beim Erlernen einer Fremdsprache angemessene Reaktionen ebenso in einem Lexikon auffinden, wie grammatische Regeln. Wenn diese Hilfsmittel ausreichen, kann man vermutlich einigermaßen korrekt sprechen, doch wäre man ohne die Zuhilfenahme von Lexikon und Grammatik verloren. Denn selbst wenn man beide auswendig lernt, würde man die Sprache nicht so *kennen*, wie es im folgenden Kapitel erörtert werden soll.

Jemand, der Anweisungen folgt, einen Rat beherzigt, auf Warnungen hört oder Gesetze und Regeln beachtet, verhält sich nicht genauso wie einer, der den Kontingenzen direkt ausgesetzt gewesen ist. Denn eine Beschreibung der Kontingenzen ist niemals vollständig oder genau – weil sie gewöhnlich vereinfacht werden, um leichter gelehrt und verstanden zu werden. Darüber hinaus treten die grundlegenden Kontingenzen selten voll in Erscheinung. Der Lehrling, der einen Blasebalg allein deshalb bedient, weil er dafür bezahlt wird, bedient ihn nicht so, als wäre er vom Zustand des Feuers unmittelbar abhängig. Steuert man ein Auto, indem man Anweisungen folgt, so unterscheidet sich dieses Verhalten von dem, das durch die Bewegung des Wagens auf der Landstraße geformt wird. Eine Sprache unter Zuhilfenahme eines Lexikons und einer Grammatik zu sprechen, ist nicht dasselbe wie eine Sprachbeherrschung, die durch eine Konfrontation mit einer Sprachgemeinschaft erworben worden ist. Auch die Gefühle, die mit zwei Arten von Verhalten assoziiert werden, unterscheiden sich voneinander, aber sie erklären nicht den Unterschied im Verhalten selbst.

Die Kontrolle, die durch Anweisungen, Ratschläge, Regeln und Gesetze ausgeübt wird, ist weniger auffällig als die, die von den Kontingenzen selbst ausgeht. Das ist teilweise deshalb der Fall, weil sie weniger subtil ist und weil die von Kontingenzen ausgehende Kontrolle aus diesem Grund eine stärkere persönliche Anteilnahme und größere innere Kraft zu erfordern scheint. Etwas Gutes zu tun, weil man durch die Güte der anderen verstärkt worden ist, erfreut sich einer höheren Wertschätzung, als etwas Gutes zu tun, weil das Gesetz es verlangt. In einem Fall fühlt man sich gut gelaunt, im anderen spürt man wenig mehr als eine Angst vor Bestrafung. Bürgerliche Tugenden und Pietät bleiben denen vorbehalten, die nicht einfach nur Regeln folgen. Dies aber ist notwendig der Fall, wenn die Kontingenzen nie analysiert worden sind, oder wenn sie gar, wie in der Poesie oder Mystik, als unaussprechlich gelten.

Regelgeleitetes Verhalten wird als das Furnier der Zivilisation bezeichnet, während ein Verhalten, das durch die natürlichen Kontingenzen geformt wird, aus den Tiefen der Persönlichkeit oder Seele zu kommen scheint. Bildende Künstler, Komponisten und Dichter folgen zuweilen einer Regel – denn auch die Nachahmung der Werke anderer ist eine Art von Regelbefolgung –, doch wird in ihrem Fall einem Verhalten der größere Wert zugesprochen, das aus einer persönlichen Konfrontation mit einer Umwelt entsteht. Im Gegensatz zu denen, die sich bereitgestellten Kontingenzen unterwerfen, um Regeln aufrechtzuerhalten, verhält sich ein «natürlicher» Künstler, ein Komponist oder Lyriker idiosynkratisch. Er wird mit größerer Wahrscheinlichkeit die als Erregung oder Freude bezeichneten Körperzustände empfinden, die mit «natürlichen» Verstärkern assoziativ verknüpft sind.

Ein geplantes und glatt ausgeführtes Werk mag dem Verdacht unterliegen, der sich auf jedes kalkulierte Verhalten richtet. Ein intuitiv arbeitender Mathematiker scheint dem überlegen zu sein, der Schritt für Schritt vorgehen muß. Aus einem natürlichen Gefühl heraus erheben wir Einwände gegen einen Freund, der alles kalkuliert, weil er es gelernt hat, sich Freunde zu verschaffen und die Menschen zu beeinflussen. Möglicherweise werden aus diesem Grund Kontingenzen manchmal nicht untersucht oder unerwähnt gelassen; denn eine Beschreibung, so meint man, würde ihre Wirkung zerstören. Es gibt Menschen, die sich an Musik erfreuen und nicht wissen, warum. Stendhal berichtet in einer Notiz seines Tagebuchs von dem «lieblichsten Abend», den er je verbracht hat, und er fügt hinzu: «Ich kenne das Geheimnis der Lust, die ich genossen habe, sehr genau, aber ich möchte es nicht niederschreiben, um es nicht zu beflecken.»

Wie ich im 5. Kapitel bereits gesagt habe, ist es ein Fehler, anzunehmen, daß die von den Naturwissenschaften beschriebene Welt dem, was tatsächlich der Fall ist, in irgendeiner Weise näher wäre. Ebenso falsch aber wäre es, anzunehmen, daß die persönliche Erfahrung der bildenden Künstler, Komponisten oder Schriftsteller dem, was wirklich der Fall ist, näher wäre. Jedes Verhalten wird direkt oder indirekt durch seine Folgen bestimmt. Das Verhalten sowohl des Naturwissenschaftlers wie des Künstlers wird durch das geformt, was der Fall ist, jedoch geht dieser Formungsprozeß in je verschiedener Weise vor sich.

Stecken die Regeln in den Kontingenzen?

Ich habe aus verschiedenen Gründen das regelgeleitete und das von Kontingenzen geformte Verhalten ausführlich innerhalb meiner Darstellung behandelt. Einer dieser Gründe liegt in dem Problem des Wissens, das im nächsten Kapitel erörtert werden soll, über das aber schon hier eine Bemerkung gemacht werden muß. Wir brauchen die Kontingenzen der Verstärkung nicht erst zu beschreiben, um von ihnen betroffen zu sein. Niedrige Lebewesen haben dies wahrscheinlich ebensowenig getan wie die Menschen vor der Ausbildung verbalen Verhaltens. Jemand, der sich unter der Einwirkung operanter Verstärkung verändert hat, hat nicht «eine Wahrscheinlichkeit gelernt»; er hat aufgrund einer gegebenen Frequenz der Verstärkung in einer bestimmten Rate zu reagieren gelernt. Wir brauchen nicht zu behaupten, daß «beim Erwerb von Wissen Regeln durch den Geist konstruiert werden». Der Steinmetz bedient sich der Hebelwirkung, und ein Kind oder ein Hund lernt, einen Ball zu fangen, ohne «die Regeln der Flugbahnen irgendwie auszuformulieren». Die sogenannten Regeln der Grammatik sind jüngst Gegenstand einer weitläufigen Kontroverse geworden. In dieser Kontroverse wurde behauptet, daß es Regeln und Anweisungen gibt, die die Sprachverwendung beherrschen und denen wir gehorchen, ohne uns dessen bewußt zu sein. Gewiß haben die Menschen über Jahrtausende hinweg grammatisch gesprochen, ohne zu wissen, daß es grammatische Regeln gibt. Ein grammatisches Verhalten wurde damals wie heute durch die verstärkenden Praktiken einer Sprachgemeinschaft geformt, aufgrund derer sich einige Arten von Verhalten als wirksamer erwiesen als andere. Durch das Zusammenwirken vergangener Verstärkungen und eines gegenwärtigen Problemaufbaus wurden Sätze erzeugt. Der Sprachgebrauch aber wurde von Kontingenzen und nicht von Regeln beherrscht, ob diese nun explizit formuliert gewesen sind oder nicht.

Vernunft und Vernunftgründe

Die Vernunft ist der wohl am meisten bewunderte kognitive oder geistige Vorgang. Man sagt, daß sie es ist, die den Menschen vom Tier unterscheidet. Man hat sie sich früher als einen Besitz vorgestellt, «eine Substanz von angeborenen Vorstellungen, die jeder Erfahrung voraufgeht und durch die sich uns das absolute Sein der Dinge eröffnet». Seit dem 18. Jahrhundert aber wird, nach Cassirer, die Vernunft weniger als ein Besitz betrachtet als vielmehr als eine Art von Erwerb. Die Vernunft ist nicht eine Schatzkammer des Geistes, in der die Wahrheit wie eine geprägte Münze verborgen liegt. Sie ist vielmehr das Prinzip und die ursprüngliche Kraft des Geistes, die ihn dazu antreibt, die Wahrheit zu entdecken, zu definieren und sich ihrer zu vergewissern. Die Bezugnahme auf eine treibende Kraft im 18. Jahrhundert weist darauf hin, daß wir mit dieser Definition von einer behavioristischen Fassung des Begriffs noch weit entfernt sind.

Wir sprechen häufig von den Konsequenzen eines Verhaltens als seien sie seine *Gründe*. Wir zitieren sie, um unser eigenes Verhalten zu erklären: «Der Grund, warum ich zur Bank gegangen bin, war, daß ich Geld holen wollte.» Der Begriff des Grundes bietet sich eher an als der der Ursache, denn solange wir den Prozeß der Selektion noch nicht voll verstanden haben, scheint alles, was auf ein Verhalten folgt, nicht seine Ursache sein zu können. Aber ein Grund, der in der Zukunft liegt, ist um nichts wirksamer als jedes andere zukünftige Ereignis. Wirksam wird er nicht, weil jemand «ihn im Kopf behält» oder «an ihn denkt» oder «die Wahrscheinlichkeit kennt, daß er eintrifft». Denn Ausdrücke dieser Art spiegeln nur die Anstrengung wider, vorab eine Darstellung zukünftiger Folgen aufzuspüren.

Die Folgen, die durch Ratschläge, Warnungen, Instruktionen und Gesetze beschrieben werden oder impliziert sind, sind die *Gründe dafür*, daß jemand Ratschläge entgegennimmt, Warnungen beachtet, Instruktionen befolgt und Gesetzen gehorcht. Die Menschen werden nicht mit einer Bereitschaft geboren, Ratschläge zu befolgen oder Warnungen zu beachten. Reize, die den Status von Ratschlägen oder Warnungen haben, müssen in einer langen

Geschichte von Konditionierungen von Bedeutung gewesen sein, bevor ein Mensch durch die Angabe von Gründen dazu gebracht werden kann, sich in einer bestimmten Weise zu verhalten. Einem Studenten Gründe dafür zu nennen, warum er etwas lernen soll, bedeutet, ihn auf mögliche verstärkende Konsequenzen aufmerksam zu machen. Diese Konsequenzen aber können zeitlich so weit entfernt sein, daß das Verhalten des Studenten sich nur deshalb verändert, weil sein Lehrer in der Vergangenheit ein Teil wirksamer Kontingenzen gewesen ist. Wenn ein Therapeut einen Patienten auf Gründe in seinem Verhalten hinweist, die dazu führen, daß seine Freunde sich von ihm abwenden, so klärt er die Beziehung zwischen einem Verhalten und bestimmten aversiven Konsequenzen. Ändern aber wird sich der Patient nur, wenn der Therapeut mit seinen Bemerkungen auf einem anderen Weg Wirksamkeit erlangt. Dies geschieht nicht dadurch, daß er das Vertrauen des Patienten gewinnt oder ihn zu einem Glauben an seine eigene Person verhilft, sondern indem er sein Verhalten unter Kontingenzen einreiht, durch die der Patient in der Vergangenheit verstärkt worden ist. – Lehrer und Therapeut bedienen sich in solchen Beispielen keineswegs eines «kognitiven Inputs».

Anwendung der Vernunft

1. Induktion

Die Induktion ist als derjenige Vernunftgebrauch definiert, bei dem vom Teil aufs Ganze, von den Einzelfällen auf das Allgemeine geschlossen wird. Wir können das vielleicht dahingehend übersetzen, daß wir aus der Analyse von einzelnen Vorkommnissen Regeln gewinnen, die sich auf ganze Klassen von Ereignissen beziehen. Wir haben gesehen, daß die operante Konditionierung auf solch einen Prozeß verweist. Ein Organismus, der bei einer oder mehr Gelegenheiten verstärkt wird, gelangt dadurch zu dem Urteil, daß sich ähnliche Konsequenzen bei anderen Gelegenheiten ergeben werden. Zum Glück ist die operante Konditionierung auch dann wirksam, wenn dies nicht eintritt. Wenn ein Mensch die Umstände analysiert, unter denen er lebt, wird er stets auf Ereignisse dieser Art treffen. Das induktive Verfahren ist kein Prozeß, in dessen Verlauf ein Verhalten durch Verstärkung bekräftigt wird; es ist vielmehr eine Analyse der Bedingungen, unter denen Verhalten verstärkt wird. Diese Analyse kann zu Beschreibungen führen, die dann ihrerseits, wie wir gerade gesehen haben, ein Verhalten hervorrufen, das den Kontingenzen angemessen ist, ohne mit ihnen direkt konfrontiert zu sein.

Man kann ein Problem dadurch lösen, daß man die Umstände, unter denen es auftritt, verändert. Auf einige Problemlösungsstrategien ist im letzten Kapitel hingewiesen worden. Wie jedes Verhalten kann man auch Strategien zur Problemlösung aufgrund von Instruktionen aus der gesellschaftlichen Umwelt erwerben. Man kann aber auch ein Problem dadurch lösen, daß man es im vorliegenden Sinn analysiert. Denn wenn man dies tut, gelangt man zu einer Regel, die das Problem löst, wenn man ihr folgt. Die Anwendung der Vernunft auf das Verhalten ist ein Vorgang, durch den die Gründe für ein Verhalten analysiert werden. Die Anwendung der Vernunft auf ein Problem besteht darin, daß man nach den problematischen Kontingenzen sucht und sie nicht einfach durch vorgegebene Problemlösungsmechanismen verändert. Ein so verstandener Vernunftgebrauch tritt demnach nur dann auf, wenn die Routine von Problemlösungsmethoden durchbrochen wird. Es handelt sich hierbei jedoch nicht um einen Übergang von nichtkreativen zu kreativen Maßnahmen. Der Unterschied liegt vielmehr in der praktischen Handhabung eines Problemaufbaus im Gegensatz zu dessen Analyse. Durch Anwendung der Vernunft erfahren wir, warum standardisierte Problemlösungsvorgänge funktionieren, wie wir umgekehrt durch eine Feststellung der Kontingenzen der Verstärkung erfahren, warum sich eine Person so verhält, wie sie sich verhält.

Psychoanalytische Autoren haben zuweilen den Gegensatz des Rationalen und Irrationalen mit dem des Bewußten und Unbewußten verwechselt. Die beiden Begriffe des Irrationalen und des Unvernünftigen sind durch unglückliche Obertöne belastet. Ein irrationales Verhalten ist den Umständen nicht angemessen und scheint aus den falschen Gründen heraus emittiert zu werden. Das aber hat wenig oder nichts mit der gegenwärtigen Unterscheidung zu tun. Jedes Verhalten, ob es sich nun als wirksam erweist oder nicht, ist zunächst nichtrational, in dem Sinn, daß die Kontingenzen nicht analysiert worden sind, die für es verantwortlich sind. Jedes Verhalten ist zunächst unbewußt, aber es kann bewußt werden, ohne deshalb rational zu sein. Eine Person mag wissen, was sie tut, ohne zu wissen, warum sie es tut.

Die Menschen verhalten sich nicht schon deswegen irrational, weil sie sich nicht aller Variablen in einer bestimmten Situation bewußt wären. Es ist ein Fortschritt, wenn man an der Enttäuschung seiner Freunde entdeckt, daß man ihnen eine schlechte Nachricht übermittelt hat. Ebenso gelangt man einen Schritt weiter, wenn man den Namen einer Person nur deshalb erwähnt, weil ein anderer im selben Raum ihr ähnlich sieht, obwohl wir das bisher nicht «gesehen» haben. Wir können dagegen Einwände erheben, wenn man uns darauf aufmerksam macht, denn es mag uns nicht recht sein zu glauben, daß die menschliche Persönlichkeit mehr umfaßt, als uns im unmittelbaren Selbstbewußtsein gegeben ist. Was aber darüber hinaus geht, liegt nicht in einer «Region des Geistes jenseits aller Rationalität». Wir können natürlich keine Kontingenzen analysieren, die wir nicht beobachten, aber wir können sie beobachten, ohne sie zu analysieren. Handelt man, indem man sich über die Gründe seines Handelns Rechenschaft ablegt und sein Verhalten entsprechend verändert, so ist das mehr, als wenn man sich dessen, was man tut, einfach nur bewußt ist. Verschiedene Aspekte der Vernunft müssen hier näher kommentiert werden.

Torheit und Vernunft. Erasmus hat in seinem *Lob der Torheit* darauf hingewiesen, daß man nicht mit der Vernunft beginnen kann. Sie selbst sei zweifellos bewunderungswürdig, aber es gäbe nichts, worauf man sie anwenden müßte, wenn da nicht Nahrung, Sexualität und andere grundlegende Verstärker wären, die Erasmus als Torheit bezeichnet. Das Fortleben der menschlichen Torheit angesichts der heroischen Anstrengungen, sie aufzuklären, mag als Tragödie unserer Zeit gelten. Wenn wir sie wirksam bekämpfen wollen, muß die Vernunft für uns aus einer Analyse derjenigen Kontingenzen bestehen, die in der Torheit und ihren

Erscheinungsformen dargestellt sind. Bezeichnet man das Irrationale als ein «reiches Spektrum lebenspendender menschlicher Möglichkeiten», so bezeichnet man es unmittelbar als Verstärker. Von daher muß das Irrationale nicht notwendigerweise durch die Vernunft unterdrückt werden, sondern ihm muß im Gegenteil zu stärkerer Wirksamkeit verholfen werden.

Intuition und Vernunft. Es ist behauptet worden, daß «unter den Prämissen des Behaviorismus, der die Sprache als Verhalten ansieht, Begriffe wie der der Intuition in wissenschaftlichen Untersuchungen ebenso fehl am Platz erscheinen wie etwa Gespenster oder Träume». Intuitives Verhalten ist jedoch der Ausgangspunkt einer jeden behavioristischen Analyse, denn der Behaviorismus geht davon aus, daß das Verhalten durch nicht weiter analysierte Kontingenzen bewirkt wird. Man sagt im allgemeinen, daß sich jemand intuitiv verhält, wenn er sich nicht seiner Vernunft bedient. Zuweilen bezeichnet man auch den Instinkt als gleichbedeutend mit der Intuition. Man behauptet, es sei ein Fehler, «auf einen logischen Entwurf zurückzuführen, was sich als Ergebnis blinder Instinkte darstellt.» Bezug genommen wird hierbei jedoch lediglich auf ein Verhalten, das durch nicht weiter analysierte Kontingenzen von Verstärkung geformt worden ist. Der blinde Instinkt eines Künstlers ist die Auswirkung der idiosynkratischen Konsequenzen seiner Arbeit. Es stellt keinen «Verrat an der Vernunft» dar, wenn man bereit ist zu lernen, was ein Künstler uns über Leben, Natur und Gesellschaft lehrt. Wäre man dazu nicht bereit, so liefe das auf die Behauptung hinaus, daß Kontingenzen nur wirksam sind, wenn sie als Regeln beschrieben oder formuliert worden sind.

Falsch ist es auch, den Begriff der Intuition mit den Wirkungen jener Kontingenzen gleichzusetzen, von denen es nicht möglich scheint, Regeln zu entwickeln. Wenn wir «intuitiv» erkennen, daß ein Satz wie «Hans ist schwach zu gefallen» falsch gebildet ist, bedeutet das nicht, daß es keine Regel der Grammatik erlaubt, diesen Satz als richtig konstruiert anzusehen. Es bedeutet vielmehr, daß wir intuitiv erkennen, daß das Verhalten, das wir aufgrund der Praxis unserer Sprachgemeinschaft erworben haben, keinen Satz dieser Form einschließt. Ebensowenig sind wir als Mitglieder einer solchen Sprachgemeinschaft in der Lage, auf einen Satz dieser Art wirksam zu reagieren.

Jemand mag in der Lage sein, zwischen zwei Objekten zu unterscheiden, ohne deshalb schon die Unterscheidungsmerkmale identifizieren zu können. Die intuitiven Diagnosen eines Arztes, die Intuition, mit der ein Kunstkritiker eine Stilrichtung oder einen Künstler erkennt, sowie die intuitive Geschicklichkeit, mit der manche Menschen rasch lernen, sich in einer fremden Stadt zurechtzufinden, sind Beispiele eines Verhaltens, für das bisher keinerlei Regeln formuliert worden sind. Der Wissenschaft gelingt es oft erst spät, bestimmte Kontingenzen zu analysieren. So dauerte es angeblich nahezu zweihundert Jahre, bis der Begriff des Drehmoments ausformuliert wurde, obwohl bereits schon lange vorher ein geschicktes Verhalten gegenüber Systemen existierte, in denen ein Drehmoment auftrat, und obwohl man dieses Verhalten innerhalb kurzer Frist auch ohne Regeln hatte lernen können.

Glauben und Vernunft. Der Glaube ist eine Angelegenheit der Stärke eines Verhaltens, das aus Kontingenzen hervorgeht, die noch nicht analysiert worden sind. Orthodoxes Glaubensverhalten, im Sinne eines Gehorsams gegenüber dem Gesetz, unterscheidet sich grundsätzlich von dem Ergebnis mystischer Erfahrung. Man hat in der Tat häufig bemerkt, daß Gottesbeweise den Glauben schwächen, weil sie Gründe und Beweise für etwas aufzeigen wollen, dem ohne solche Gründe oder Beweise intuitiv größere Wertschätzung entgegengebracht würde.

Impulsivität und Überlegung. «Ich meine», schrieb Thomas Hobbes, «daß ein Mann, der sich überlegt, ob er etwas tun soll oder nicht, nichts weiter tut, als sich Gedanken darüber zu machen, ob es besser für ihn wäre, dies zu tun oder nicht» – ob er also, kurz gesagt, durch die Folgen seines Verhaltens verstärkt wird. Überlegtes Verhalten stützt sich auf eine Analyse der Gründe; impulsives Verhalten ist der unmittelbare Ausfluß von Kontingenzen. Impulsive Werke wurden früher als ekstatisch, sorgfältig entworfene Werke dagegen als euplastisch bezeichnet. Für die Griechen besaß eine kluge und vernünftige Person *sophrosyne.* Diese war das Zeichen eines maßvollen Menschens, daß heißt einer Person, deren Verhalten durch eine Analyse seiner Konsequenzen gemäßigt worden war.

Erfundene Gründe. Die Vorteile, die aus der Überprüfung von Gründen für das eigene Verhalten gewonnen werden können, sind vielleicht für die Neigung verantwortlich, Gründe auch dann zu konstruieren, wenn sie nicht auffindbar sind. So ist zum Beispiel ein abergläubisches Verhalten das Ergebnis zufälliger Kontingenzen von Verstärkung, die in keiner Weise als vernünftig angesehen werden können. Denn beim Aberglauben lassen sich keine Regeln aus den Kontingenzen ableiten. Nichtsdestoweniger aber kann das Verhalten von großer Stärke und Intensität sein. Fragt man einen abergläubischen Menschen, «Warum tust du das?», so wird er mit einiger Wahrscheinlichkeit eine Antwort erfinden. Die ritualistischen Praktiken einer ganzen Kultur haben zu den elaborierten Antworten geführt, die in ihren Mythen vorliegen. So ist in vielen Ländern der Regen ein verstärkendes Ereignis und wird zum Anlaß zu einer Vielzahl abergläubischer Verhaltensweisen genommen, darunter auch zu Regentänzen. Die Erklärung für einen solchen Regentanz kann dann darin bestehen, daß er die Person, die Macht oder den Geist, der den Regen bringt, wohlgefällig stimmt.

Abergläubisches Verhalten hat jedoch auch seine Gründe. Ein Verstärker hat eine Wirkung, obwohl das Verhalten, das auf ihn folgt, diese Wirkung nicht hervorbringt. Bei niederen Organismen konnte gezeigt werden, daß die intermittierende Darbietung eines nichtkontingenten Verstärkers eine Reaktion «aus zufälligen Gründen» auswählt und beibehält. In der Geschichte der Mythologie finden sich viele vergleichbare Beispiele in bezug auf die Menschen.

2. Deduktion

Es ist nicht Gegenstand einer Verhaltensanalyse, die Induktion zu definieren. Wie die Begriffe von Vernunft oder Urteilsschluß beschreibt auch dieser Begriff einen einzelnen Verhaltensvorgang nur unzureichend. Dennoch kann das Auffinden, Anbieten oder Erfinden von Gründen für eine Analyse nützlich sein. Pickt zum Beispiel eine Taube gegen eine Scheibe und wird sie nur dann verstärkt, wenn die Scheibe rot und nicht grün ist, so hört sie nach einer Weile auf zu picken, wenn die Scheibe als grün erscheint. Wir brauchen nun nicht zu sagen, die Taube habe hieraus den Schluß gezogen, daß es sich nicht lohnt, gegen eine grüne Scheibe zu picken. In einem anderen Beispiel geht ein Baseballfan nur bei schönem Wetter, nicht aber bei Regen ins Stadion. Wir brauchen auch hier nicht anzunehmen, daß er an einem bestimmten Regentag zu dem Schluß gelangt, daß an diesem Tag kein Spiel stattfindet. Plant er etwa, ein Spiel aus einer anderen Stadt vor dem Fernseher zu verfolgen und hört er, daß es dort regnet, so stellt er möglicherweise sein Gerät nicht an. Wiederum gibt es für uns keinen Grund festzustellen, daß er zu dem Schluß gelangt sei, daß das Spiel nicht stattfindet. Wir benötigen nur dann einen selbständigen Begriff, wenn wir die Herausbildung einer Regel aus den Kontingenzen beschreiben. Die Taube kann dies nicht tun, aber der Baseballfan kann «vom Einzelnen aufs Allgemeine schließen», indem er sagt: «Bei starkem Regen wird kein Baseball gespielt».

Die Deduktion, also der vom Allgemeinen aufs Einzelne gehende Vernunftgebrauch, ist nun zwar ebensowenig ein Vorgang, der einer Verhaltensanalyse bedürfte, aber im Zusammenhang mit der durch Regeln ausgeübten Kontrolle gibt es ein Gebiet, das unserer Aufmerksamkeit bedarf. Wenn man jemandem, der nichts von Baseball versteht, erzählt, daß die Spiele bei heftigem Regen nicht stattfinden und daß es jetzt eben stark regnet, welche Verhaltensprozesse werden ihn dann daran hindern, sich ins Stadion zu begeben, oder ihn behaupten lassen, daß das Spiel nicht stattfinden wird? Es erscheint reizvoll, eine grobe Unterscheidung zwischen der Induktion als einer Herausbildung von Regeln und der Deduktion als der Anwendung von Regeln zu treffen. Dabei würde man jedoch die Tatsache übersehen, daß es bei der Deduktion sehr häufig darum geht, neue Regeln aus alten zu gewinnen. Dies geschieht insbesondere durch Schlüsselwörter wie «alle», «einige», «keine», «wenn» und «oder». Die Entdeckung von Regeln durch die Ableitung von neuen Regeln aus alten scheint dagegen ein Beispiel für die Induktion zu sein.

Es ist hier nicht der Ort für einen Überblick über die verschiedenen Formen, die Vernunft zu gebrauchen. Ich versuche lediglich, auf die Verhaltensprozesse hinzuweisen, die dem traditionellen Verfahren entsprechen. Es ist oft darauf hingewiesen worden, daß eine logische oder mathematische Formulierung eines Problems auf eine große intellektuelle Entdeckung eher folgt, als daß sie sie von sich aus hervorruft. So konnte Newton angeblich ein Problem über Stunden, Tage, ja Wochen mit sich herumtragen, bevor es ihm sein Geheimnis preisgab. Als hervorragender Techniker auf dem Gebiet der Mathematik konnte er es dann in einer Exposition formulieren. Außergewöhnlich war dabei jedoch vor allem seine Intuition. Denn er hatte, wie de Morgan schreibt, «bei seinen Konjekturen eine so glückliche Begabung, daß er stets mehr zu wissen schien, als er nur irgendwie hätte beweisen können».

Die Ableitung von Regeln war also offensichtlich ein zweiter Schritt. Da sie jedoch sehr viel deutlicher zu Tage tritt, war sie es, die mit größerer Wahrscheinlichkeit von Logikern und Mathematikern analysiert wurde. Die anfängliche «Intuition», die sehr viel schwerer zu fassen ist, überließen sie den Behavioristen. Doch wir gewinnen nichts, wenn wir Newtons Entdeckungen der Intuition oder seinen glücklichen Konjekturen zuschreiben.

Wahrheit. Die Wahrheit einer praktischen Darstellung wird durch die Verhaltensursachen eines Sprechers begrenzt sowie durch die gegenwärtig von seiner Umgebung ausgeübte Kontrolle, die Auswirkungen einer ähnlichen Umgebung in der Vergangenheit, die Auswirkungen auf einen Hörer, die zu größerer Präzision führen oder zu Übertreibungen bzw. Widerlegungen. Die verbale Beschreibung einer bestimmten Umgebung kann in keinem Fall absolut wahr sein. Auch ein naturwissenschaftliches Gesetz, das aus zahllosen Beobachtungen gewonnen worden ist, bleibt durch die verengte Beobachtungsmöglichkeit der beteiligten Wissenschaftler in seiner Gültigkeit auf ähnliche Weise beschränkt. Die Sprachgemeinschaft der Wissenschaftler hält besondere Sanktionen bereit, um Gültigkeit und Objektivität solcher Gesetze zu garantieren, doch auch in ihr gibt es nichts Absolutes. Keine Ableitung aus einer Regel oder einem Gesetz kann deshalb absolut wahr sein. Absolute Wahrheit wäre, wenn überhaupt, nur in Regeln zu finden, die aus Regeln abgeleitet wären. Das aber ist eine bloße Tautologie.

9 Kennen, Erkennen und Wissen

Wir sagen, daß ein neugeborenes Baby schreien, saugen und niesen kann. Wir sagen ebenfalls, daß ein Kind laufen und Dreirad fahren kann. In beiden Fällen ist evident, daß der Säugling oder das Kind das genannte Verhalten an den Tag legt. Gehen wir bei der Erörterung des englischen Wortfeldes «to know» vom Verb zum Substantiv über, so können wir sagen, daß sowohl der Säugling wie das Kleinkind über ein Wissen verfügen («knowledge») und dies durch ihr Verhalten dokumentieren.

Das aber führt uns sofort zu der Frage, was es heißt, über ein Verhalten zu verfügen. Wir haben im 4. Kapitel gesehen, daß die Feststellung, eine Reaktion werde emittiert, keineswegs bedeutet, daß sie sich zuvor innerhalb des Organismus befunden hat. Verhalten liegt nur dort vor, wo es ausgeführt wird. Seine Ausführung erfordert ein physiologisches System, das Effektoren und Rezeptoren, Nerven und Gehirn umfaßt. Durch den Erwerb eines bestimmten Verhaltens wurde dieses System verändert, und es ist dieses veränderte System, über das der Organismus «verfügt». Das Verhalten, das er vermittelt, kann in jedem gegebenen Augenblick sowohl sichtbar wie unsichtbar sein. Dazu gibt es Parallelen in anderen Teilen der Biologie. Ein Organismus «verfügt» über ein System von Immunreaktionen in dem Sinn, daß er auf eindringende Organismen in besonderer Weise reagiert. Doch sind seine Reaktionen nicht vorhanden, solange nichts in ihn eindringt. Oft ist es nützlich, von einem Verhaltensrepertoire zu sprechen, das – ähnlich wie bei Musikern – den Handlungsspielraum eines Menschen oder einer Gruppe von Menschen unter bestimmten Bedingungen angibt. Der Organismus verfügt also über das Wissen wie über ein Verhaltensrepertoire.

Arten des Kennens, Wissens und Erkennens

Eine Bedeutung des Wortfeldes «to know» besteht einfach darin, daß man in Kontakt mit etwas tritt, mit ihm vertraut ist. So kann ein Mensch die Sünde, die Schönheit oder das Leid kennen. Im biblischen Sinn des Wortes kann ein Mann eine Frau erkannt haben. In beiden Fällen wird wie selbstverständlich unterstellt, daß sich ein Verhalten durch eine Berührung verändert hat.

Wir verfügen über Kenntnisse, wenn wir wissen, wie man etwas tut, wie man zum Beispiel das Fenster öffnet, «Anakoluth» schreibt oder ein Problem löst. Wenn wir von hier nach da kommen können, so kennen wir angeblich den Weg. Wenn wir ein Gedicht rezitieren oder ein Musikstück ohne Noten spielen können, sagt man, daß wir es auswendig kennen.

Wir kennen darüber hinaus so unterschiedliche Dinge wie Algebra, Paris, Shakespeare oder lateinische Vokabeln. Dies gilt nicht nur in dem Sinn, daß wir mit diesem Gebiet, jenem Ort, mit diesem Dichter oder jener Sprache in Berührung getreten sind, sondern es bedeutet, daß wir über viele Verhaltensformen in bezug auf diese Gegenstände verfügen. Wir wissen etwas von der Elektrizität, wenn wir erfolgreich mit elektrischen Geräten umgehen können.

Alle diese Formen des Kennens, Wissens und Erkennens sind von einer vorausgegangenen Konfrontation mit den Kontingenzen von Verstärkung abhängig. Doch wir verfügen auch über eine besondere Art von Wissen, wenn wir einfach nur Anweisungen, Regeln oder Gesetze geben oder feststellen können. Jemand kann mit der Handhabung eines Gerätes vertraut sein, weil er die Bedienungsanleitung gelesen hat, er kann sich in einer Stadt auskennen, weil er sich den Stadtplan angeschaut hat, oder er kann sich rechtmäßig verhalten, weil er die Gesetze kennt. Er kann dies alles möglicherweise, obwohl er nie zuvor das betreffende Gerät bedient, jene Stadt besucht oder die Macht der Polizei verspürt hat. Das Wissen, das es einem Menschen erlaubt, bestimmte Kontingenzen zu beschreiben, ist von dem Wissen völlig unterschieden, das mit dem durch Kontingenzen geformten Verhalten gleichgesetzt wird. Keines von beiden zieht notwendig das andere nach sich.

Man hat von Pawlows Hunden gesagt, sie hätten gewußt, wann sie Speichel absondern mußten, aber sie haben keinen Speichel abgesondert, weil sie wußten, daß auf den Glockenschlag Futter folgen würde. Auch von einer Ratte könnte man sagen, daß sie weiß, wann sie einen Hebel bedienen muß, um Futter zu erhalten. Aber sie bedient den Hebel nicht, weil sie weiß, daß sie Futter erhalten wird. In ähnlicher Weise könnte man auch von einem Taxifahrer sagen, daß er eine Stadt gut kennt und sich in ihr zurechtfindet, ohne deswegen zu unterstellen, daß er in seinem Gehirn über einen Stadtplan verfügt.

Stammt das Wissen aus der Erfahrung?

John Locke und andere englische Empiristen legten in ihren Erkenntnistheorien den Akzent auf den bloßen Kontakt mit einer sinnlich wahrgenommenen Außenwelt. Sie erklärten nicht, warum eine Person sich der Außenwelt zuwenden *sollte*, warum sie zwei Merkmale dieser Außenwelt, die gemeinsam auftreten, so auf einander beziehen (miteinander assoziieren) *sollte*, daß das eine sie an das andere erinnerte, oder warum sie überhaupt an derlei Dinge denken *sollte*. Wir haben im 5. Kapitel gesehen, daß einige der Nachfolger Lockes ein Element des Glaubens oder Willens in die empiristische Theorie aufgenommen haben. Die Erkenntnis der Außenwelt aber geht auf mehr zurück als auf den bloßen Kontakt mit ihr in einer bestimmten Umgebung. Sie beruht auf den Kontingenzen von Verstärkung, von denen eine solche Umgebung jeweils nur einen Teil darstellt. Die «Erfahrung», aus der die Erkenntnis abgeleitet ist, besteht aus der Gesamtheit der Kontingenzen.

Wissen als Macht und Erkenntnis als Kontemplation

Wir handeln nicht, indem wir uns unsere Erkenntnis zunutze machen: unsere Erkenntnis *ist* vielmehr ein Handeln oder stellt zumindest dessen Regeln dar. In dieser Form ist das Wissen eine Macht. Francis Bacon hat darauf aufmerksam gemacht, als er die Scholastik mit ihrer Betonung eines Wissens um des Wissens willen zurückwies. Operantes Verhalten ist seinem Wesen nach Machtausübung; denn es hat Auswirkungen auf seine Umwelt. Der Fortschritt der Wissenschaft, für den Bacon eintrat, bestand aus einer Erweiterung des menschlichen Verhaltens im Interesse der gesamten Menschheit. Die Ergebnisse der modernen Wissenschaft beweisen, daß Bacon dieses Ziel richtig vorausgesehen hat. Dennoch wird der Machtcharakter der Wissenschaft in jüngster Zeit in Frage gestellt. Der Westen, so hört man, habe seine Kontrolle über die Natur zum Fetisch erhoben. Zweifellos ist es nicht schwer, auf die unglücklichen Folgen vieler Errungenschaften der Naturwissenschaft zu verweisen. Unklar bleibt jedoch, wie man sie anders als durch eine Erweiterung der wissenschaftlichen Machtausübung wird korrigieren können.

Es gibt innerhalb der behavioristischen Theorie Raum für eine Art von Erkenntnis, die auf jede Form des Handelns verzichtet und somit auch keine Machtausübung darstellt. Denn man braucht sich nicht aktiv zu verhalten, um in sich selbst bestimmte, normalerweise mit dem Verhalten assoziierte Gefühle oder Zustände introspektiv zu beobachten. Der Satz «Ich erkenne einen Seelöwen, wenn ich einen sehe» gibt an, daß man einen Seelöwen identifizieren kann, nicht aber, daß man dies im Augenblick gerade tut. Auch eine vorübergehend vergessene Antwort kann noch als Teil des eigenen Wissens angesehen werden, so zum Beispiel, wenn wir sagen: «Ich kann mich im Augenblick nicht daran erinnern, aber ich weiß es so gut wie meinen eigenen Namen.»

Wir verwenden das Verb «wissen» auch in der Bedeutung von «unter der Kontrolle von etwas sein». Wir bezeichnen damit eine Bedingung, die nicht die einzige Determinante unseres Verhaltens ist. So sagen wir zum Beispiel: «Ich bin zu der Versammlung gegangen, weil ich wußte, daß X dort sprechen würde.» – In diesem Kontext bedeutet «wissen» soviel wie «glauben», «erwarten», «sich klarmachen» oder «unterstellen». Wir geben damit zu verstehen, daß unser Verhalten durch die vorausgegangene Ankündigung bestimmt war, X werde auf der Versammlung sein. Unser Verhalten selbst aber könnte man nicht als ein Wissen dieser Tatsache bezeichnen. Der Satz «Ich ging in der *Annahme*, X sei dort» unterstellt, daß die vorausgegangene Ankündigung weniger klar oder zuverlässig war. Es handelt sich hier um eine Unterscheidung zwischen dem Wissen und einer Annahme, auf die bereits im 7. Kapitel hingewiesen wurde. Man hat die These vertreten, «unser gesamtes Wissen besteht aus Hypothesen . . ., die entweder als erwiesen angesehen oder nur versuchsweise aufrechterhalten werden.» Wir aber neigen mehr dazu, von Annahmen in bezug auf versuchsweise Hypothesen zu sprechen und das Wissen für die Fälle zu reservieren, in denen etwas bewiesen ist. Diese Unterscheidung kann jedoch nicht überall aufrechterhalten werden. Denn die Behauptung «Ich *weiß*, daß sich jemand hier in diesem Raum versteckt» ist von geringer Evidenz und stellt dennoch, vermutlich aus anderen Gründen, eine starke Reaktion dar. Doch auch wenn eine solche Bemerkung nicht gemacht wird, können ähnliche Bedingungen herrschen.

Vieles von dem, was als kontemplatives Wissen bezeichnet wird, ist mit verbalem Verhalten sowie mit der Tatsache verbunden, daß nicht der Sprecher, sondern der Zuhörer tätig wird. Wir können zwar von der Macht des Wortes gegenüber einem Zuhörer reden, aber das Verhalten eines Sprechers, der etwas identifiziert oder beschreibt, unterstellt eine Art von Wissen, die von praktischem Handeln getrennt bleibt. Verbales Verhalten spielt bei kontemplativem Wissen die Hauptrolle, weil es sich in hohem Maße für automatische Verstärkung eignet. Denn jeder Sprecher kann auch sein eigener Zuhörer sein. Es gibt indes auch Formen von nichtverbalem Verhalten, die den gleichen Effekt haben. Auch Wahrnehmungsreaktionen, die Reize klären und eine Verwirrung auflösen, können automatisch verstärkend wirken. Eine ähnliche Wirkung liegt auch dort vor, wo man sich die Bedeutung eines schwierigen Textstückes klarmachen kann. Die gesamte Welt der Phantasie besteht aus einem Wahrnehmungsverhalten, das automatischer Verstärkung unterliegt. Nur einige Teile dieser Welt fallen in das Gebiet des Wissens und der Erkenntnis. Eine Kontemplation dieser Art wäre jedoch unmöglich, wenn man nicht zuvor Kontingenzen ausgesetzt gewesen wäre, durch die ein bestimmtes Handeln differenziert verstärkt worden wäre.

Verstehen

In einem einfachen Sinn des Wortes habe ich etwas verstanden, was jemand sagt, wenn ich es korrekt wiederholen kann. In einem etwas komplexeren Sinn verstehe ich etwas, wenn ich angemessen darauf reagieren kann. Dies kann ich tun, ohne zu verstehen, warum jemand etwas sagt. Um auch das Warum zu verstehen, muß ich etwas über die kontrollierenden Variablen, das heißt über die Umstände wissen, unter denen ich es meinerseits gesagt haben würde. Es gelingt mir auf diesem Weg, einen schwierigen Text, den ich immer wieder lese, so zu verstehen, daß ich eine immer stärkere Neigung verspüre, auch von mir aus das zu sagen, was der Text von sich aus sagt.

Verstehen bedeutet zuweilen auch die Kenntnis über Gründe oder Ursachen zu besitzen. Wenn ich einen Schalter betätige, um ein Gerät in Betrieb zu nehmen, und nichts passiert, kann ich zwar den Schalter erneut betätigen, aber mein Verhalten wird schnell gelöscht. Ich kann dann nachschauen, ob das Gerät an die Energiezufuhr angeschlossen ist, ob eine Sicherung durchgebrannt ist oder ob der Eingangsschalter nicht mehr funktioniert. Indem ich dies tue, werde ich vielleicht verstehen, warum das Gerät nicht arbeitet, da ich die Gründe dafür entdecke. Ich habe mir also ein Verständnis erworben, indem ich die vorherrschenden Kontingenzen analysiert habe. Von Lehrern wird zuweilen verlangt, daß sie ihren Schülern ein besseres Verständnis dessen übermitteln, was sie lernen, indem sie ihnen zeigen, daß die Regeln, die sie auswendig gelernt haben, Beschreibungen konkreter Kontingenzen darstellen. Sie sollen ihnen nicht nur das Tauschgesetz beibringen, sondern ihnen auch die Gründe zeigen, warum es funktioniert.

Wir selbst erwerben häufig ein tieferes Verständnis einer Regel, wenn wir den natürlichen Kontingenzen, die sie beschreibt, ausgesetzt sind. Haben wir zum Beispiel ein Sprichwort gelernt und uns daran gehalten, so können wir durch die natürlichen Konsequenzen unseres Verhaltens eine erneute Verhaltensänderung erfahren. Entdecken wir zum Beispiel, daß es stimmt, daß man nichts auf morgen verschieben soll, was man heute schon besorgen kann, so haben wir ein neues Verständnis dieses Sprichworts gewonnen.

Ein Wechsel von regelgeleitetem Verhalten zu einem Verhalten, das durch Kontingenzen geformt ist, bietet gewöhnlich einen Verständniszuwachs, der verstärkend wirkt. Dies gilt zum Teil deshalb, weil bei einem durch Kontingenzen geformten Verhalten die Verstärker mit weniger großer Wahrscheinlichkeit geplant und folglich auch weniger leicht zugunsten der Interessen anderer vereinnahmt werden können.

Wir empfinden es auch als Verstärkung, wenn eine Beschreibung von Kontingenzen in Form einer Regel diese weniger verwirrend oder wirksamer erscheinen läßt. Hat eine bestimmte Situation kein nützliches verbales Verhalten in uns hervorgerufen, so können wir durch etwas, was ein Schriftsteller darüber geschrieben hat, immer dann verstärkt werden, wenn es uns anschließend gelingt, in gleicher Weise zu reagieren. Wir verstehen, was er sagt, in dem Sinn, daß wir dann die Kontingenzen, die er beschreibt, exakter formulieren oder erfolgreicher auf sie reagieren können.

Wissen als Informationsbesitz

Die Informationstheorie entstand aus der Analyse von übermittelten Signalen. Auf dem Gebiet verbalen Verhaltens konnte sie auf den Geräuschstrom der Sprache zwischen Sprecher und Zuhörer oder auf die Zeichen in einem Brief zwischen Schreiber und Leser angewandt werden. Die Botschaft, die sie untersucht, besitzt einen scheinbar objektiven Status.

Zur Beschreibung individuellen Verhaltens wird der Begriff der Information in ganz anderer Weise verwendet. So wie die äußere Praxis von einer Speicherung und späteren Abrufung von Daten im übertragenen Sinne verwandt wird, um den angeblich ablaufenden seelischen Vorgang einer Speicherung und Abrufbarkeit von Erinnerungen darzustellen, so ist auch die Informationsübermittlung zwischen zwei Personen metaphorisch verwendet worden, um die Übermittlung von Input zu Output – oder von Reiz zu Reaktion – darzustellen. Die Metapher ist in Theorien zuhause, die historisch von dem Reflexbogen abgeleitet sind, durch den eine Umwelt in den Körper eintritt, beziehungsweise aufgenommen wird und in dem sie verarbeitet und in Verhalten umgesetzt wird. Wie gespeicherte Erinnerungen oder Datenstrukturen ist die Information zunächst ein – notwendigerweise codierter – Input und verändert sich fortschreitend, bis sie zu einer Handlungsdisposition wird. Wie ich bereits betont habe, ist es bei einer operanten Analyse unnötig, einen Reiz durch den Körper zu verfolgen und zu sehen, wie er zu einer Reaktion wird. Weder der Reiz noch die Reaktion ist je in einem wörtlichen Sinne *in* dem Körper. Als eine Form von Wissen läßt sich die Information wirksamer als Teil eines Verhaltensrepertoires behandeln.

Es ist häufig behauptet worden, daß eine Verstärkung Informationen übermittelt. Das aber heißt lediglich, daß sie eine Reaktion nicht einfach wahrscheinlicher macht, sondern bei einer besonderen Gelegenheit wahrscheinlicher macht. Sie bringt sie ebenso unter die Kontrolle verwandter Deprivierungen oder aversiver Stimulierungen wie unter die Kontrolle von Reizen, die zum Zeitpunkt ihres Auftretens wirksam sind. In diesem Sinn bezieht sich eine Information auf die Kontrolle, die durch bestimmte Merkmale der Umwelt ausgeübt wird.

In bezug auf individuelles Verhalten ist die Informationstheorie lediglich eine anspruchsvollere Version der Reproduktionstheorie. Die Außenwelt wird hier nicht als fotografische oder phonographische Kopie internalisiert, sondern sie wird hinreichend übersetzt, codiert oder sonstwie modifiziert, um plausibler als innerhalb des Körpers registriert und gespeichert angesehen werden zu können.

Das persönliche Wissen des Naturwissenschaftlers

Die zentrale Frage der naturwissenschaftlichen Erkenntnis lautet nicht «Was wissen die Wissenschaftler?», sondern «Was bedeutet das Wissen?» Die Tatsachen und Gesetze der Naturwissenschaft stellen Beschreibungen der Welt dar, das heißt, der vorherrschenden Kontingenzen von Verstärkung. Sie erlauben es den Menschen, weit erfolgreicher zu handeln, als sie es im Zeitraum ihres kurzen Lebens oder durch unmittelbare Konfrontation mit jeder

Art von Kontingenzen je würden erlernen können.

Die Objektivität, die regelgeleitetes Verhalten von einem Verhalten unterscheidet, das durch eine direkte Konfrontation mit den Kontingenzen hervorgerufen wird, wird durch Validitätstests, Beweisprozesse, Praktiken der Verminderung persönlicher Einflußnahme sowie durch andere Aspekte naturwissenschaftlicher Methoden ständig weiter vorangetrieben. Dennoch besitzt die Wisschaft als ganze mit ihren Tabellen von Konstanten, ihren graphischen Darstellungen, ihren Gleichungen und Gesetzen aus sich selbst heraus keinerlei Macht. Denn alle diese Dinge existieren nur durch ihre Einwirkungen auf die Menschen. Nur die lebendigen Menschen *wissen* die Wissenschaft in dem Sinne, daß sie sich unter ihrer Kontrolle handelnd auf die Natur beziehen können. Das aber heißt nicht, daß «jeder Teil des Wissens zur Voraussetzung hat, daß man mit den subjektiven und phänomenologischen Momenten im Erkenntnisprozeß vorab ins reine gekommen ist.» Das Wissen ist subjektiv in dem trivialen Sinn, daß es das Verhalten eines Subjekts darstellt, aber die gegenwärtige oder vergangene Umwelt, die dieses Verhalten determiniert, liegt außerhalb der Person, die sich verhält. Wenn das Handeln durch Gefühle oder introspektiv beobachtete Seelenzustände bestimmt würde, wäre die Behauptung von Michael Polanyi und Percy W. Bridgman richtig, die besagt, daß die Naturwissenschaft unausweichlich personenbezogen sei. Bridgman sagte einmal: «Ich muß die Dinge so beschreiben, *wie sie mir erscheinen.* Ich kann mich selbst nicht ausklammern.» Das ist nur insofern wahr, als sich ein Naturwissenschaftler wie ein Individuum verhalten muß. Analysiert er aber seine Umwelt und stellt dabei Tatsachen und Gesetze fest, die es anderen erlauben, ohne persönliche Konfrontation mit dieser Welt auf sie wirkungsvoll zu reagieren, dann stellt er etwas her, an dem er selbst nicht länger beteiligt ist. Gelangen gar viele andere Naturwissenschaftler zu denselben Tatsachen und Gesetzen, dann wird jeder persönliche Beitrag zu ihrer Formulierung auf ein Minimum reduziert. Was von denen empfunden oder introspektiv beobachtet wird, deren Verhalten durch naturwissenschaftliche Gesetze beherrscht wird, unterscheidet sich sehr von dem, was als Ergebnis einer Konfrontation mit den ursprünglichen Kontingenzen empfunden oder introspektiv beobachtet wird.

Es ist absurd zu unterstellen, daß Naturwissenschaft das ist, was Wissenschaftler empfinden oder introspektiv beobachten. Kein Mensch kann auf mehr als einen überaus kleinen Teil der Kontingenzen reagieren, die die Welt um ihn her beherrschen. Behauptet man statt dessen, daß die Naturwissenschaft eine Art von Gruppenbewußtsein darstelle, so müssen wir uns anschauen, wie sie zusammengehalten wird. Wir machen dabei die Entdeckung, daß unter den Wissenschaftlern Aussagen über Tatsachen, Regeln und Gesetze und keine Mitteilungen über Gefühle ausgetauscht werden. – Zuweilen scheint die persönliche Rolle eines Wissenschaftlers deshalb betont zu werden, weil die objektive Erkenntnis, die er ermittelt, ganz offenbar als gefühllos empfunden wird. So sind auch manche religiösen Traditionen trotz der Erfindung der Schrift und des Buchdrucks weiterhin mündlich übermittelt worden, weil die schriftliche Form jeden Gefühls zu entbehren schien. Das gesprochene verbale Verhalten stellt eine kurze Zeit der Objektivität zwischen Sprecher und Zuhörer her. Und es ist gerade diese Kürze sowie die gemeinsame Anwesenheit von zwei Parteien, die der mündlichen Mitteilung eine scheinbare Wärme und Tiefe verleihen, die einem Buch fehlt.

Ismen

Weltanschauung, Moral, Klassenbewußtsein und Zeitgeist sind weitere intellektuelle Erscheinungen auf dem Gebiet des Wissens. Aus ihnen leiten sich die umfassenderen Verhaltensmuster her, die für ein Volk, eine Klasse, eine Epoche oder Kultur charakteristisch sind. Man sagt von einem Menschen, daß er in einer bestimmten Weise handelt oder spricht, weil er ein Pragmatiker, ein Mitglied des Proletariats, ein Anhänger der Arbeitsethik oder ein Behaviorist sei. Begriffe dieser Art klassifizieren ein Verhalten, das unter den gegebenen Umständen identifizierbare Folgen hat. Aber auch Konflikte, wie der zwischen Empirismus und Rationalismus, sind Konflikte zwischen unterschiedlichen Kontingenzen. Wenn die Geistesgeschichte eine *Entwicklung* des menschlichen Denkens unter Beweis zu stellen scheint, so liegt das nicht etwa daran, daß die Klassik die Romantik nach sich zieht oder umgekehrt. Vielmehr ist die Ursache einer solchen Entwicklung darin zu suchen, daß die für einen Ismus charakteristischen Handlungsformen schließlich Bedingungen hervorrufen, unter denen ein verändertes Verhaltensmuster erzeugt und für einige Zeit beibehalten wird.

In seinem Buch «Five Stages of Greek Religion» beschrieb Gilbert Murray die Veränderung, die das Römische Reich durch die Einführung des Christentums erlebte, als «ein Anwachsen der Askese, der Mystik und, in gewissem Sinn, des Pessimismus; einen Verlust von Selbstvertrauen, von Hoffnung auf dieses Leben und von Glauben an eine normale menschliche Lebensanstrengung; als Verzweiflung eines geduldigen Fragens und als Schrei nach einer unfehlbaren Offenbarung; als Indifferenz gegenüber dem Wohlergehen des Staates und als eine Hinwendung der Seele zu Gott.» Peter Gay meint dazu, daß Murray diesen Geschichtsabschnitt «als ein ‹Nervenversagen› getauft hat». Das Wort «getauft» ist an dieser Stelle möglicherweise ein Witz, aber die Beziehung auf ein Nervenversagen ist eine recht charakteristische Berufung auf eine Pseudophysiologie, die nach einem langen Flug durch mentalistische Metaphern etwas Handfestes bieten soll. Die Tatsachen, die es rechtfertigen, das Verhalten der Römer als Askese, Mystik und Pessimismus zu bezeichnen, könnten auch zu einigen Mutmaßungen herhalten, die sich auf die in jener Zeit vorherrschenden Kontingenzen beziehen. Ein Asket ist nicht weniger durch erlesene Speisen, Sexualität usw. zu verstärken als andere – denn seine Askese würde kaum bewundert, wenn das nicht so wäre –, aber sein Verhalten unterliegt eindeutig der Kontrolle anderer Konsequenzen, von denen die meisten wahrscheinlich den Strafandrohungen des Frühchristentums zuzurechnen sind. Pessimismus, sowie ein Verlust von Selbstvertrauen, Hoffnung und Zuversicht hängen, wie wir im 4. Kapitel gesehen haben, eng mit einem Fehlen positiver Verstärkung zusammen. Die Verzweiflung eines geduldigen Fragens unterstellt eine mangelhafte Abfolge von Verstärkung. Ein Schrei nach einer unfehlbaren Offenbarung verweist auf eine Suche nach Regeln anstelle von Kontingenzen, die bisher das Verhalten unmittelbar geformt haben. Eine Gleichgültigkeit gegenüber dem Wohlergehen des Staates und eine Hinwendung der Seele zu Gott deuten einen Übergang von politischen zu religiösen Sanktionen an. Wieviel mehr wüßten wir heute, wenn die zu jener Zeit vorherrschenden Kontingenzen beschrieben worden wären, statt der Gefühle und Ismen, die durch sie hervorgerufen worden sind!

10 Die innere Welt der Motivationen und Emotionen

Wir haben bisher den Teil des Geistes und der Seele betrachtet, den man als deren intellektuelle Seite bezeichnen kann, nämlich die Erfahrungen in der Welt, in der wir leben, unsere Schlußfolgerungen über die Struktur dieser Welt, unsere Pläne, mit ihr fertig zu werden, unsere Absichten, Zwecke, Vorstellungen usw. Ich habe die Grundtatsachen, auf die sich diese Ausdrücke zu beziehen scheinen, als Aspekte menschlichen Verhaltens interpretiert, die den Kontingenzen der Verstärkung zugeschrieben werden müssen. Diese Aspekte beziehen sich, wenn ich das noch einmal wiederholen darf, auf die subtilen und komplexen Beziehungen zwischen der Situation, in der ein Verhalten auftritt, dem Verhalten selbst und seinen Folgen.

Auf der anderen Seite treten im Leben des Geistes Triebregungen, Bedürfnisse, Emotionen, Impulsreaktionen oder Abwehrhandlungen auf. Vor allem aus psychotherapeutischen Gründen ist diesem Teil des Geistes Aufmerksamkeit zuteil geworden. Um den Unterschied beider Seiten deutlich werden zu lassen, soll darauf verwiesen werden, daß das Wort «Psyche», das einmal dem Intellekt vorbehalten war, jetzt zumeist auf den Bereich der Emotionen und Motivationen angewendet wird. Intellekt und Motivationen beziehungsweise Emotionen stehen sich nicht vollkommen beziehungslos gegenüber. So bringt etwa, um ein sehr einfaches Beispiel zu nehmen, operante Verstärkung ein Verhalten unter die Kontrolle besonderer Arten von Deprivierung und aversiver Stimulierung. In traditionellen Begriffen ausgedrückt heißt das: Bedürfnisse der Gefühle finden in einem auf die Außenwelt gerichteten Handeln ihre Befriedigung oder ihren Ausdruck. Der Intellekt kontrolliert zuweilen die Bedürfnisse und Emotionen, obwohl ihm dies immer wieder mißlingt.

Persönlichkeiten

Wir haben gesehen, daß das intellektuelle Leben des Geistes und der Seele nach dem Muster des Lebens in der Außenwelt gebildet wird. Die Umgebung wird verinnerlicht und in Erfahrungen umgesetzt. Das Handeln in ihr bringt Vorstellungen, Zwecksetzungen und Willensäußerungen hervor. Das Herstellen, Speichern und Abrufen von Erlebnissen bildet das Muster, nach dem Erinnerungen verarbeitet werden. Techniken der Problemlösung werden zu kognitiven Strategien. Aus der denkenden Person wird auf diesem Weg ein denkender Geist. Etwas Ähnliches geschah mit der Erfindung einer inneren Welt der Motivationen und Emotionen. Die Person wird durch ein Selbst beziehungsweise durch eine oder durch mehrere Persönlichkeiten ersetzt. So lenkt ein Aufsatz über die aktionistischen Jugendlichen der sechziger Jahre unsere Aufmerksamkeit auf die «Modalpersönlichkeit» in dieser Personengruppe. Er beschreibt, was junge Menschen sagen und tun, wenn sie in Gesellschaft ihrer Familienangehörigen, Gleichaltrigen oder Lehrer sind, und wie sie sich verhalten, wenn sie «aktiv» sind. Schaut man genauer hin, bemerkt man unschwer, daß es sich hierbei um eine Analyse von Aktionisten handelt, die zwar von der Außenwelt abhängig sind, nicht aber um eine Untersuchung der von außen bedingten Persönlichkeit.

Ein Selbst oder eine Persönlichkeit ist bestenfalls ein Verhaltensrepertoire, das einem Menschen durch eine organisierte Reihe von Kontingenzen mitgeteilt worden ist. Das Verhalten, das ein junger Mensch im Schoß seiner Familie erwirbt, stellt ein Selbst dar; das Verhalten, das er etwa in der Armee annimmt, stellt ein anderes Selbst dar. Diese beiden Teile seiner selbst können ohne Konflikte in derselben Person nebeneinander existieren, solange nicht die Kontingenzen miteinander in Konflikt geraten, solange also etwa nicht seine Freunde vom Militär ihn zu Hause besuchen. Individuum wird, wie Marx und viele andere nachgewiesen haben, von der Gesellschaft geboren, und seine Unteilbarkeit hängt vom Zusammenhalt der Gesellschaft ab, die ihn geboren hat. Nach einer verbreiteten Auffassung ist die «Fragmentarisierung des Lebens» ein Ergebnis der «gesellschaftlichen Disorganisation, die die

Menschen in Stücke reißt». Die Fragmentarisierung wird hierbei als ein «Arrangement des Bewußtseins als Reaktion auf eine Umgebung» definiert, «in der sich selbstverständlich keinerlei Achtung und Respekt mehr herstellen läßt». Aber es ist das Verhalten und nicht das Bewußtsein, das fragmentarisiert und in Stücke gerissen wird, und der mangelnde Respekt ist nur eine Frage der Disorganisation der Verstärker.

Miteinander in Konflikt liegende Kontingenzen führen zu einem konfliktbehafteten Verhaltensrepertoire, dessen unterschiedliche Handlungsmuster jedoch von einem Körper und einem Mitglied der menschlichen Art dargeboten werden. Dieser Körper, der sich zumeist rücksichtsvoll verhält, ist derselbe Körper, der sich gelegentlich als gefühllos oder grausam erweist. Er, der sich die meiste Zeit über heterosexuell verhält, ist zuweilen auch homosexuell. Die Frage, was eine Person wirklich ist, könnte danach fragen, wie sie ausgesehen hätte, wenn wir sie hätten sehen können, bevor ihr Verhalten dem Handeln ihrer Umwelt ausgesetzt wurde. Wir hätten dann ihre «menschliche Natur» erkannt. Aber diese Frage ist falsch gestellt, denn die genetische Ausstattung des Menschen existiert nicht, solange sie nicht einer Umwelt ausgesetzt ist, durch die sie stets unmittelbar verändert wird. Innerhalb gewisser Grenzen können wir den Beitrag der Kontingenzen des Überlebens und der Verstärkung unterscheiden. Pascals Wort, die Natur sei zuerst eine Gewohnheit, wie die Gewohnheit danach zur Natur werde, könnte unsere heutige Erkenntnis vorweggenommen haben, daß die Gattung unter den Kontingenzen des Überlebens ein Verhalten – Instinkte – ausbildet, während das Individuum unter den Kontingenzen von Verstärkung ein Verhalten – Gewohnheiten – entwickelt.

In Freuds großem Triumvirat stellen das Über-Ich, das Ich und das Es drei Sätze von Kontingenzen dar, die sich beinahe unvermeidlich einstellen, wenn eine Person in einer Gruppe lebt. Das Es ist der judäochristliche «alte Adam», die «sündhafte Natur» des Menschen, die sich aus seiner angeborenen Anfälligkeit für Verstärkungen herleitet, von denen die meisten beinahe notwendig in Konflikt mit den Interessen anderer geraten. Das Über-Ich, das judäochristliche Gewissen, spricht mit der leisen Stimmen einer –

h – strafenden Instanz, die die Interessen anderer Menschen repräsentiert. In Websters *Third International Dictionary* wird es folgendermaßen definiert: «Ein großer Bereich der Psyche, der zumeist unbewußt, teilweise aber auch bewußt ist. Das Über-Ich entwickelt sich aus dem Ich durch Internalisierung oder Introjektion als Reaktion auf die Ratschläge, Drohungen, Warnungen und Bestrafungen, die insbesondere von den Eltern, aber auch von Lehrern oder anderen Autoritäten ausgehen. Das Über-Ich spiegelt das elterliche Gewissen und die Regeln der Gesellschaft. Es dient der Charakterbildung, insofern es das Ich vor den überwältigenden Triebregungen des Es schützt.»

Aber das Über-Ich ist nur insofern ein «großer Bereich der Psyche», als es «ein großer Teil des menschlichen Verhaltens» ist. Weithin unbewußt ist es nur, weil die Sprachgemeinschaft den Menschen nicht beibringt, es zu beobachten oder zu beschreiben. Zumeist ist es das Produkt der Bestrafungen einer Gesellschaft, die versucht, das durch biologische Verstärker hervorgerufene selbstsüchtige Verhalten der Menschen zu unterdrücken. Die Gesellschaft kann es in der Weise imitieren, daß es zu ihrem Stellvertreter wird, indem die Gebote der Eltern und Lehrer Teil seines Repertoires werden. Das Ich ist ein Produkt der alltagspraktischen Kontingenzen, die eine Empfänglichkeit für Verstärkungen notwendig ebenso voraussetzen wie die von anderen arrangierten strafenden Kontingenzen. Das Verhalten, das es an den Tag legt, wird durch seine gegenwärtige Umwelt geformt und aufrechterhalten. Das Ich befriedigt das Es, wenn es ihm einen gewissen Betrag an biologischer Verstärkung verschafft, und es genügt den Anforderungen des Über-Ich, wenn ihm dies gelingt, ohne ein allzu hohes Strafrisiko einzugehen. Wir brauchen nicht zu der Formulierung greifen, daß diese drei archetypischen Persönlichkeiten Darsteller eines inneren Dramas seien. Denn der eigentliche Darsteller ist der Organismus, der durch unterschiedliche und möglicherweise miteinander in Konflikt liegende Handlungsmuster in seinem Verhaltensrepertoire aufgrund unterschiedlicher und vielleicht konfliktbehafteter Kontingenzen zu einer Person geworden ist.

Freuds Analyse schien gerade wegen ihrer Universalität überzeugend zu sein. Es ist jedoch nicht die Psyche, sondern es sind die Kontingenzen der Umwelt, die sich als invariant erweisen. Die Konflikte zwischen dem Über-Ich und dem Es, die das Ich allzuhäufig nicht lösen kann, folgen beinahe überall gewissen vertrauten Mustern. In einigen Kulturen ist der Umstand, daß ein Sohn seine Mutter liebt und seinen Vater als Rivalen betrachtet, beinahe so charakteristisch für die männlichen Gesellschaftsmitglieder wie die Anatomie, die ihr Geschlecht definiert. Eine vergleichbare Universalität findet sich aber auch unter den gesellschaftlichen Kontingenzen der Verstärkung, die durch den Typus der Familie in solchen Kulturen aufrechterhalten werden. Jungs Archetypen und sein kollektives Unbewußtes sind entweder auf die Evolution der Art oder auf die Evolution kultureller Praktiken zurückzuführen. Die erstaunliche Gleichheit des verdrängten Unbewußten über alle bekannten Zeiten und Zivilisationen hinweg ist die Gleichheit der Dinge, die die Menschen verstärken, sowie des Verhaltens, das sich als für andere schädlich erweist. Die Universalien, die für alle Sprachen charakteristisch sein sollen, sind das Ergebnis universaler Chrakteristika der Sprachgemeinschaften, denn sie entstehen aus der Rolle, die die Sprache im Alltagsleben spielt.

Das Leben in der Psyche

Das Leben des Geistes und der Seele braucht und verbraucht angeblich psychische Energie. Es ist dies einfach eine andere Darstellungsform des Umstands, daß die Wahrscheinlichkeit eines Verhaltens aus den Kontingenzen des Überlebens oder der Verstärkung abgeleitet ist. Instinkte und Triebe sind in dem Sinn eine «Summe psychischer Energie, die psychischen Prozessen eine Richtung gibt», daß angeborene Empfänglichkeit für Verstärkung nicht nur ein Verhalten erstarken läßt, sondern dessen Topographie formt und aufrechterhält, indem es sie in eine Richtung lenkt. Die Empfänglichkeit für Verstärkungen kann auf ihren Überlebenswert in der Evolution der Art zurückgeführt werden. Bei einigen Verstärkungsplänen ist eine «Speicherung von Energie» vorgesehen. Andere führen durch das Fehlen von Energie in Abulie oder Depression. Die «großen positiven Kräfte», von denen man uns sagt, daß sie «in unseren Tiefen schlummern», sind lediglich die großen Dinge, die wir unter günstigen Umständen vollbringen könnten.

Das in der Psychoanalyse verbreitete Wort «Tiefe» unterstellt ungerechtfertigterweise, daß eine Analyse eine profunde Sache ist. Es kann sich aber auch – und dies ebenso ungerechtfertigt – auf bestimmte räumliche Züge der Seele beziehen. Zwar hatte schon die Psychologie des 19. Jahrhunderts das Bewußtsein als den Ort behandelt, an dem Empfindungen beobachtet werden konnten, aber der Raum, der durch Über-Ich, Ich und Es eingenommen wird, ist von größerer Komplexität. Die Seele besteht aus unterschiedlichen Teilen, die sich aus verschiedenen Arten des Verhaltens erschließen lassen. Über etwas geteilter Meinung zu sein, bedeutet, ein unterschiedliches Verhältnis zu ihm zu haben. Der Begriff «Schizophrenie» meinte ursprünglich eine «Geistesspaltung» und wird noch immer in diesem Sinn mißbraucht. Neben sich zu stehen, heißt, einen Augenblick lang zwei Personen zu sein. Unterschiedliche Verhaltensarten werden angeblich in verschiedenen Abteilungen der Seele bereitgehalten. «Bei den meisten Menschen gibt es ein Potential von Gewalttätigkeit, gegen das das Denken eine Barriere oder einen Zaun errichtet, um es in Schach zu halten. Secobarbital . . . kann diesen seelischen Zaun einreißen und einen Gewaltausbruch hervorrufen» – auch hier also eine interessante Mischung von Materie und Geist. Für einen bekannten Politiker stellt die Musik «ein Ventil leidenschaftlicher Emotionen» dar, als könne «die Oper unmittelbar in sein politisches Leben einbrechen und die säuberliche Trennung von Gefühl und Vernunft über den Haufen werfen».

Die bekannteste Teilung innerhalb der Seele läuft zwischen dem Bewußten und Unbewußten. Verdrängte Wünsche und Ängste verharren im Unbewußten, doch können sie ins Bewußtsein einbrechen. Es ist häufig – und insbesondere von Psychoanalytikern – behauptet worden, der Behaviorismus könne mit dem Unbewußten nicht fertigwerden. Tatsache ist dagegen aber, daß er sich mit nichts anderem beschäftigt. Die Kontrollbeziehungen zwischen einem Verhalten und den genetischen Variablen sowie den Variablen der Umwelt, die es bestimmen, sind insgesamt solange bewußt, wie sie nicht beobachtet werden. Gerade Freud hat betont, daß sie zu ihrer Wirksamkeit keiner Beobachtung bedürfen, das heißt, daß sie auch nicht bewußt werden müssen. Es bedarf einer besonderen verbalen Umgebung, um jemandem zu einer Bewußtwerdung seines Verhaltens zu verhelfen, indem man ihn veranlaßt, auf seinen eigenen Körper zu reagieren, während er sich verhält. Wenn eine solche Bewußtwerdung eine kausale Wirkung zu haben scheint, so ist sie das Ergebnis der besonderen Umgebung, die eine Selbstbeobachtung herbeiführt.

Das Bewußtsein von der Außenwelt in einer Person zu erweitern, bedeutet einfach, sie unter eine sensibilisiertere Kontrolle dieser Welt als einer Reizquelle zu bringen. Marx und andere haben versucht, den Menschen ein erweitertes Bewußtsein dadurch zu vermitteln, daß sie sie unter die Kontrolle von Aspekten ihrer Umwelt gebracht haben, die zuvor wirkungslos geblieben waren. Auch von Drogen, die eine solche Kontrolle verändern, hört man zuweilen, daß sie das Bewußtsein erweitern.

Zurückgewiesen wird von seiten des Behaviorismus eine Vorstellung vom Unbewußten, die es – ähnlich wie viele Vorstellungen vom Bewußtsein – als einen selbständigen Handlungsträger ansieht. In einer Biographie von Mohammed wird behauptet, daß es «für Menschen, die keine Moslems sind, offenkundig ist, daß die Worte, die Mohammed gehört hat . . . ihm von seinem Unbewußten diktiert wurden . . . Die Stimme Allahs war in Wahrheit die Stimme von Mohammeds Unbewußtem». Dagegen ist festzustellen, daß es auch dann Mohammed selbst war, der hier sprach, wenn er sich dabei nicht beobachtete. Es war Mohammed als Person ausgestattet mit einer Lebensgeschichte, die dafür verantwortlich war, daß er Mohammed war, keineswegs jedoch irgendein fragmentarischer innerer Handlungsträger, an den wir uns wenden müßten, um sein Verhalten zu erklären.

Häufig wird die Auffassung vertreten, daß es ein innerpsychisches Leben der Seele und des Geistes gibt, das von der physischen Welt vollständig abhängig sei und in dem Erinnerungen neue Erinnerungen hervorrufen und Vorstellungen andere Vorstellungen suggerieren. Hier sind einige Beispiele des innerpsychischen Lebens der Motivationen und Emotionen: Gefühle der Frustration rufen ein Gefühl der Machtlosigkeit oder Impotenz hervor, das seinerseits zu Apathie oder Aggressivität führt. Empfindlichkeit gegenüber Autoritäten wird zu einer verdrängten mörderischen Wut, die ihrerseits den Wunsch maskiert, sich zu ergeben. Geschwächtes Vertrauen in die Zukunft führt zu Ängsten und Depressionen, die jede gedankliche Arbeit unterbrechen. Der Antrieb, sich anderen gegenüber konform zu verhalten, hindert eine Person daran, ihre eigenen Ängste, Wutausbrüche oder Hoffnungslosigkeiten kennenzulernen.

Wenden wir uns den Tatsachen zu, auf denen diese Feststellungen beruhen, so ist es gewöhnlich möglich, die Kontingenzen der Verstärkung anzugeben, die für einzelne innerpsychische Vorgänge verantwortlich sind. Unter den relevanten Tatsachen seien die folgenden genannt: Frustration wird durch eine Löschung hervorgerufen, die ihrerseits häufig für aggressives Verhalten verantwortlich ist. Die Kontrollmaßnahmen einer Autorität erhöhen die Wahrscheinlichkeit, daß die ihr unterworfenen Personen die Flucht ergreifen oder zum Gegenangriff übergehen. Beides kann sich als gesteigerte Empfindlichkeit darstellen. Zugleich aber können dieselben Maßnahmen auch ein nachgiebiges Verhalten erzeugen, denn dies ist der Grund, warum Autoritäten sie ergreifen. Die mit Nachgiebigkeit assoziierten Körperzustände müssen nicht notwendig empfunden werden, wenn die mit Flucht oder Gegenangriff assoziierten Zustände stark sind.

Die Abwehrmechanismen in der Psychoanalyse

Das Leben in der Innenwelt der Emotionen und Motivationen wird durch Freuds Begriff der psychischen Dynamik und insbesondere an seiner Vorstellung von der Wirkung von Abwehrmechanismen deutlich. Diese Mechanismen sind als «Persönlichkeitsreaktionen» definiert worden, «vermittels derer ein Individuum seine emotionalen Bedürfnisse zu befriedigen sucht. Sie dienen dem Zweck, miteinander in Konflikt stehende Triebregungen zu harmonisieren, sowie Ängste und Schuldgefühle zu reduzieren, die aus unannehmbaren Wünschen, Gedanken und Emotionen hervorgehen.» Alternative Definitionen lassen sich aus den Kontingenzen ableiten, die für das Verhalten verantwortlich sind, von dem aus die psychische Dynamik erschlossen wird. Ich werde im folgenden drei Beispiele erörtern und mich dabei auf Definitionen stützen, die ich Websters *Third International Dictionary* entnehme.

Verdrängung: «Ein Prozeß oder Mechanismus der Ich-Abwehr, durch den Wünsche oder Triebregungen, die unerfüllbar sind, vom Bewußtsein ferngehalten oder ihm unzugänglich gemacht werden.» «Wünsche oder Triebregungen» lese ich als «die Wahrscheinlichkeit eines Verhaltens»; «die unerfüllbar sind» bedeutet für mich «die gelöscht sind oder bestraft wurden», und für «vom Bewußtsein ferngehalten oder ihm unzugänglich gemacht» setze ich «nicht introspektiv beobachtet» im Sinne vom 2. Kapitel. Es ergibt sich mithin: Ein Verhalten, welches bestraft wird, wird aversiv. Indem eine Person sich nicht mehr auf es einläßt oder es nicht mehr «sieht», vermeidet sie eine konditionierte aversive Stimulierung. Hiermit sind zwar Gefühle verbunden, aber die Tatsachen lassen sich auf Kontingenzen zurückführen.

Das Wort «Verdrängung» ist Teil einer größeren Metaphorik, die den Auswirkungen von Bestrafung einen dynamischen Charakter verleiht. Wo Gefühle nicht ausgedrückt werden können, soll angeblich ein Druck entstehen, der sich in einer Explosion entlädt. So behauptet eine Zeitung, daß «das Erschreckende an äußerlich ruhigen Menschen wie Bremer, Sirhan und Oswald darin besteht, daß es in den Vereinigten Staaten Millionen von ihnen geben muß. Sie können ihre Wut in sich aufstauen, bis sie eines Tages explodieren, wenn das Sicherheitsventil, das sie wie die meisten Menschen in sich tragen, nicht mehr funktioniert». Was aber passiert nun eigentlich, wenn das «Sicherheitsventil» nicht mehr funktioniert, durch das die Menschen emotionalen Dampf ablassen? Und was geht vor sich, wenn ein Mensch seine Wut in sich aufstaut? Die Antworten sind in jenen Zuständen zu finden, unter denen ein Verhalten dadurch an Stärke gewinnt, daß es nicht emittiert werden kann.

Wir werden uns häufig einer starken Neigung bewußt, etwas zu sagen oder zu tun, obwohl es dazu an Gelegenheit mangelt. Wir können zum Platzen voll guter Neuigkeiten stecken und niemanden haben, dem wir sie erzählen könnten. Häufiger jedoch reagieren wir deshalb nicht, weil wir bestraft worden sind. So können wir zum Beispiel «unsere Wut verdrängt» haben, weil wir dafür Sanktionen erfahren haben, daß wir sie «ausgedrückt haben». Wenn sich dann plötzlich explosionsartig alles entlädt, so geschieht dies, weil die Situation sich verändert. Wir finden vielleicht jemanden, mit dem wir reden können und sprechen uns aus. Oder aber unser Verhalten wird stärker als das Verhalten der anderen, durch das es zuvor verschoben worden ist. Hat eine Explosion unerwünschte Folgen für die anderen, so können angemessene Schritte unternommen werden, um sie zu verhindern. So kann etwa der «Druck dadurch reduziert» werden, daß man eine Umgebung bereitstellt, in der das Verhalten frei emittiert werden kann. «Triebregungen können darüber hinaus in den Dienst nützlicherer Ziele gestellt und damit kanalisiert werden.» «Spielzeuggewehre», sagt ein Psychiater, «erlauben es Kindern, Konflikte abzuarbeiten und einige ihrer aggressiven Regungen zu ventilieren.» Wir statt dessen würden sagen, daß sie es den Kindern gestatten, sich aggressiv zu verhalten, ohne bestraft zu werden.

Konversion: «Die Umsetzung eines unbewußten Konfliktes in ein symbolisch gleichwertiges somatisches Symptom.» Eine der dramatischeren Erscheinungsweisen der angeblich existierenden Macht des Seelenlebens besteht in der Hervorbringung körperlicher Krankheit. Wie eine Vorstellung im Geist angeblich die Muskeln bewegen soll, die sie ausdrücken, so sollen nichtsomatische Vorgänge in der Psyche Auswirkungen auf den Körper erzielen. So werden zum Beispiel Magengeschwüre nach dieser Auffassung auf eine «nach innen gerichtete Wut» zurückgeführt. Wir sollten statt dessen sagen, daß der Zustand, der als Wut empfunden wird, medizinisch mit den Magengeschwüren zusammenhängt und daß eine komplexe gesellschaftliche Situation beide verursacht. Wenn behauptet wird, daß eine spontane Fehlgeburt auf einen möglicherweise unbewußten Haß gegen das Kind oder dessen Vater zurückgeführt werden kann, so würden wir statt dessen argumentieren, daß der als Haß empfundene Zustand medizinisch mit der Fehlgeburt zusammenhängt und seinerseits einer komplexen gesellschaftlichen Situation zugeschrieben werden muß. Magengeschwüre und Fehlgeburten sind ein «symbolisches Äquivalent» von Wut und Haß, denn sie sind mit einer sehr großen Schadenserwartung assoziativ verknüpft. Die Konversion beweist keinen Sieg des Geistes über die Materie. Das Psychische verändert nicht das Physische. Auch hier haben physikalische Bedingungen, von denen viele in vielfältiger Weise für das Verhalten von Bedeutung sind, physikalische – und medizinische – Auswirkungen.

Sublimierung: «Abfuhr von Triebenergie, die insbesondere aus prägenitalen Triebregungen herrührt, durch gesellschaftlich gebilligte Tätigkeit.» An Stelle von «Abfuhr von Energie durch Tätigkeit» lese ich «Verhalten». An Stelle von «triebhaft» und «prägenitalen Triebregungen» lese ich «auf bestimmte biologische Verstärker zurückführbar». Wenn zwei Formen von Verhalten zugleich verstärkt werden und wenn nur eine von ihnen bestraft wird, so tritt mit größerer Wahrscheinlichkeit die andere auf.

Auch die übrigen Abwehrmechanismen der Freudschen Theorie können in dieser Weise behandelt werden. Sie sind keine psychischen Prozesse, die in den Tiefen der Seele bewußt oder unbewußt stattfinden, sondern die Auswirkungen von Kontingenzen der Verstärkung, die beinahe stets Bestrafung nach sich ziehen. Wir können bestenfalls sagen, daß es sich bei ihnen um Techniken handelt, mit denen ein Mensch sich gegen Bestrafung durch die Übernahme eines Verhaltens verteidigt, das in der Welt, in der er – als Ich – lebt, wirksam ist. Verstärkt wird dieses Verhalten zum Teil durch die Empfänglichkeit für Verstärkungen, die – als Es – zur genetischen Ausstattung des Menschen gehören. Nicht bestraft wird dieses Verhalten von seiten anderer oder durch ihn selbst – als Über-Ich.

Man hat behauptet, daß «die hemmenden Kräfte, die einer Spannungsabfuhr im Wege stehen, den unmittelbaren Gegenstand der Psychologie abgeben». Wenn dies zutrifft, so gilt es nur insofern, als hemmende Kräfte und Spannungsabfuhr Figuren einer Behauptung darstellen, die sich auf Bestrafung beziehungsweise Verstärkung bezieht.

Innere Ursachen

Jemand der wütend ist, kann einen schnellen Puls und ein gerötetes Gesicht haben. Sein Verhalten kann in starkem Maße auf das Objekt seiner Wut konzentriert und nicht durch andere Züge seiner Umwelt kontrolliert sein. Er kann eine starke Neigung zeigen, dieses Objekt zu attackieren – «ich hätte ihn umbringen können» – oder er kann es tatsächlich attackieren. Er kann in einem solchen Moment seinen Körperzustand überaus intensiv fühlen und ihn als die Ursache seines Verhaltens ansehen. Tatsächlich aber ist sein Körperzustand Teil der Wirkung, für die er eine Ursache sucht. Sowohl sein Verhalten wie dessen empfindungsmäßige Begleitumstände bedürfen einer Erklärung. Warum schließlich hat er gehandelt – *und* ist wütend geworden?

Wenn eine vorherige Erregung nicht leicht auszumachen ist, wird einem Gemütszustand mit einiger Wahrscheinlichkeit eine bedeutendere Rolle zugeschrieben. Jemand, der wütend ist, «aber nicht weiß warum», neigt dazu, sein Verhalten seinen Gefühlen zuzuschreiben. Denn es scheint nichts anderes zu geben, dem er es zuschreiben könnte. Eine leichte Gemütsbewegung oder eine Stimmung sind häufig besonders schwer zu erklären. Daher sagt man dann, sie hätten eine kausale Wirksamkeit erlangt. Doch auch hier muß man nach den Ursachen suchen, wenn man das Verhalten erklären will.

Bruckner beschrieb einen schöpferischen Moment folgendermaßen: Er sei eines Tages nach Hause gekommen und sehr traurig gewesen. Ihm sei der Gedanke durch den Kopf gegangen, daß Wagner über kurz oder lang sterben würde. In diesem Augenblick sei ihm das cis-Moll-Thema aus dem Adagio der 7. Sinfonie eingefallen. Bruckners Äußerung, ein Gedanke sei ihm «durch den Kopf gegangen», stellt entweder eine verbale oder eine andere, weniger leicht identifizierbare Reaktion dar. – Es ist nicht nützlich, sie hier als Gedanken oder Vorstellung zu bezeichnen. Bruckner sagte nicht, daß er das Thema «sich vorstellte», «erfand» oder «schuf», um seine Traurigkeit auszudrücken; es fiel ihm eben einfach ein. Möglicherweise hatte er verdeckt bereits gedacht, wie er es auch laut gesungen oder auf der Orgel gespielt haben mag. Wir brauchen nicht zu sagen, daß ihm das Thema einfiel, weil er traurig war, sondern bestimmte Umstände – Neuigkeiten über Wagners Zustand – riefen in ihm einen Zustand hervor, den er als Traurigkeit empfand, *und* brachten ihn dahin, sich musikalisch in einer besonderen Weise zu verhalten.

Sein Biograph schreibt: «Hochgestimmt über die Vollendung seiner 7. Sinfonie wandte sich Bruckner erneut dem Te Deum zu.» Doch tat er dies, so müssen wir fragen, weil er sich in einer Hochstimmung befand oder weil die Vollendung der 7. Sinfonie ein überaus verstärkendes Ereignis war, das seinem Kompositionsverhalten Aufschwung gab *und* den als Hochstimmung empfundenen Zustand hervorrief? Die Hochstimmung, die man bei der Lösung einer schwierigen Aufgabe empfindet, ist nur einer der Zustände, die mit einer positiven Verstärkung verknüpft sind. Man kann auch Freude, Zufriedenheit oder Glück empfinden. Die so empfundenen Zustände können kaum für Verhaltensweisen verantwortlich sein, als deren Folge sie auftreten, aber sie werden häufig zur Erklärung eines Verhaltens herangezogen, das aus ihnen folgt.

Viele angeblich im Inneren liegende Ursachen von Verhalten wie zum Beispiel Einstellungen, Meinungen, Charakterzüge und Philosophien müssen beinahe vollständig erschlossen werden. Daß jemand für die Gewerkschaften eintritt und einem bestimmten Abgeordneten seine Stimme geben will, daß er intelligent, liberal oder pragmatisch ist, wird nicht durch das kundgetan, was er fühlt, sondern durch das, was er sagt oder tut. Nichtsdestoweniger werden Begriffe, die sich auf Charakterzüge beziehen, ohne weiteres zu Verhaltenserklärungen herangezogen. Man sagt etwa von einem Politiker, er kandidiere aus «Ehrgeiz» weiterhin um ein Amt, mache aus «Gier» dunkle Geschäfte, widersetze sich aus «moralischer Gefühllosigkeit» Maßnahmen gegen die Rassendiskriminierung und werde wegen seiner «Führungsqualitäten» von seinen

Anhängern unterstützt. Bei allen diesen Äußerungen gibt es keine Evidenz für die inneren Ursachen, es sei denn in dem ihnen zugeschriebenen Verhalten.

Die Verfahren zur Messung von kognitiven Prozessen und intellektuellen Leistungen haben sich auch mit der statistischen Aufarbeitung von einigen dieser inneren Ursachen beschäftigt. Man kann das Verhaltensrepertoire einer Person zusammenstellen und sie quantitativ im Blick auf andere Personen in einer Gruppe einschätzen. Bestimmte Züge lassen sich auf Faktoren oder Vektoren des Geistes reduzieren, und man kann sich dann leicht einbilden, daß man mehr als eine nur eingebildete Ursache entdeckt habe. Viele Spezialisten auf diesem Gebiet haben jedoch eingeräumt, daß derlei Faktoren Klassifikationsschemata, nicht aber Ursachen darstellten. Was sich über ein Verhalten durch Messung bestimmter psychischer Vorgänge vorhersagen läßt, wird, weil es wohl auf ähnliche Ursachen zurückgeht, aus anderem Verhalten erschlossen.

Die Innenwelt der Psyche ist Gegenstand strukturalistischer Theorien geworden. Die räumlichen Züge des Unbewußten, Vorbewußten und Bewußten scheinen eine Art von Topographie, nicht unähnlich der Geographie der Erde, zu bilden. Die Faktorenanalyse hat zu vieldimensionalen Darstellungen der Seele oder der Persönlichkeit geführt. Und wo sich eine Struktur findet, können Entwicklungstheoretiker nicht zurückstehen. Sie haben von Charakterzügen behauptet, daß sie eine «verborgene Neigung zum Wachstum» besitzen. Jeder Mensch soll angeblich unterschiedliche Entwicklungsstufen vom Säuglingsalter über die Reifezeit bis zum Greisenalter durchlaufen. Erik Eriksons acht psychosoziale Stadien der Ich-Entwicklung sind in Begriffen von Gefühlen und Seelenzuständen definiert. Aber die Entwicklungsstadien liegen in Wahrheit in den Kontingenzen, die die Zustände hervorrufen, die gefühlt oder introspektiv beobachtet werden. Mit ein oder zwei Jahren soll ein Kind nach Erikson Vertrauen oder Mißtrauen an den Tag legen. Ich würde dagegen sagen, daß sein Verhalten wesentlich über die Vermittlung anderer Personen verstärkt wird und daß konsistente Kontingenzen Vertrauen ausbilden, während inkonsistente zu Mißtrauen führen. Ist das Kind drei oder vier Jahre alt, so zeigt es nach Erikson entweder ein Autonomiestreben oder Zweifel. Ich würde dagegen sagen, daß es sich in diesem Alter weitgehend selbständig gegenüber seiner Umwelt verhält und dabei Erfolg haben oder scheitern kann. Ein Scheitern kann geringfügig bestraft werden, was dann seinerseits einen als Beschämung empfundenen Zustand zur Folge hat. Begibt sich das Kind in neue Kontingenzen und tritt die Bestrafung für ein Versagen deutlicher hervor, so kann an die Stelle der Beschämung ein Schuldgefühl treten. In dem Alter von sechs bis zehn Jahren tritt nach Erikson neben den Fleiß die Möglichkeit von Minderwertigkeitsgefühlen. Ich dagegen würde sagen, daß sich in diesem Alter eine Abfolge von Verstärkungen herausbildet, die entweder ein hohes oder aber ein niedriges Niveau der Verhaltensstärke aufbaut. Nach Erikson gewinnt in diesem Alter auch regelgeleitetes Verhalten an Bedeutung. Die übrigen vier seiner Entwicklungsstadien könnten ebenfalls nach den in ihnen vorherrschenden Kontingenzen analysiert werden. Sie alle sind Stadien in der Entwicklung nicht eines Ich, sondern einer Welt.

Warum nach innen schauen?

Der Internalisierung des Intellekts entspricht voll und ganz die des Gefühlslebens und der Motivationen. Auch auf diesem Gebiet wird unablässig von beobachtetem Verhalten auf eine bloß phantasierte innere Welt geschlossen. Zuweilen geschieht das ganz einfach durch eine sprachliche Verschiebung. Wir neigen dazu, aus Adjektiven und Verben Substantive zu machen und sehen uns dann gezwungen, den Dingen, die solche Substantive vorstellen sollen, einen Ort anzuweisen. So sagen wir etwa, daß ein Seil «stark» sei. Nach einer Weile reden wir dann von seiner «Stärke». Eine besondere Art von Stärke bezeichnen wir als «dehnbar und belastungsfähig». Daraufhin können wir dann erklären, ein Seil sei «stark», weil es «dehnbar» sei und «eine starke Belastungsfähigkeit» besitze. Der Fehler, den wir dabei machen, ist weniger offenkundig, aber viel störender, wenn es sich um einen komplexeren Sachverhalt handelt. Es schadet nicht, wenn man sagt, daß eine Flüssigkeit eine bestimmte Viskosität besitzt; es schadet ebensowenig, wenn man verschiedene Flüssigkeiten – oder auch ein und dieselbe Flüssigkeit – bei unterschiedlichen Temperaturen anhand einer Meßskala in bezug auf ihre Viskosität miteinander vergleicht. Was aber bedeutet «Viskosität»? Ein klebriger und zäher Stoff, der einst dazu verwendet wurde, Vögel zu fangen, wurde aus dem *viscum* gewonnen, was im Lateinischen ursprünglich soviel wie «Mistel» bedeutete. Der Ausdruck nahm dann die Bedeutung «von klebriger, leimiger Konsistenz» an, und Viskosität war der «Zustand oder die Qualität von etwas Klebrigem oder Leimartigem». Dieser Ausdruck ist nützlich, um eine bestimmte Eigenschaft von Flüssigkeiten zu bezeichnen. Nichtsdestoweniger aber macht man einen Fehler, wenn man sagt, eine Flüssigkeit fließe langsam, weil sie zähflüssig sei oder eine hohe Viskosität besitze. Denn man beginnt damit, einen Zustand oder eine Qualität, die aus dem Verhalten der Flüssigkeit erschlossen wurde, als Ursache ihres Verhaltens anzusehen.

Wenden wir uns nun einer Parallele in der Dimension des Verhaltens zu. Wenn jemand, der sich auf einer rutschigen Fläche vorwärts bewegt, bei bestimmten Abweichungen geringfügig bestraft worden ist, so wird er sich möglicherweise so bewegen, daß wir seinen Gang als «vorsichtig» bezeichnen können. Nur zu leicht sagen wir dann, daß er «mit Vorsicht» geht oder daß er beim Gehen «Vorsicht an den Tag legt». Eine solche Redeweise ist unverfänglich, solange wir nicht sagen, daß er sich «aus lauter Vorsicht» behutsam vorwärts bewegt. Manche Menschen mögen von Geburt an in dem Sinn vorsichtig sein, daß sie es sehr schnell lernen, sich mit Vorsicht zu bewegen, oder daß sie auch dann mit extremer Vorsicht reagieren, wenn sie nicht mit einer deutlichen Bestrafung rechnen müssen. Ihr Verhalten kann jedoch in fast allen Fällen auf eine frühere Bestrafung zurückgeführt werden.

Die außerordentliche Attraktivität einer Unterstellung innerer Ursachen sowie die damit einhergehende Vernachlässigung von Umweltgeschichte und der jeweiligen augenblicklichen Situation, aus der heraus ein bestimmtes Verhalten entsteht, kann nicht ausschließlich auf eine Eigenart der Sprache zurückgeführt werden. Ich meine, daß diese Attraktivität aus jenen geheimnisvollen

Mysterien des Okkulten, des *Hermetischen* und des Magischen stammt, die in der Entwicklungsgeschichte des menschlichen Geistes eine so bedeutende Rolle gespielt haben. Es ist die Attraktivität scheinbar unerklärlicher Mächte, die aus einer Welt jenseits dessen stammen, was mit den Sinnen oder dem Verstand erreichbar ist. Es ist die Attraktivität, die die Anhänger der Astrologie, der Zahlenmystik, der Parapsychologie und des Spiritismus in ihren Bann schlägt.

Abstrakte Substantive führen den Leser in die Tiefe. So schrieb Nietzsche, bei den Reichen sei Freigebigkeit häufig nur eine Art von Ängstlichkeit. In diesem Satz steckt etwas «Tiefes». Es fehlt in der einfachen Verhaltensbeschreibung: «Reiche Leute spenden oft nicht, um andere zu befriedigen, sondern um sich zu beruhigen.»

Erklärungen, die in die Tiefe zu führen scheinen, finden sich mit besonderer Häufigkeit in historischen Werken. Die Römer, so können wir da lesen, eroberten das Land der Etrusker und waren erstaunt über ihre große Kriegsbeute. Später machten sie in Karthago noch mehr Beute. Das, so werden wir belehrt, hatte folgende Auswirkungen: «Gier und Habsucht, die innerhalb der römischen Gesellschaft durch überkommene Verhaltensregeln gezügelt worden waren, konnten, nachdem man ihnen im Feindesland freien Lauf gelassen hatte, zu Hause nicht mehr unter Kontrolle gebracht werden.» Die hier beschriebenen Charakterzüge können wir in Kontingenzen der Verstärkung übersetzen. Wir sagen dann, daß das Verhalten – sich des Eigentums anderer zu bemächtigen – während des Krieges so sehr verstärkt wurde und straffrei blieb, daß es zu stark wurde, um von den negativen Sanktionen noch ernsthaft getroffen werden zu können, mit denen zuvor die überkommenen Verhaltensregeln durchgesetzt worden waren. Sich «Gier und Habsucht» als Ursachen vorzustellen, scheint tiefer in das Problem hineinzuführen, während der Verweis auf Kontingenzen allem Anschein nach bloß an der Oberfläche verharrt.

Roman und Theater könnten wahrscheinlich nicht überleben, wenn sich Schriftsteller und Dramatiker jeder Tiefe enthielten. In «*The Portrait of a Lady*» zum Beispiel erkrankt der junge Ralph Touchett an Tuberkulose und kann für lange Zeit keinerlei Tätigkeit nachgehen. Aber das stört ihn nicht, da er auch zuvor keine stärkere Neigung verspürte, etwas zu tun. Doch das ist für Henry James als Autor eine allzu oberflächliche Aussage. Er schreibt: «Ein geheimer Schatz an Indifferenz . . . kam ihm zu Hilfe und erlaubte es ihm, sich mit diesem Opfer abzufinden.»

Gefragt, ob er sich während einer Fahrt zum Mond keine Sorgen über seine Sicherheit gemacht habe, antwortete ein Astronaut, daß sich «Astronauten zwar Sorgen machen, daß sie aber in langen und anstrengenden Trainingsprogrammen so viel Vertrauen zu entwickeln lernen, so daß sie in der Lage sind, ihre Sorgen abzubauen». Die Feststellung, daß Sorgen durch Vertrauen abgebaut werden können, geht scheinbar tiefer als die Aussage, daß man sich Sorgen macht, wenn man nicht weiß, was man tun soll, und daß man in einem Trainingsprogramm lernt, was man jeweils zu tun hat.

Jemand schreibt: «Die Hauptkrankheit unserer Tage ist Willensschwäche. Ihretwegen ist die Psychoanalyse entstanden.» Diese Aussage scheint tiefgehender als die Feststellung, daß in unserer heutigen Welt nur sehr wenig Verhalten positiv verstärkt, vieles dagegen bestraft wird und daß die Psychoanalyse entstanden ist, um bessere Kontingenzen herzustellen. Ein anderer schreibt, in England habe die industrielle Revolution die Lebensverhältnisse der Arbeiterklasse verbessert, aber deren handwerkliche Fähigkeiten und ihre bewußte Freude an ihrer täglichen Arbeit dadurch zerstört, daß sie die Menschen vom Produkt ihrer Arbeit trennte und entfremdete. Auch diese Aussage scheint tiefgehender als die Feststellung, daß die industrielle Revolution die natürlichen Verstärker zerstörte, die darin liegen, Dinge herzustellen, für die die geplanten Verstärker, die mit den Löhnen gegeben wurden, nur einen schlechten Ersatz darstellen.

Die Reaktion eines Arbeiters auf einen Wohlstandsbürger scheint von der – den westlichen Gesellschaften eigentümlichen – Geschichte sozialer Kontingenzen abzuhängen, derzufolge Nichtstuer von der Arbeiterschaft bestraft werden. Die Arbeiter handeln dabei möglicherweise aus einem Gefühlszustand heraus, den man gemeinhin als Groll bezeichnet. In einer Untersuchung der Wirkungen von Wohlstandsbürgern auf die Arbeiterschaft wurde die

Arbeit von einem Arbeiter als «Opfer» bezeichnet, sowie als eine «freiwillige Tugend» und als ein «Sinn, den sich der Opfernde aus seinen materiellen Lebensumständen heraus geschaffen hat». Die Weigerung eines Wohlstandsbürgers, derlei Opfer zu bringen, «stellt den Sinn der Selbstverleugnung – der Arbeiter – in Frage» und «macht ihn als bewußt gewollten und geschaffenen Sinn angreifbar». Ein derart ausführlicher psychischer Vorgang, der Opfer, Sinn, Tugend, Willen, Selbstverleugnung und bewußte Absicht umfaßt, kann ein schon fast priesterliches Prestige für sich beanspruchen. Solch ein Prestige wird einem Behavioristen unter keinen Umständen zuteil; denn er berichtet nur von einem Satz sozialer Kontingenzen.

In einem weiteren Beispiel wird die Position der schwarzen Minderheit in Amerika folgendermaßen beschrieben: Sobald eine zuvor «weithin machtlose» Gruppe ein wachsendes Gefühl ihrer Macht erwirbt, verspüren ihre Mitglieder ein verstärktes Bedürfnis nach Selbstbestätigung. Unter diesen Umständen wird eine kollektive Selbstglorifizierung, wie sie sich in gewissem Umfang bei allen Gruppen findet, zu einer verbreiteten und heftigen Gegenreaktion gegen eine langdauernde Herabsetzung von außen. Zunächst einmal müssen die Ausdrücke «Gefühl», «Bedürfnis verspüren», «Selbstbestätigung», «Selbstglorifizierung» und «Herabsetzung» gestrichen werden. Eine Übersetzung der Passage liest sich dann wie folgt: «Wenn eine Gruppe von Menschen Macht gewinnt, reden ihre Mitglieder von ihren guten Eigenschaften. Indem sie das tun, widersprechen sie dem, was lange Zeit hindurch über sie von anderen gesagt worden ist.» Zweifellos empfinden sie, während sie dies tun, bestimmte Körperzustände. Aber sie handeln nicht, weil sie ein *Gefühl* von Macht besitzen. Sie handeln vielmehr und besitzen ein Machtgefühl aufgrund von Veränderungen, die sich in ihrer Umgebung ereignet haben. Nicht aus «kollektiver Selbstglorifizierung» sprechen sie von sich selbst, sondern weil es sie verstärkt, wenn sie Gutes über sich hören. Sie neigen mit größerer Wahrscheinlichkeit zu dieser Art von Verstärkung, wenn man zuvor nicht gut über sie gesprochen hat. Das Verhalten, um das es hier geht, läßt sich auch an einer Einzelperson beobachten: «Wenn einem Menschen dazu Gelegenheit gegeben wird, wird er von seinen guten Eigenschaften reden, um dem zu widersprechen, was andere über ihn gesagt haben.» An diesem Satz ist weder etwas Überraschendes, noch ist er schwer zu verstehen. Aber ihm fehlt die Tiefe der Berufung auf ein Bedürfnis nach Selbstbestätigung und auf Gegenreaktionen der Selbstglorifizierung.

Die Nutzlosigkeit von inneren Ursachen

Es gibt selbstverständlich Gründe dafür, daß eine Flüssigkeit langsam fließt, und eine molekulare Erklärung der Viskosität ist ein Schritt vorwärts. Es gibt ebenfalls physiologische Gründe dafür, warum sich jemand in einer Art und Weise bewegt, die wir als vorsichtig bezeichnen, und ein Physiologe könnte uns über kurz oder lang sagen, welches diese Gründe sind. Ich muß meine Leser bitten, bis zum 13. Kapitel auf die Beantwortung der Frage zu warten, ob es sich bei den Dingen, die gefühlt oder introspektiv beobachtet werden, um das handelt, was die Physiologie analysiert. Schon hier aber sind einige Bemerkungen am Platz, die die Erklärungen betreffen, welche durch Gefühle oder introspektive Beobachtungen angeblich bereitgestellt werden können.

Die Erforschung des emotionalen und motivationalen Lebens des Geistes ist als eine der größten Errungenschaften innerhalb der Geschichte des menschlichen Denkens beschrieben worden. Möglicherweise aber war sie vielmehr eines ihrer größten Desaster. Der Mentalismus ließ sich durch eine falsche Vorstellung von inneren Ursachen leiten, die er auf Gefühle und introspektive Beobachtungen bezog. Auf der Suche nach Erklärungen, die sich dem Innenleben der Seele zuwenden sollten, verdunkelte er deren Umwelt, die ihn zu einer sehr viel wirkungsvolleren Analyse geführt haben würde. Behauptet man, daß «der Geist tötet, nicht die Gewehre», so kann man damit meinen, daß man Mörder nicht zu kontrollieren vermag, indem man ihnen Gewehre vorenthält. Andere Möglichkeiten der Kontrolle werden jedoch so lange vernachlässigt, wie wir uns mit der Erklärung zufriedengeben, daß es der Geist ist, der tötet. Gegen die Annahme einer Arbeit des Geistes ist nicht einzuwenden, daß sie keiner Überprüfung offensteht, sondern daß sie der Überprüfung wichtigerer Dinge im Weg steht.

Die Psyche ist wie der Geist eine Metapher, die durch die scheinbare Relevanz dessen plausibel wird, was jemand fühlt oder introspektiv beobachtet und was aber für immer in den Tiefen zu bleiben bestimmt ist. Im Gegensatz dazu ist die Umwelt gewöhnlich zugänglich. Wir müssen jedoch noch sehr viel mehr über die komplexen Kontingenzen der Verstärkung in Erfahrung bringen. Und es wird immer schwierig sein, mit dem spezifischen Satz von Kontingenzen fertig zu werden, dem eine Einzelperson im Verlauf ihres Lebens ausgesetzt gewesen ist. Zumindest aber wissen wir, wie wir uns dem, was wir in Erfahrung bringen wollen, nähern müssen.

Die Argonauten der Psyche haben Jahrhunderte hindurch die stürmische See der Seele befahren, ohne ihr Ziel je zu erreichen. Von Zeit zu Zeit haben sie unter dem Eindruck dessen, was ihnen als neue Information erschien, ihre Seekarten neu gezeichnet. Doch sie waren hoffnungslos verloren und wußten immer weniger ihren Weg nach Hause. Das Goldene Vlies haben sie nicht gefunden.

Ihre traurige Lage spiegelt sich in der Verzweiflung, mit der heutzutage Problemlösungen vorgeschlagen werden. Eine einzige Zeitungsausgabe berichtet über Ansprachen von drei Universitätspräsidenten, die die folgenden Vorschläge anzubieten hatten: 1. «Die Zuversicht, die Hoffnungsfreude und der Fortschrittseifer, die sich historisch als die Früchte des Glaubens erwiesen haben, fehlen heutzutage einfach vielerorts oder sind zu schwach entwickelt.» 2. «Was dieses Land voller Verzweiflung braucht, ist eine Gesamtschau, die der amerikanischen Gesellschaft ein geistiges Antlitz verleiht.» 3. «Amerika muß seine moralische Kraft erst noch freisetzen.»

Diese Art von Gerede hat sich Jahrhunderte hindurch fortgesetzt. Es überrascht, daß so viele intellektuelle Leute sich der Frage entziehen, was daran falsch ist.

11 Das Selbst und die anderen

Häufig wird die Auffassung vertreten, daß eine Wissenschaft vom Verhalten zwar den menschlichen Organismus untersucht, aber die Person oder das Selbst vernachlässigt. Was sie aber tatsächlich vernachlässigt, ist ein Überrest des Animismus, jener Lehre, die die Ansicht vertrat, daß der Körper durch einen oder mehrere in ihm wohnende Geister bewegt werde. Wenn sein Verhalten sprunghaft wechselte, war der Geist möglicherweise ein Teufel; war das Verhalten dagegen kreativ, so handelte es sich um einen Genius oder eine Muse. Spuren dieser Lehre leben noch immer nach, wenn wir von einer *Persönlichkeit* sprechen oder – wie die Ichpsychologie – von einem Ich reden. Animistisch ist es auch, wenn wir sagen: «*Ich* weiß, was ich tun werde und ich bediene mich dazu meines Körpers.» Ähnliches liegt vor, wenn wir die Rolle betrachten, die jemand in einem Drama spielt, und ihn dabei anschauen, als würde er seinen Körper wie ein Kostüm tragen.

In einer behavioristischen Analyse ist die Person ein Organismus, ein Mitglied der menschlichen Art, das ein bestimmtes Verhaltensrepertoire erworben hat. Sie bleibt für den Anatomen und Physiologen ein Organismus, wird aber für diejenigen, denen ihr Verhalten wichtig ist, zur Person. Komplexe Kontingenzen der Verstärkung schaffen ein komplexes Repertoire. Wie wir bereits gesehen haben, rufen unterschiedliche Kontingenzen unterschiedliche Personen in derselben Haut hervor. Die sogenannten multiplen Persönlichkeiten sind nur eine extreme Erscheinungsform dieses Sachverhalts. Wer seine Freiheit verteidigt, indem er sagt: «*Ich* bestimme, was ich als nächstes tue», spricht von der Freiheit, die mit der augenblicklichen oder einer zukünftigen Situation verbunden ist. Das Ich, dem sich eine Handlungsmöglichkeit zu eröffnen scheint, ist das Produkt einer Geschichte, der gegenüber es nicht frei ist und die tatsächlich determiniert, was es als nächstes tun wird.

Eine Person ist kein ursprünglicher und schöpferischer Handlungsträger. Sie ist ein Ort, ein Punkt, an dem zahlreiche genetische Zustände und Umweltbedingungen zusammentreffen und eine gemeinsame Wirkung haben. Als solche bleibt sie fraglos einzigartig. Keine andere Person – es sei denn, es würde sich um eineiige Zwillinge handeln – verfügt über ihre genetische Ausstattung und ausnahmslos hat niemand sonst ihre persönliche Lebensgeschichte. Darum wird sich auch niemand in genau gleicher Weise verhalten. Wir beziehen uns auf den Umstand, daß es niemanden wie sie als Person gibt, wenn wir von ihrer Identität sprechen. – Das lateinische Wort *idem* bedeutet «dasselbe». Werden wir gefragt, ob jemand wirklich der und der sei, können wir gesprächsweise antworten: «Eben derselbe!» Von einem Menschen, der sich darüber beschwert, von seinen Nachbarn gestört zu werden, können wir sagen, er sei ein und derselbe, der seinerseits andere stört.

Eine Reihe von Begriffen, die die Person in ihren Beziehungen zu anderen beschreiben, bedarf näherer Erörterung.

Selbsterkenntnis

Fragt man, was eine Person über sich selbst wissen kann, so gerät man zu einer weiteren Frage: *Wer* kann etwas über *wen* wissen? Die Antwort ist in den Kontingenzen zu finden, die sowohl ein wissendes Selbst wie ein gewußtes hervorbringen. Eine Unterscheidung zwischen zwei Arten des Selbst innerhalb einer Haut wird getroffen, wenn wir sagen, daß ein Tennisspieler «wütend über sich ist», weil er einen einfachen Ball nicht erreicht hat. Er ist wütend, weil ihn etwas verletzt hat, und weil er es war, der diese Verletzung herbeigeführt hat. Darum ist er auf sich selbst wütend. Er kann sich sogar aggressiv auf den Arm schlagen. Eine ähnliche Unterscheidung wird in der Selbsterkenntnis getroffen.

Alle Arten außer der menschlichen verhalten sich, ohne zu wissen, daß sie es tun. Wahrscheinlich galt dies auch für die Menschen bis zu dem Zeitpunkt, an dem sich eine Sprachgemeinschaft herausbildete, die das Verhalten in Frage stellte und damit ein Verhalten der Selbstbeschreibung hervorbrachte. Selbsterkenntnis ist sozialen Ursprungs; denn sie ist in erster Linie der Gemeinschaft nützlich, die die Fragen stellt. Später wird sie für die Person selbst wichtig, wenn sie sich zum Beispiel auf eine Art und Weise handhaben oder kontrollieren muß, wie sie weiter unten erörtert werden wird.

Unterschiedliche Gemeinschaften erzeugen eine Selbsterkenntnis von unterschiedlicher Art und verschiedenem Umfang. Jede Kultur hat andere Maßstäbe dafür, wie und wie weit sich die Menschen einander und sich selbst erklären. Einige bringen überaus introspektive, introvertierte oder innengeleitete Charaktere hervor, in anderen herrschen extravertierte Persönlichkeitstypen vor. Einige bringen Menschen hervor, die nur nach sorgfältiger Überlegung der möglichen Konsequenzen handeln, andere wiederum gedankenlose oder impulsive. Einige Gemeinschaften rufen bei ihren Mitgliedern ein besonderes Reaktionsbewußtsein in bezug auf Kunst, Musik oder Literatur hervor, andere wiederum betonen die Beziehungen der Menschen untereinander. Die Fragen, die von mentalistischen Psychologen gestellt werden, und die Fragen, die die Behavioristen stellen, führen selbstverständlich zu verschiedenen Arten von Selbsterkenntnis. Mentalistische Fragen zielen zunächst einmal auf das Weltgefühl einer Person.

Es gibt wenig Zweifel daran, daß die Erforschung des Inneren der Menschen eine lange Historie hat. Diese Erforschung war es, die Sokrates mit seiner Forderung ansprach: «Erkenne dich selbst!» – Dieses Gebot steht auf der Wand eines römischen Bades unter dem Mosaik eines Skeletts, einer anatomischen Darstellung des Selbst. Montaigne sprach davon, «sich selbst auszuspionieren» und von der Entdeckung dessen, was ihn in Bewegung setzte. Hierin also besteht die Priorität, die Gefühle und introspektiv beobachtete Zustände gegenüber einer vergangenen und gegenwärtigen Umwelt besitzen.

Fragen nach Gefühlen werden leicht mit dem Selbst oder einem Selbstbild in Verbindung gebracht. Sie betonen, was eine Person *ist.* Existentialisten, Phänomenologen und humanistische Psychologen haben bei der Suche nach dem Selbst eine Selbstbeobachtung empfohlen. Yoga ist als ein Ensemble von Praktiken beschrieben worden, «vermittels derer sich ein Individuum auf die Befreiung von seinem Selbst vorbereitet». Nur das befreite Selbst kann behaupten, zu tun, was es tut, weil es ist, was es tut. Es kann von sich sagen, daß es nicht sei, was es nicht tun will oder tut. «Weil ich bin, was ich bin», sagte Diderot, «schreibe ich die Stücke, die ich schreibe.» Buffon prägte den bekannten Satz: «Le style, c'est l'homme.»

Die Psychoanalyse vermittelt einer Person ein klareres Bild von sich selbst, indem sie sie dahin bringt, ihre Gefühle zu erforschen. Die Selbsterkenntnis, zu der sie ermutigt, wird oft als Einsicht bezeichnet und damit in die Nähe des Begriffs der Introspektion gerückt. Der Patient soll lernen, seine eigenen Gefühle zu empfinden sowie die Gefühle anzuerkennen, die assoziativ mit einem bestraften Verhalten in Verbindung stehen etc.

Bei jeder Analyse eines Seins wird notwendig dessen Struktur betont, und es gibt eine verwandte Version der Entwicklungstheorie, die das Werden betont. Von unserem Gesichtspunkt aus geht jede Veränderung innerhalb eines Repertoires vor sich und muß veränderten Kontingenzen zugeschrieben werden. Geht eine Veränderung abrupt vor sich, so hat die betreffende Person vielleicht das Gefühl, daß sie sich plötzlich nicht mehr kennt. Sie befindet sich dann in einer Identitätskrise. Es ist sehr schwer, unter veränderten Zuständen und Bedingungen eine Identität aufrechtzuerhalten. Aber manche Menschen verbergen auch vor sich selbst Teile ihrer selbst, mit denen sie in Konflikt liegen, indem sie sie etwa ignorieren, verbergen oder als ihnen fremd ansehen. Ein Verhalten, das sie für sich selbst als nicht charakteristisch ansehen, kommentieren sie mit dem Satz: «Ich war nicht ich selbst.»

Innerhalb unserer Sprachgemeinschaft fragt man: «Wie fühlen Sie sich?» und nicht: «Warum fühlen Sie sich so?» Die erste Frage wird mit größerer Wahrscheinlichkeit beantwortet. Sie scheint sich auf vorhandene Information zu stützen. Die Sprachgemeinschaft muß die Schuld bei sich selbst suchen, wenn andere Arten von Information nicht zur Verfügung stehen. Bis in die jüngste Vergangenheit hinein hat sie die Menschen daran gehindert, die äußeren Bedingungen zu untersuchen, unter denen sie leben. In dem Maße, in dem die Bedeutung der Umweltgeschichte deutlich hervorgetreten ist, sind jedoch auch praktische Fragen gestellt worden, die sich nicht auf Gefühle und Seelenzustände bezogen, sondern auf die Umwelt. Die Antworten auf sie haben sich in zunehmendem Maße als nützlich erwiesen.

Der Wechsel der Blickrichtung von der Introspektion zur Umwelt garantiert indessen keineswegs die Richtigkeit einer Selbsterkenntnis. Denn wir beobachten nicht durchweg die Kontingenzen, denen wir ausgesetzt sind. Wir können uns zwar, etwa in einem Tagebuch, Aufzeichnungen darüber machen, was vorgefallen ist, aber im allgemeinen bleibt unsere Information skizzenhaft. Wir beobachten nicht stets, was sich ereignet, während wir uns in einer bestimmten Weise verhalten. Fragt man uns, wie wir uns unter den gegebenen Umständen verhalten würden, geben wir häufig eine falsche Antwort, obwohl wir in der Vergangenheit mit ähnlichen Umständen konfrontiert gewesen sind. Wir neigen dann gewöhnlich dazu, das Unerklärliche unseres Verhaltens unserer genetischen Ausstattung zuzuschreiben, indem wir sagen: «Das ist mir angeboren» oder «So bin ich eben».

Es ist nichtsdestoweniger wichtig, die Gründe des eigenen Verhaltens so sorgfältig wie möglich zu untersuchen, denn sie sind, wie ich meine, für eine gute Selbstorganisation von großer Bedeutung. Wir sollten nicht davon überrascht sein, daß wir uns selbst besser verstehen, wenn wir mehr über das Verhalten der anderen wissen. Es ist ein praktisches Interesse an dem Verhalten des «Anderen», das zu dieser neuen Art von Selbsterkenntnis führt. Die experimentelle Verhaltensanalyse mit ihrem besonderen Vokabular der Selbstbeschreibung hat es möglich gemacht, auf sich selbst anzuwenden, was man über das Verhalten anderer, einschließlich des Verhaltens anderer Arten, gelernt hat.

Diejenigen, die sich selbst durch eine Aufdeckung ihrer Gefühle kennenlernen wollen, behaupten häufig, über eine besondere Art von Wissen zu verfügen. So wissen angeblich nur diejenigen, was die Psychoanalyse bedeutet, die selbst analysiert worden sind. Auch Mystiker behaupten, Erfahrungen gemacht zu haben, die nur unter mystischen Voraussetzungen anderen mitgeteilt oder bekanntgemacht werden können. Man könnte ebensogut behaupten, daß in einem wissenschaftlichen oder technischen Sinn nur diejenigen sich selbst verstehen, die eine experimentelle Analyse und ihre Verwendung bei der Interpretation menschlichen Verhaltens verstehen.

Kenntnis anderer Personen

Fragt man sich, warum ein anderer sich so verhält wie er sich verhält, so kann man dabei zwischen dem unterscheiden, was er selbst fühlt oder introspektiv beobachtet, und dem, was mit ihm vorgegangen ist. Die Aufdeckung dessen, was er fühlt oder denkt, ist ein Teil der Entdeckung dessen, was er ist oder sein wird. Ein erster Schritt kann darin bestehen, durch ein Zusammentreffen oder eine Konfrontation eine Beziehung zu ihm aufzunehmen. Das setzt in jedem Fall gute «zwischenmenschliche Beziehungen» sowie die Fähigkeit voraus, Gefühle durch Sympathie miteinander zu teilen, ein Wort, das einst einfach «Mitgefühl» bedeutete. Ein Sensibilitätstraining kann hier nützlich sein. Der Beobachter muß lernen, intuitiv die Gefühle anderer zu erfassen und sich wie jener Mathematiker zu verhalten, der intuitiv zu einer Problemlösung gelangt, ohne die einzelnen Schritte auf dem Weg dorthin nachzuvollziehen. Er muß also andere unmittelbar kennen, ohne notwendig erklären zu können, wie er das macht.

Dennoch tritt eine Person nicht in direkten Kontakt mit der Innenwelt einer anderen. Was als Menschenkenntnis ausgegeben wird, ist oft nur die Fähigkeit, vorherzusagen, was andere tun werden. Wie gut die Mitglieder eines Trainingsstabes diejenigen kennen, die sie trainieren, soll sich angeblich daran ablesen lassen, ob sie in der Lage sind, deren Antworten auf eine Reihe von Fragen vorherzusagen. Wir verstehen einen anderen Menschen auch aufgrund seines Gefühlsausdrucks. Von Schauspielern sagte man einmal, sie seien in der Lage, Freude, Leid etc. durch ihren Gesichtsausdruck, ihre Körperhaltung und Bewegungen in einer Weise anzuzeigen, daß das Publikum sie regelrecht lesen könnte. Es verstand dann die dargestellten Charaktere und ihre Motive, weil es dies im Alltagsleben an wirklichen Menschen gelernt hatte.

Wir können den Gefühlsausdruck, den eine Person uns zeigt, zum Anlaß nehmen, um uns zu fragen, wie wir uns verhalten würden, wenn wir die zum Ausdruck gebrachten Gefühle selbst hätten. Oder wir können uns die Frage stellen, welche Arten von Verhalten ein bestimmter Ausdruck in der Vergangenheit meist begleitet hat. Wollen wir vorhersagen, was eine Person, die wütend aussieht, tun wird, so fragen wir uns nicht, was wir tun würden, wenn wir wütend aussähen, sondern wir erinnern uns, was im allgemeinen Leute, die wütend aussehen, tun. Die Gefühle anderer Menschen spontan zu erkennen, wird als Empathie bezeichnet. Man sagt von einer Person, sie «projiziere ihre Gefühle» auf andere. Projiziert sie sie dagegen auf eine unbelebte Sache, so macht sie offensichtlich einen Fehler. Ihr Verhalten wird dann als pathetischer Irrtum bezeichnet. Die «wütende See» verhält sich wütend, aber wir unterstellen nicht, daß sie sich wütend fühlt. Wir gehen lediglich davon aus, daß sie sich eine Zeitlang wütend verhalten wird. Auch wenn wir Gefühle auf andere Menschen projizieren, können wir uns irren. Eine Person kann sich «tapfer verhalten, während sie Angst hat», doch geschieht dies mit unterschiedlichen Teilen ihres Körpers und einem jeweils anderen Verhaltensrepertoire. Wir können entdecken, wie sie sich «wirklich» fühlt, indem wir die Kontingenzen verändern. Verhält sie sich tapfer aufgrund vorherrschender gesellschaftlicher Kontingenzen, in denen bestraft wird, wer Angst an den Tag legt, so können wir die Kontingenzen in einer Weise verändern, daß sie handelt, als habe sie Angst. Was sie in beiden Fällen *empfunden* hat, wurde durch bestimmte Merkmale der Situation hervorgebracht und nicht durch ein Verhalten, das Tapferkeit nur vorspiegelte. Jemand, der sagt, daß er sich tapfer *fühlt*, während er in Wirklichkeit Angst hat, ähnelt dem, der tapfer handelt, während er Angst hat. Auch hier wieder können wir aufdecken, was jemand «wirklich» empfindet, indem wir die Kontingenzen verändern. Eine Psychotherapie ist von besonderer Wichtigkeit, wenn die Kontingenzen, die für eine verbale Darstellung verantwortlich sind, so mächtig sind, daß eine Person selbst nicht «weiß, daß sie Angst hat». Ein Therapeut «hilft ihr dann, ihre Angst zu entdecken». Handelt sie tapfer, während sie Angst empfindet, so brauchen wir nicht anzunehmen, daß sich in den Tiefen ihrer Seele eine ängstliche Person versteckt hält.

Wir mißtrauen den Berichten über Gefühle besonders dann, wenn sie mit anderen Tatsachen in Konflikt geraten. Ein seltsames Beispiel hierfür stammt aus der Frühzeit der Anästhesie. Viele Menschen widersetzten sich damals einer größeren Operation mit dem Argument, daß der dem Körper zugefügte Schaden eindeutig Schmerzen nach sich ziehe und daß möglicherweise die Anästhesie nur deren Ausdruck sowie die Erinnerung an sie blockiere, nicht aber die Schmerzen selbst.

Wir finden es leichter, Kenntnis darüber zu erlangen, was eine andere Person empfindet, wenn sie versucht, uns ihre Gefühle sprachlich zu übermitteln und mitzuteilen. «Übermitteln» bedeutet hier den Transport oder die Überstellung und «mitteilen» die Herstellung einer Gemeinsamkeit zwischen Sprecher und Hörer. Was aber wird wirklich übermittelt oder mitgeteilt? Selbstverständlich ist es vollkommen unangemessen zu sagen, daß «ein Mensch seine Erfahrungen in Schallwellen übersetzt, die ein anderer verstehen kann, das heißt, die er seinerseits aus Klängen in eine vergleichbare Erfahrung zurückübersetzen kann». Die Bedeutung eines Ausdrucks ist für einen Sprecher und einen Hörer jeweils verschieden. Die Bedeutung für den Sprecher muß in den Umständen gesucht werden, unter denen er eine verbale Reaktion emittiert, und für den Hörer in der Reaktion, mit der er auf einen verbalen Reiz reagiert. Das Endprodukt einer Kommunikation, so könnte man sagen, besteht bestenfalls in der Tatsache, daß die Reaktion eines Zuhörers der Situation eines Sprechers angemessen ist. Die Beschreibung eines Körperzustands, den ein Sprecher empfindet, ruft nicht ihrerseits die Empfindung eines ähnlichen Zustands bei einem Zuhörer hervor. Sie führt also nicht zu einem Gefühl, das beiden gemeinsam ist. Eine weitere Technik der «Kommunikation eines Gefühls» besteht darin, eine Situation zu beschreiben, die das gleiche Gefühl erweckt. Wie wir etwas beschreiben, indem wir sagen, es sehe etwas anderem *ähnlich*, und damit den Zuhörer in die Lage versetzen, auf dieses Etwas so zu reagieren, wie er bereits auf etwas anderes reagiert hat, so können wir einen Zuhörer auch dahin bringen, das zu empfinden, was wir empfinden, indem wir eine Situation beschreiben, die einen bestimmten Empfindungszustand hervorruft. Ein Beispiel hierfür hatten wir in Keats Bericht über die Gefühle gesehen, die ihn befielen, als er zum erstenmal in Chapmans Übersetzung des Homer blickte. Auch ein Romanautor «kommuniziert» mit dem Leser, indem er ihm Situationen beschreibt, die Gefühle erwecken. Dieselbe Vorgehensweise ist nützlich, wenn man anderen seine Vorstellungen mitteilt. Dabei wird ein Argument entwickelt, das den Leser zu demselben Schluß führt wie den Autor.

Begriffe, die private Ereignisse beschreiben, sind notwendig ungenau. Dies gilt besonders für die Welt der Vorstellungen, denn es nützt einem nicht viel, wenn man erfährt, daß «ein guter Dozent etwas mitteilen» muß. Weiterhin gilt es auch für scheinbar genauere Aussagen darüber, «was ein Redner im Sinn» hat. Nicht alle Kontingenzen können durch Regeln ersetzt werden, und manches von Kontingenzen geformte Verhalten liegt außerhalb der Reichweite verbaler Beschreibungen. Ähnlich kann auch die genaueste Beschreibung eines Gefühlszustandes diesem nicht exakt entsprechen. Die Gefühle eines Mystikers oder Ästheten sind «unaussprechlich». Andere Gefühle kann man erst kennenlernen, wenn man eine lange Vorgeschichte durchläuft. Nur wer in einem Konzentrationslager gelebt hat, weiß wirklich, welche Gefühle das mit sich bringt, denn es gibt keine andere Institution, die vergleichbare Gefühle erzeugt. Und nur diejenigen, die sich einer Psychoanalyse unterzogen haben, werden wirklich wissen, welche Gefühle das vermittelt.

Es gibt zahllose Gründe dafür, warum wir zu entdecken versuchen, was eine andere Person empfindet. Ein Großteil unseres Verhaltens wird durch dessen Wirkungen auf andere verstärkt. Vermutlich intensiviert sich die Verstärkung, wenn diese Wirkung deutlich zutage tritt. Weil sie sich uns gegenüber verstärkend verhalten, verstärken wir mithin diejenigen, die wir mögen oder lieben, und versuchen, sie nicht zu verletzen. – Diese Neigung könnte angeboren sein; denn sie besitzt einen Überlebenswert. Er zeigt sich zum Beispiel an dem Verhalten einer Mutter, die ihr Kind nährt, umsorgt und vor Schaden bewahrt. Indem sie so handelt, stellt sie Bedingungen bereit, die zu positiven und negativen Verstärkern werden. Aber auch gesellschaftliche Kontingenzen der Verstärkung erzeugen ein vergleichbares Verhalten. Es ist wichtig, daß ein Empfänger anzeigt, daß wir einen Erfolg gehabt haben. Und er kann dies tun, indem er über seine Gefühle berichtet. Jemand, der massiert wird, kann sagen, daß ihm das guttut. Ein anderer, für den ein bestimmtes Musikstück gespielt wird, sagt, daß es ihm gefällt. Fehlen derlei «Anzeichen von Gefühlen», so können wir fragen oder auf andere Weise zu ermitteln suchen, wie sich eine Person fühlt.

Es scheint, als könnte es einen noch zwingenderen Grund dafür geben, daß man die Gefühle anderer überprüft. Wenn es «nicht das Verhalten ist, das zählt, sondern was eine Person angesichts ihres Verhaltens empfindet», dann müßte die Aufdeckung von Gefühlen das Allerwichtigste sein. Nun hängen aber die Gefühle einer Person in bezug auf ihr Verhalten von dem Verhalten und den Bedingungen ab, deren Funktion sie sind. Mit solchen Bedingungen jedoch kann man umgehen, ohne sich der Gefühle zu vergewissern. Wenn wir den Menschen zu einem wirkungsvolleren Handeln verhelfen wollen, kann unsere erste Aufgabe nicht darin bestehen, erst ihre Gefühle und dann ihr Handeln zu verändern. Weit wirkungsvoller ist es, zunächst ihr Handeln und dann erst ihre Gefühle zu ändern.

In einer behavioristischen Analyse läuft das Wissen von einer anderen Person darauf hinaus, Kenntnis darüber zu gewinnen, was sie tut, getan hat oder tun wird, sowie sich Informationen über ihre genetische Ausstattung, ihre vergangene und gegenwärtige Umwelt zu verschaffen, aus denen hervorgeht, warum sie sich in einer bestimmten Weise verhält. Eine solche Analyse ist keineswegs leicht, denn angesichts der zweifelsfrei bestehenden Einzigartigkeit einer jeden Person entziehen sich viele relevante Tatsachen dem Zugriff. Unsere Kenntnis eines anderen Menschen wird durch die Erreichbarkeit und Zugänglichkeit von Daten, nicht aber durch deren Natur begrenzt. Wir können nicht alles Bekannte über eine Person wissen. Das aber heißt nicht, daß das, was uns unbekannt bleibt, von völlig anderer Art wäre. Wie in anderen Wissenschaften fehlen auch bei uns häufig die Informationen, die für eine Vorhersage und Kontrolle notwendig wären, und wir müssen uns mit Interpretationen zufriedengeben. Aber derlei Interpretationen werden durch Vorhersagen und Kontrollen gestützt, die unter anderen Bedingungen möglich gewesen sind.

Wir können einen anderen Menschen aber auch in dem Sinn kennen, wie er im 9. Kapitel erörtert worden ist. Wir verstehen andere, auch wenn wir uns nicht auf ein Handeln beziehen. Schon ihre bloße Wahrnehmung gehört zu unseren Reaktionen auf sie. All dies hängt wesentlich davon ab, was andere tun, und nicht davon, was sie – angeblich – empfinden.

Selbstorganisation

Die Selbstorganisation wirft dieselbe Frage auf wie die Selbsterkenntnis: Welches Selbst ist ihr unterworfen und welches übt sie aus? Auch hier wiederum lautet die Antwort, daß es sich um zwei Arten eines Verhaltensrepertoires handelt. Die im 7. Kapitel erörterte intellektuelle Selbstorganisation besteht darin, eine Situation zu verändern, bis eine Reaktion eintritt, die das Problem löst. Das Problemlösungsrepertoire verhilft dabei dem Repertoire, das die Problemlösung enthält, zu größerer Wirksamkeit. Bei einer ethischen Selbstorganisation lassen sich die beiden Arten von Repertoire leichter unterscheiden. Das unterworfene Selbst setzt sich hier aus dem zusammen, was gemeinhin als selbstsüchtiges Verhalten bezeichnet wird, dem Produkt der biologischen Verstärker, durch die die Art im Verlauf der natürlichen Selektion sensibilisiert worden ist. Das Selbst hingegen, das die Selbstorganisation ausübt, wird wesentlich durch die gesellschaftliche Umgebung gebildet, die ihrerseits selbstsüchtige Gründe dafür besitzt, eine Person zu einer Verhaltensänderung zu bewegen, durch die sie zum Beispiel weniger aversiv wird oder aufgrund deren sie in größerem Umfang andere verstärkt.

Die Selbstorganisation wird häufig als eine direkte Manipulation von Gefühlen und Seelenzuständen dargestellt. Jemand soll seine Auffassung ändern, seinen Willen gebrauchen, keine Angst mehr haben und seine Feinde lieben. Tatsächlich aber verändert er die Welt, in der er lebt. Bei der intellektuellen wie bei der ethischen Selbstorganisation analysiert er die vorliegenden Kontingenzen; er kann aus ihnen Regeln gewinnen und sie zur Anwendung bringen. Sehr wenig an Selbstorganisation ließe sich jedoch auf diesem Weg im Zeitraum eines einzigen Lebens erlernen. Daher liegt hier der Wert, den die Volksweisheit, die Faustregeln, Sprichwörter, Maximen und anderen Regelungen besitzen, die man beachtet, um rascher und reibungsloser mit den Kontingenzen fertig zu werden, die sie beschreiben. Ein einleuchtendes Beispiel besteht in der folgenden Verhaltensregel: Es wäre unmöglich, eine Tafel mit Geboten zu entwerfen, die auf all das anwendbar wären, was die Menschen einander antun. Um nun aber zu entdecken, ob eine *besondere* Handlung mit einiger Wahrscheinlichkeit bestraft wird, weil sie andere aversiv trifft, wird das Individuum durch diese Regel aufgefordert, vorab die Auswirkungen dieser Handlungen auf sich selbst zu prüfen. Es ist dies eine frühe und negative Form der Regel. Das Individuum kann aber auch nach verstärkenden Auswirkungen Ausschau halten. Beide Teile der Regel zusammen sagen ihm mithin, daß es ein Handeln vermeiden sollte, dessen Auswirkungen auf es selbst aversiv sind, und daß es handeln sollte, wenn diese Auswirkungen auch für es selbst verstärkend wirken. Es wird dabei ausdrücklich nicht aufgefordert, seine vermeintlichen *Gefühle* zu untersuchen oder gar die Gefühle vorherzusagen, die sein Verhalten bei anderen hervorrufen würde. Es wird lediglich dazu angehalten, die Konsequenzen seines Handelns vorab zu überprüfen. Bei einer solchen Überprüfung kann es sehr wohl auf seine eigenen Körperzustände reagieren statt auf Veränderungen, die durch sein Verhalten hervorgerufen worden sind. Dies geschieht zum Beispiel dann, wenn es aus der Erinnerung an seine Geschichte verallgemeinernde Schlüsse zieht. Die Zustände, die bei einer assoziativen Verbindung mit Verstärkern empfunden werden, stechen besonders in die Augen. Die Selbstorganisation jedoch befaßt sich mit Verhaltenskonsequenzen, von denen die meisten auf Handlungen anderer zurückgehen. Die Verhaltensregeln, auf die sie sich stützt, werden mit größerer Genauigkeit angewandt, wenn eine Person sich nicht an das erinnert, was sie empfunden hat, als sie von anderen in einer bestimmten Weise behandelt wurde, sondern an das, was sie getan hat.

Einige wohlbekannte Techniken der Selbstorganisation sollen dazu dienen, aversive Auswirkungen durch Rückgriff auf die Lebensgeschichte einer Person auszulösen. So hat zum Beispiel Alkoholkonsum häufig zwei einander entgegengesetzte Folgen: eine unmittelbare Verstärkung und eine zeitlich verschobene Bestrafung. Nachdem er bestraft worden ist, kann jemand «beschließen», nie wieder zu trinken. Ein Beschluß ist eine Art selbstverfertigter Regel, die dazu dient, die Wirkung einer Bestrafung in die Zukunft hinein zu verlängern. Bei späterer Gelegenheit jedoch kann die unmittelbar verstärkende Wirkung größer werden. Die Erinnerung an den Beschluß ist dann eine – möglicherweise wirkungslose – Geste der Selbstorganisation. Wirkungsvoller könnte es dagegen sein, der Versuchung auszuweichen und Situationen zu vermeiden, in denen man zum Trinken neigt.

Eine verbreitete Technik der intellektuellen Selbstorganisation besteht darin, eine Umgebung, etwa ein Studierzimmer oder ein Atelier, so «einzurichten», daß eine bestimmte Art von Verhalten in ihm nicht gestört wird. Das Kloster und die Einsiedelei erzielen ähnliche Wirkungen bei der ethischen Selbstorganisation. Ein Künstler, der beinahe fotografisch genau malt, steht unter der mächtigen Kontrolle seines Modells. Gelingt es ihm aber, seine persönliche Geschichte ins Spiel zu bringen, so wird sein Werk eine bestimmte Allgemeinheit aufweisen, denn es bleibt weniger eng an eine Situation gebunden. Er hat dann die wesentlichen Dinge dadurch herauskristallisiert, daß er die Kontrolle, die von seinem Gegenstand ausgeht, abschwächt. Dasselbe Prinzip liegt einer Praxis des Zen-Buddhismus zugrunde, bei der ein Bogenschütze lernt, die besonderen Wirkungen eines einzigen Augenblicks herabzusetzen. Sowohl der Künstler wie der Bogenschütze «transzendieren» angeblich die unmittelbare Situation, indem sie sich ihr gegenüber «detachiert» verhalten. Die persönliche Lebensgeschichte macht sich bei der Selbstkontrolle oder bei der Selbstorganisation auf andere Art bemerkbar. Ein Individuum, das sich weigert, in einem Konzentrationslager «unterzugehen», das sich durch die Anstrengungen anderer, es in seiner Würde zu erniedrigen oder seine Identität zu zerstören, nicht «brechen» läßt, hat seine gegenwärtige Umwelt transzendiert. Sagt man, es sei in der Lage, dieser seiner Umgebung einen anderen Sinn zu geben, so heißt das einfach, daß es unter der mächtigeren Kontrolle seiner Lebensgeschichte steht.

Das Ziel der Selbstorganisation wird häufig als Selbsterfüllung oder Selbstverwirklichung bezeichnet. Selbsterfüllung scheint sich darauf zu beziehen, daß positive Verstärker entdeckt und Einschränkungen vermieden werden. Eine Selbstverwirklichung scheint mehr damit zu tun zu haben, daß die genetische Geschichte ebenso wie die Umweltgeschichte in ihrer Wirkung maximiert werden, um eine Person von ihrer unmittelbaren Umwelt zu befreien. In beiden Fällen liegt die Emphase deutlich auf dem Hier und Jetzt, auf dem Sein oder augenblicklichen Werden eines Wohlbefindens.

In jüngster Zeit hat sich ein realativ großes Interesse an der sogenannten Selbstkontrolle autonomer Reaktionen erhoben, wie sie bei Veränderungen des Herzschlags oder Blutdrucks, beim Erröten oder Schwitzen vorliegen. Man hat diese Reflexmechanismen als unwillkürlich bezeichnet. Wie wir im 4. Kapitel gesehen haben, sind sie jedoch einer operanten Konditionierung durchaus zugänglich. Autonomes Verhalten ist gewöhnlich auf die innere Ökonomie des Körpers gerichtet. Es hat in aller Regel keine Auswirkungen auf die Umwelt, die eine operante Konditionierung angezeigt erscheinen lassen. Diese kann jedoch vorgenommen werden, wenn man auch nach außen hin deutlich machen kann, daß eine Reaktion auftritt. So kann etwa bei einem bestimmten Herzschlag ein Licht angehen, das dann seinerseits eine verstärkende Konsequenz zur Folge hat. Seinen Puls zu beschleunigen oder zu verlangsamen, dazu braucht es nicht mehr Selbstkontrolle, als beim Spazierengehen seine Schritte zu beschleunigen oder zu verlangsamen. Der einzige Unterschied besteht darin, daß der Puls *normalerweise* nicht von verstärkenden Konsequenzen begleitet wird, die ihn unter operante Kontrolle bringen. Zuweilen treten diese Konsequenzen, wie etwa bei einer operanten Konditionierung der Skelettmuskulatur, deutlicher hervor. Man lernt leichter, mit den Ohren zu wackeln, wenn man dabei in den Spiegel schaut und sich eine Rückkoppelung verschafft.

Man kann in gewissem Umfang seinen Puls kontrollieren, indem man sich auf eine Art und Weise verhält, die ihn beeinflußt. Auch den Herzschlag kann man durch heftige Bewegung beschleunigen und durch Entspannung verlangsamen. Eine direkte operante Kontrolle autonomen Verhaltens läßt sich nur nachweisen, wenn indirekte Kontrollen ausgeschaltet sind. Vor vielen Jahren habe ich zusammen mit einem Kollegen versucht, Veränderungen im Volumen des Unterarms, die vermeintlich die Entspannung der Blutgefäße anzeigten, zu verstärken. Einer von uns steckte zu diesem Zweck seinen Unterarm in einen mit Wasser gefüllten Behälter – einen Pletysmographen –, dessen Volumen sich auf einer Skala ablesen ließ. Wir kamen dabei zu Werten, die anzeigten, daß das Volumen unserer Arme zugenommen hatte. Später entdeckten wir, daß uns dies dadurch möglich geworden war, daß wir jeweils immer tiefer einatmeten. Indem wir eine größere Menge von Luft in unseren Lungen zurückhielten, drückten wir Blut in den Arm. Da es Mittel gibt, solche Vermittlungsreaktionen auszuschließen, ist eine rein operante Kontrolle autonomen Verhaltens möglich. Es handelt sich jedoch dabei nicht um die Selbstorganisation, mit der wir hier befaßt sind.

Sind Techniken der Selbstorganisation einmal gelernt, so mögen die Kontingenzen der Instruktionen nicht mehr nötig sein, die von der Sprachgemeinschaft bereitgestellt werden. Ein Verhalten, das aus einer guten Selbstorganisation hervorgeht, ist wirksamer als sie und wird aus diesem Grund auch großzügiger auf andere Weise verstärkt. Es ist möglich, daß eine sehr viel genauere Art der Kontrolle einsetzen kann, wodurch dann das Problem der Privatheit angesichts der Sprachgemeinschaft überwunden wird. Das Selbstbewußtsein wird dann in seiner Abhängigkeit von privaten Reizen soweit automatisiert wie die geschulten Bewegungen eines Akrobaten. Obwohl seine Kontingenzen zu einer wirksamen privaten Selbststimulierung führen können, ziehen sie keine Selbsterkenntnis nach sich. Wir können uns der Reize, die wir bei der Selbstorganisation einsetzen, so wenig bewußt sein, wie wir uns nicht der Reize bewußt werden, die wir verwenden, wenn wir ein Rad schlagen.

Die Organisation anderer Personen

Die Selbstorganisation entspricht der Organisation anderer Personen. Auch hier werden keine Gefühle oder Seelenzustände verändert. Die griechischen Götter waren angeblich in der Lage, Verhaltensänderungen herbeizuführen, indem sie den Menschen Seelenzustände wie Stolz, Verwirrung oder Mut gaben. Seither ist das niemandem so recht gelungen. Eine Person ändert das Verhalten einer anderen dadurch, daß sie die Welt verändert, in der sie lebt. Erst indem sie das tut, verändert sie zweifellos auch, was jene andere Person fühlt oder introspektiv beobachtet.

Operante Konditionierung. Alles, was wir über operante Konditionierung wissen, läuft darauf hinaus, das Eintreten eines Verhaltens bei einer bestimmten Gelegenheit wahrscheinlicher zu machen. Es ist das traditionelle Gebiet der Belohnungen und Bestrafungen. Auf ihm können aber viel schärfere Unterscheidungen getroffen werden, wenn man in Rechnung stellt, was wir über die Kontingenzen der Verstärkung wissen. Unglückseligerweise sind die Verstärker zumeist negativ: Die durch politische und religiöse Instanzen ausgeübte Kontrolle beruht hauptsächlich auf einer Strafandrohung durch Machtausübung. Nichtinstitutionalisierte Praktiken bedienen sich häufig des gleichen Mittels. Unter den positiven Verstärkern finden sich die Güter aus Landwirtschaft, Handel und Industrie sowie das Geld mit seiner Möglichkeit, ökonomische Kontrolle auszuüben. Im Alltagsleben haben sie als weniger formelle Verstärker in der Rolle von Reichtum oder Privilegien große Bedeutung. Zwischenmenschlicher Kontakt ist häufig eine Angelegenheit von prestigebesetzter Anerkennung oder von Zensur. Einige seiner Formen sind vielleicht aus genetischen Gründen wirksam. – «Das Verlangen nach Anerkennung ist möglicherweise der tiefste Trieb des Zivilisationsmenschen.» – Gewöhnlich aber stammt ihre Macht aus einer Wechselwirkung mit anderen Verstärkern.

Eine Person arrangiert positive oder negative Kontingenzen, um bei einer anderen Interesse wachzurufen, um sie zu ermutigen, ihr einen Anreiz oder Zielsetzungen zu übermitteln beziehungsweise ihr etwas ins Bewußtsein zu rufen. Indem sie dies tut, bringt sie sie unter die Kontrolle verschiedener Merkmale ihrer Umwelt. Sie unterbricht ihre Verstärkung, wenn sie ihr von etwas abraten oder sie entmutigen will. Im Gegenzug setzt sie Verstärker ein, die aus aufgeschobenen Konsequenzen abgeleitet sind, um der anderen Person etwas zu geben, worauf sie sich freuen kann. Hierbei erhöht sie nicht notwendig den Grad der Selbsterkenntnis, setzt aber einen Zuwachs an Selbsterkenntnis voraus. – «Wir müssen den gegenwärtigen Druck noch steigern, indem wir ihn bewußt machen.»

Die Beschreibung von Kontingenzen. Häufig wird die Herstellung der Kontingenzen operanter Verstärkung mit ihrer Beschreibung verwechselt. Der Unterschied beider ist ebenso wichtig wie der zwischen einem durch Kontingenzen geformten und einem regelgeleiteten Verhalten. Warnen wir jemand, indem wir ihm sagen: «Komm herein, es wird gleich regnen», oder indem wir an einer Kreuzung ein Schild mit der Aufschrift «Stop» aufstellen, so beschreiben wir ein Verhalten und weisen zugleich auf Konsequenzen hin, die es nach sich ziehen kann. Wir arrangieren nicht notwendig Kontingenzen. Ein Stopschild kann einfach anzeigen, daß es sich um eine Kreuzung handelt, bei der Autofahrer auf Schwierigkeiten stoßen. Das Schild «Dünne Eisdecke» neben einem Teich schreckt Schlittschuhläufer ohne Strafandrohung seitens der Behörden ab. Aber geplante aversive Konsequenzen treten gewöhnlich hinzu. Ein Kind, das auch dann auf der Straße bleibt, wenn man ihm sagt, es solle hereinkommen, wird nicht nur vom Regen naß, sondern es wird auch für seinen Ungehorsam bestraft. Ein Autofahrer, der an einer Kreuzung, wo dies erforderlich ist, nicht hält, geht nicht nur ein Unfallrisiko ein, sondern bekommt darüber hinaus ein Strafmandat. – Ein Stopschild wird besonders wirksam, wenn neben ihm ein Polizist als bestrafende Instanz zu sehen ist.

Eine Warnung, die den im 8. Kapitel erörterten Regeln entspricht, gibt ausdrücklich Gründe in Form einer – möglicherweise unvollständigen – Beschreibung der Kontingenzen an. Jemand, der aufgrund einer Warnung reagiert, verhält sich rational in dem

Sinne, daß er eine Regel anwendet. Dies gilt insbesondere, wenn er zwar aufgrund früherer Warnungen zu reagieren gelernt hat, aber im vorliegenden Fall die Situation analysiert und sich sozusagen selbst warnt. Er beschreibt sein eigenes Verhalten sowie die Kontingenzen, die dafür verantwortlich sind, und verhält sich infolgedessen mit größerer Wahrscheinlichkeit bei nächster Gelegenheit angemessen. Dieser Vorgang spielt in der Rechtsprechung eine bedeutende Rolle. Jemand, der die Konsequenzen seines Handelns erwogen hat und die Wirkung kennt, die sein Verhalten auslösen wird, unterliegt einer besonderen Bestrafung.

Wenn wir eine Person zum Handeln ermahnen, drängen oder überreden, dann sprechen wir ebenfalls von den Konsequenzen des Handelns, denn wir bringen Gründe bei. Jemanden zu drängen, heißt, eine dringliche Situation durch die Beibringung konditionierter aversiver Reize noch dringlicher zu machen. Jemanden zu überreden, bedeutet, Reize ins Spiel zu bringen, die Teil einer positiven Verstärkung sind. Eine deutlichere Art von Regel ist der Vertrag. So regelt ein Arbeitsvertrag unter anderem, was ein Arbeiter tun muß und welche Bezahlung er dafür erhält. Ein Vertrag wird aber auch in Kraft gesetzt, wenn man Kindern vorab sagt, daß sie eine Belohnung erhalten, wenn sie brav sind. Arbeiter und Kinder können sich dann in der gewünschten Weise verhalten, um bezahlt zu werden oder eine Belohnung zu erhalten. Ihr Verhalten wird jedoch in jedem Fall schwach sein. Denn die Regel, der sie folgen, muß vielleicht durch zusätzliche Kontingenzen, wie zum Beispiel eine Entlassungsdrohung durch einen Vorgesetzten oder wiederholte Zeichen der Mißbilligung seitens der Eltern, ergänzt werden.

Emotionale und motivationale Maßnahmen. Wenn wir in der Lage sind, jemandem etwas Gutes zu tun – also etwas, was er als gut bezeichnet –, so können wir dieses Etwas von einer bestimmten Topographie des Verhaltens abhängig machen, die dadurch gestärkt wird. Auf diese Weise gelingt es uns, ein Verhalten unter die Kontrolle eines bestimmten Reizes zu bringen. Tun wir etwas Gutes, ohne jede Kontingenz zu berücksichtigen, so übersättigen wir möglicherweise die betreffende Person. Dadurch verringern wir dann die Wahrscheinlichkeit, daß sie sich auf ein Verhalten einläßt, das durch dieses Gute verstärkt wird. Zugleich verringern wir ihre Empfänglichkeit für weitere Verstärkung auf diesem Weg. Wir können auch eine emotionale Disposition schaffen, in der andere uns Gutes tun. Halten wir dagegen etwas Gutes zurück, so können wir ein Verhalten löschen, das durch es verstärkt worden ist. Halten wir es dagegen ohne Rücksicht darauf zurück, was geschieht, so rufen wir einen Zustand der Deprivierung hervor, in dem ein Verhalten, das durch dieses Gute verstärkt wurde, sich als sehr stark erweist und in dem dieses Gute in hohem Maße verstärkend wirkt. Wir schaffen damit eine emotionale Voraussetzung dafür, daß wir selbst beschädigt oder verletzt werden. Wir selbst können ebenso wie das Objekt unserer Aufmerksamkeit viele Körperzustände, die bei solchen Vorgängen von Bedeutung sind, empfinden oder introspektiv beobachten. Entscheidend aber bleibt die Organisation der Kontingenzen.

Im folgenden soll eine Reihe von Anwendungsgebieten dieser Organisation kurz erörtert werden.

Lehre. Unter mentalistischen Lerntheorien in der Pädagogik hat jedermann zu leiden. Es scheint sich hier um ein Gebiet zu handeln, bei dem es offenkundig darum geht, Gedanken, Einstellungen, Gefühle und Motive zu verändern. Die herrschende Ordnung widersetzt sich daher einer jeden Veränderung auf diesem Gebiet besonders intensiv. Worauf es in der Pädagogik ankommt, läßt sich in behavioristischen Begriffen folgendermaßen formulieren: Ein Lehrer arrangiert Kontingenzen, unter denen ein Schüler ein Verhalten erwirbt, das ihm später unter anderen Kontingenzen von Nutzen sein wird. Die Kontingenzen des Unterrichts müssen geplant werden. Daran geht kein Weg vorbei. Kein Lehrer ist in der Lage, genug vom wirklichen Leben eines Schülers ins Klassenzimmer hineinzubringen, um ein Verhalten aufzubauen, das sich den Kontingenzen, auf die der Schüler späterhin trifft, als angemessen erweist. Ein Verhalten im Vorhinein zu konstruieren, erfordert produktives Denken und Kreativität ebensosehr wie eine Rücksichtnahme auf einfache Tatsachen und Fertigkeiten.

Das folgende Zitat soll dokumentieren, was einer wirksamen

Pädagogik heutzutage entgegensteht: «Die Gefühle und Persönlichkeiten der Lehrer und ihrer Vorgesetzten betreffen das kognitive und kreative Potential buchstäblich eines jeden Kindes ebenso wie die Einstellungen, die in der Struktur von Schulsystemen zum Ausdruck gelangen.» Die «Einstellungen, die in der Struktur von Schulsystemen zum Ausdruck gelangen» stellen vermutlich das Verhalten dar, das sich im Bau von Schulen und im Entwurf von Unterrichtsprogrammen äußert. Die «Gefühle und Persönlichkeiten der Lehrer und ihrer Vorgesetzten» sind vermutlich aus deren Verhalten erschlossen. Und bei den Dingen, die «das kognitive und kreative Potential» eines Kindes betreffen, handelt es sich vermutlich um die Bedingungen, unter denen ein Kind die Arten von Verhalten erwirbt, die im 7. Kapitel erörtert worden sind. Übersetzt müßte der Satz also lauten: «Das intellektuelle und kreative Verhalten eines Kindes wird durch die Schule, die es besucht, die Unterrichtsprogramme und das Verhalten seiner Lehrer und deren Vorgesetzter verändert.» In dieser Übersetzung fehlt dem Satz die Tiefe des Originals, aber Tiefe heißt hier zweifellos Unklarheit. Der Übersetzung kommt das Verdienst zu, anzuzeigen, wo etwas am Erziehungssystem geändert werden kann. Die Erziehung begleitet das Verhalten eines Kindes über eine Periode von vielen Jahren. Die Anwendung entwicklungstheoretischer Prinzipien ist daher bei ihr besonders schwierig. Die Metapher vom Wachstum beginnt bereits im Kindergarten und bleibt bis in die «höhere» Erziehung erhalten. Sie lenkt die Aufmerksamkeit von den Kontingenzen ab, die für Veränderungen im Verhalten der Schüler verantwortlich sind.

Helfen. Sehr viel deutlicher als die Pädagogik ist die Psychotherapie mentalistischen Systemen verpflichtet gewesen. Die Krankheit, die hier Gegenstand einer Therapie wird, wird als seelisch bezeichnet. Wir haben weiter oben bereits auf Freuds Terminus eines seelischen Apparats hingewiesen und erwähnt, daß bei denen, die seelisch krank sind, einige innerpsychische Prozesse gestört oder in Unordnung gebracht sind. Gesucht werden diese Störungen gewöhnlich im Bereich der Gefühle – vor einiger Zeit schlug man sogar vor, daß die Psychiater LSD nehmen sollten, um zu entdecken, wie sich ein Geisteskranker fühlt.

Maßnahmen, die zur Veränderung von Gefühlen ergriffen werden – etwa bei der «Entwicklung des Ich» oder «dem Aufbau eines vitalen Selbstgefühls» –, werden über die Konstruktion von Kontingenzen der Verstärkung entfaltet. Sie weisen einen Patienten darauf hin, wo er günstige Kontingenzen finden kann, oder geben ihm Regeln an die Hand, die ein Verhalten erzeugen, das in seinem Alltagsleben mit einiger Wahrscheinlichkeit verstärkt wird. Der Verhaltenstherapie wird oft unterstellt, daß es ihr ausschließlich darum gehe, verstärkende Kontingenzen bereitzustellen. Dabei geht es ihr ebensosehr darum, den Patienten Warnungen, Ratschläge, Instruktionen und Regeln zu übermitteln, denen sie folgen sollen.

Wenn ein Problem, das nach einer Therapie verlangt, auf einen Mangel an gesellschaftlichen oder intimen persönlichen Verstärkern zurückgeht, kann eine Lösung schwierig werden. Es mag offensichtlich sein, daß der Patient von einer Verstärkung durch Aufmerksamkeit, Bestätigung oder Zuwendung profitieren könnte. Sind dies aber nicht die natürlichen Konsequenzen seines Verhaltens, hat er, mit anderen Worten, Aufmerksamkeit, Bestätigung oder Zuwendung nicht verdient, so kann es sich als unmöglich erweisen, die benötigten Kontingenzen bereitzustellen. Eine nur vorgespielte Aufmerksamkeit, Bestätigung oder Zuwendung schafft langfristig mehr Probleme, als sie kurzfristig löst. Und sogar der *absichtsvolle* Einsatz einer an sich verdienten Aufmerksamkeit vermindert die Wirkung.

«Was wir brauchen», sagt Carl Rogers, «ist ein neues Konzept der Therapie, das Hilfestellung bietet, statt Kontrolle auszuüben.» Das aber ist keine Alternative. Denn man kann einer Person dadurch helfen, daß man ihr eine Umwelt schafft, die über sie eine Kontrolle ausübt. Wenn ich recht habe, ist es sogar unmöglich, jemandem zu helfen, ohne dies zu tun. Die sogenannten humanistischen Psychologen üben, wenn sie überhaupt irgendeine Wirkung haben, Kontrolle über ihre Patienten aus, aber sie gestatten es sich nicht, ihre Praxis zu analysieren. Ein unglückliches Ergebnis dessen besteht darin, daß sie nicht unterrichten können, was sie praktisch tun. Manche von ihnen lehnen denn auch jede Unterweisung rundheraus ab. Das Wort «Hilfe» verweist auf die Interessen der Person, der geholfen werden soll, während das Wort «Kontrolle» den Interessen eines Kontrollierenden entgegenkommt. Bevor wir aber entscheiden, daß das erstere gut und das letztere schlecht sei, sollten wir uns fragen, ob jemand, der kontrolliert, eher durch das beeinflußt wird, was für ihn selbst gut ist, als durch das, was für andere gut ist. Wir müssen uns ansehen, warum manche Menschen anderen helfen und sie dabei, wie sie es in der Tat tun, kontrollieren. Der Takt eines Therapeuten sollte ihn dazu veranlassen, in einer Weise zu handeln, die für die Person gut ist, der er hilft. Das Problem derjenigen, die sich um eine Therapie bemühen, besteht darin, solchen Takt aufkommen zu lassen, und nicht etwa darin, menschliche Therapeuten zu finden. Das aber nimmt das Argument des folgenden Kapitels bereits vorweg.

Regieren. Im weitesten Sinn umfaßt dieser Begriff alle Arten von Organisation. Gewöhnlich aber wird er auf politische und religiöse Praktiken begrenzt, insbesondere auf diejenigen, die mit Strafandrohungen verbunden sind und angeblich ein Verantwortungsgefühl aufbauen. Wie die Begriffe von Pflicht und Verpflichtung suggeriert auch der der Verantwortung aversive Konsequenzen. Wir sagen zuweilen, jemand sei für etwas verantwortlich, und meinen damit einfach, daß er auf aversive Kontingenzen reagiert. Wir *machen* ihn verantwortlich, indem wir solche Kontingenzen aufrechterhalten. – Wir verlangen in einem allgemeineren Sinn Rechenschaft von einer Person, indem wir ihr Verhalten an gewissen Anforderungen messen, die sie, wenn sie sie erfüllt, vor einer Bestrafung retten. Hieraus folgt nicht, daß die Person eine Verantwortung *besitzt*; denn es bleibt einfach eine Tatsache, daß sie einer gewissen Art von Kontingenzen, die sie betreffen, ausgesetzt ist. Betreffen sie sie nicht, so liegt das daran, daß sie unkontrollierbar ist, nicht jedoch daran, daß sie unverantwortlich wäre. Der Begriff der Kontrollierbarkeit kann in einigen besonderen Fällen den der Verantwortung ersetzen.

Unterhaltung. Es scheint ein Gebiet zu geben, auf dem nicht eigentlich irgendeine Form von Organisation stattfindet, obwohl seine Wirkung auf andere Menschen von außerordentlich großer Bedeutung ist. Bildende Künstler, Komponisten oder Schriftsteller produzieren etwas, dessen Kontingenzen fast überhaupt nicht beachtet werden und das einfach durch die Tatsache gerechtfertigt erscheint, daß es verstärkend wirkt. – Religiöse Kunst, Gelegenheitsmusik und Bücher, die sich mit einer bestimmten Aussage an die Öffentlichkeit wenden, zielen darauf ab, bestimmte Handlungen herbeizuführen. In ähnlicher Weise werden verstärkende Wirkungen zu pädagogischen, therapeutischen und anderen Zwecken eingesetzt. Verstärkende Bilder, Möbel sowie Hintergrundmusik finden in Geschäften, Büros und Hotelhallen Verwendung. Sie lassen diese Orte als konditionierte Verstärker wirken, um die Wahrscheinlichkeit zu erhöhen, daß ihre Besucher wiederkommen. Ich aber wende mich hier der «reinen» Kunst zu. Ein bildender Künstler, Komponist oder Schriftsteller produziert bestenfalls etwas, das *ihn* selbst verstärkt. Wenn dies der Fall ist, ist er mit großer Wahrscheinlichkeit weiterhin produktiv. Wir dürfen jedoch die Tatsache nicht übersehen, daß auch ein Konsument der bildenden Kunst, Musik oder Literatur verstärkt wird. Man sieht sich Bilder an, geht zu diesem Zweck in Galerien, kauft entweder sie selbst oder Drucke von ihnen, weil man dadurch verstärkt wird. Man spielt Musik, durch die man verstärkt wird, geht in Konzerte oder kauft Schallplatten. Schließlich kauft und liest man Bücher. Dieser Umstand ist vermutlich für die bildenden Künstler, Komponisten oder Schriftsteller nicht vollständig irrelevant. Doch selbst wenn das so wäre, gibt es keinen Grund, warum eine behavioristische Darstellung nicht die verstärkenden Auswirkungen der bildenden Kunst, Musik und Literatur untersuchen sollte. Sie kann sie in ähnlicher Weise behandeln wie das kontemplative Wissen, das im 9. Kapitel erörtert worden ist. Der Umstand, daß auf dem Gebiet der Kunst ein nach außen sichtbares Verhalten fehlt, bedeutet nicht, daß sich an diesem Gebiet die Existenz eines Seelenlebens nachweisen ließe.

Das Selbst und die anderen

Die Menschen unterstellten gewöhnlich, daß sie sich selbst besser kannten, als sie andere kannten – oder als andere sie kannten. Was sie damit meinten, war, daß sie ihre eigenen Gefühle und introspektiv beobachteten Zustände besser kannten als die anderen. Selbsterkenntnis hing demnach damit zusammen, daß man zu sich selbst eine Beziehung unterhielt. Als die Menschen zu entdecken begannen, warum andere sich so verhielten, wie sie sich verhielten, entstand eine andere Art von Selbsterkenntnis. Sie trug der genetischen Ausstattung, der Umweltgeschichte und der gegenwärtigen Lage der jeweiligen Menschen Rechnung. Die historisch frühere Art der Selbsterkenntnis, die sich auf Introspektion gründete, machte einer Kenntnis der Kontingenzen einer Umwelt Platz.

Die Reihenfolge der Entdeckung war bei der Selbstorganisation umgekehrt. Die Menschen lernen ziemlich leicht, andere zu kontrollieren. So entwickelt zum Beispiel ein Säugling bestimmte Methoden, um seine Eltern zu kontrollieren, indem er sich in einer Weise verhält, die sie zu bestimmten Arten des Handelns führt. Lange bevor Kinder sich selbst kontrollieren können, erwerben sie Techniken der Kontrolle Gleichaltriger. Die ersten Instruktionen, die sie zur Veränderung ihrer eigenen Gefühle oder introspektiv beobachteten Zustände empfangen und die sie auf die Ausübung von Willenskraft oder eine Modulierung emotionaler und motivationaler Zustände verweisen, sind keineswegs sehr wirksam. Die Selbstorganisation, die ihnen in Form von Sprichwörtern, Maximen und Faustregeln beigebracht wird, dient dazu, ihre Umwelt zu verändern. Die schon früh erlernte Kontrolle anderer wird erst spät in eine Selbstkontrolle umgesetzt. Schließlich führen voll ausgebildete Verhaltenstechniken zu einer geschickten Selbstorganisation.

Daß dies auch zu einer geschickten Organisation anderer führt, bringt ernste Probleme mit sich, denen wir uns jetzt zuwenden wollen.

12 Die Frage der Kontrolle

Eine wissenschaftliche Analyse des Verhaltens muß, so meine ich, voraussetzen, daß das Verhalten einer Person eher von ihrer genetischen Vorgeschichte sowie von der Geschichte ihrer Umwelt kontrolliert wird als von ihr selbst, soweit sie als Träger von Handlungen initiativ und schöpferisch tätig wird. Keine These des Behaviorismus hat jedoch heftigere Ablehnung hervorgerufen. Wir können natürlich nicht beweisen, daß menschliches Verhalten als Ganzes und vollständig determiniert ist; unsere These wird jedoch plausibler, je mehr Fakten uns zur Verfügung stehen. Ich glaube, daß ein Punkt erreicht ist, an dem die Folgerungen aus dieser These ernsthaft überprüft werden müssen.

Wir übersehen häufig die Tatsache, daß menschliches Verhalten auch eine Form von Kontrolle darstellt. Daß ein Organismus handelt, um seine Umwelt zu kontrollieren, ist ein Charakteristikum des Lebens wie die Atmung oder Fortpflanzung. Ein Mensch wirkt auf seine Umgebung ein, und das Ausmaß, indem ihm dies gelingt, ist für sein Überleben und für das Überleben der Art von ausschlaggebender Bedeutung. Naturwissenschaft und Technik sind bloß Erscheinungsweisen dieser wichtigen Eigenschaft menschlichen Verhaltens. Verstehen, Vorhersage und Erklärung stellen ebenso wie ihre technische Anwendung eine Kontrolle über die Natur her. In ihnen drückt sich kein «Herrschaftsanspruch» und keine «Theorie der Kontrolle» aus; sie sind vielmehr ein unvermeidliches Ergebnis bestimmter Verhaltensprozesse. Es sind ohne Zweifel Fehler gemacht worden. Wir haben, vielleicht zu schnell, immer wirksamere Wege entdeckt, unsere Welt zu kontrollieren, und wir sind ihnen wohl nicht immer klug gefolgt. Aber wir können ebensowenig aufhören, die Natur zu kontrollieren, wie wir aufhören können zu atmen oder zu verdauen. Kontrolle ist kein Durchgangsstadium des Verhaltens. Kein Mystiker oder Asket hat je aufgehört, seine Umwelt zu kontrollieren; auch er kontrolliert sie, um sich selbst unter Kontrolle zu halten. Wir können keine Lebensweise wählen, in der es keine Kontrolle gibt. Wir können allenfalls die Kontrollbedingungen verändern.

Gegenkontrolle

Organisierte Einrichtungen oder Institutionen, wie zum Beispiel Regierungen, Religionen sowie Wirtschaftssysteme und – in geringerem Ausmaß – Erzieher und Psychotherapeuten, üben eine mächtige und häufig störende Kontrolle aus. Sie wird in einer Weise angewandt, die überaus wirksam die Position jener verstärkt, die sich ihrer bedienen. Unglücklicherweise bedeutet dies gewöhnlich, daß sie für die Kontrollierten unmittelbar aversiv ist und sie langfristig ausbeutet.

Die so kontrolliert werden, beginnen dann zu handeln. Sie entziehen sich der Kontrollinstanz, indem sie sich, wenn es sich dabei um ein Individuum handelt, außerhalb seiner Reichweite begeben, indem sie einer Regierungsform oder Religion abtrünnig werden oder indem sie resignieren. Sie können aber auch – wie bei einer Revolution, einer Reformation, einem Streik oder studentischen Protest – die Kontrollinstanz angreifen, um sie zu schwächen oder zu zerstören. Sie widersetzen sich, mit anderen Worten, der Kontrolle durch Gegenkontrolle.

Zumindest vorübergehend kann zwischen den einander gegenüberstehenden Kräften ein Gleichgewichtszustand erreicht werden. Selten bietet jedoch dies Ergebnis eine optimale Lösung. Ein Bonussystem kann einen Konflikt zwischen dem Management und den Arbeitern beilegen. Zwischen einzelnen Nationen kann ein Gleichgewicht in bezug auf die Macht aufrechterhalten werden. Und staatliche, religiöse und pädagogische Praktiken können so wirksam sein, daß sie Abtrünnigkeit oder Schulschwänzerei gerade noch verhindern. Das Ergebnis solcher Gleichgewichtszustände ist jedoch keinesfalls eine gut geplante soziale Umwelt.

Wir sprechen von einem wohlwollenden Herrscher, einem seiner Sache ergebenen Lehrer, einem mitfühlenden Therapeuten und einem Industriellen mit Gemeinsinn, als ob ihr Verhalten für innere Charakterzüge symptomatisch wäre. Wenn wir fragen, warum jemand wohlwollend, ergeben und mitfühlend ist oder Gemeinsinn hat, dann bemerken wir, daß wir die Auswirkungen seines Verhaltens auf andere überprüfen. – Die Utilitaristen bezogen sich auf Auswirkungen dieser Art, wenn sie Nützlichkeit als «das Prinzip» definierten, «das jedwede Handlung billigt oder mißbilligt, je nachdem, ob sie ihrer Tendenz nach das Glück der in Frage stehenden Person zu vermehren oder zu verringern scheint». Es handelte sich hierbei jedoch um die Zustimmung oder Mißbilligung von dritter Seite und nicht um die derjenigen, die durch die Handlung direkt beeinflußt wurden. Die Konsequenzen, die für wohlwollendes, ergebenes, mitfühlendes oder am Gemeinsinn orientiertes Verhalten verantwortlich sind, sind Formen von Gegenkontrolle. Wenn sie fehlen, dann fehlen auch diese vielbewunderten Züge des Verhaltens.

Das läßt sich an fünf Gebieten illustrieren, auf denen Kontrolle nicht durch Gegenkontrolle ausgeglichen wird und die daher zu klassischen Beispielen von falscher Behandlung geworden sind. Es handelt sich um die Sorge für die sehr Jungen und die Alten sowie um die Behandlung von Gefangenen, Psychotikern und geistig Behinderten. Häufig wird behauptet, daß jene, die für diese Menschen sorgen, nicht genug moralische Qualität und Mitgefühl besitzen oder aufbringen. Deutlich ist jedoch die Tatsache, daß sie keiner starken Gegenkontrolle ausgesetzt sind. Die Jungen und die Alten sind zu schwach, zu protestieren, Gefangene werden von der Polizei kontrolliert, und Psychotiker sowie geistig Behinderte können sich nicht organisieren oder erfolgreich handeln. Wenig oder nichts wird gegen eine falsche Behandlung auf diesen Gebieten vorgenommen, solange nicht eine (gewöhnlich negative) Gegenkontrolle von außen eingeführt wird.

Gegenkontrolle ist zweifellos nicht der einzige Grund, warum ein Mensch einen anderen gut behandelt. Denn wir könnten uns auch so verhalten, daß ein anderer positiv verstärkt wird, damit er dann seinerseits uns verstärkt. Die genetische Ausstattung des Menschen enthält vielleicht eine solche Tendenz; zumindest scheint die elterliche Sorge für die Kinder sie zu illustrieren. Darwin wies in einer Passage, die ich später zitieren werde, auf den Wert altruistischen Verhaltens für das Überleben hin, obwohl hierbei nur bestimmte Arten von angeborenem Verhalten eine Rolle zu spielen scheinen. In jedem Fall aber wird die Art, in der ein Mensch einen anderen behandelt, durch die Wechselseitigkeit des Handelns bestimmt. Wir gewinnen nichts, wenn wir uns zu dessen Rechtfertigung auf Gefühle berufen. Zwar wird oft behauptet, daß Menschen anderen in einer Notlage helfen, Kranke heilen und die Hungrigen nähren, weil sie Mitleid mit ihnen haben oder ihre Gefühle teilen. Es ist jedoch das Verhalten, mit dem solche Gefühle assoziiert sind, das einen Überlebenswert für sie gehabt haben muß und das durch Gegenkontrolle modifiziert wird. Wir nehmen davon Abstand, andere zu verletzen, nicht weil wir wissen, wie es sich anfühlt, verletzt zu werden, sondern (1) weil das Verletzen von Artgenossen die Überlebenschancen der Gattung verringert und (2) weil wir selbst verletzt worden sind, wenn wir andere verletzt haben.

Der klassische Begriff der *humanitas* wurde durch eine Reihe von Tugenden definiert. Aber jede Tugend läßt sich als Nebenprodukt eines bestimmten Verhaltens auffassen. Ein Mensch, der die *humanitas* praktizierte, konnte zuversichtlich sein, daß ihm gewöhnlich Erfolg beschieden war. Da er andere gut behandelte, wurde er auch seinerseits von ihnen gut behandelt.

Man sagt gewöhnlich, «eine bedeutende Determinante moralischen Verhaltens und ein wesentlicher Anteil an der Charakterentwicklung» gehe auf die «Bereitschaft, Regeln zu folgen», zurück. Aber eine Person ist «bereit», einer Regel zu folgen, aufgrund der Konsequenzen, die von denen arrangiert worden sind, die die Regel setzen und durchsetzen. Der Unterschied von regelgeleitetem und durch Kontingenzen geformtem Verhalten wird verfehlt, wenn von einem «Sozialisations»-Test behauptet wird, er stelle «den Grad fest, in dem eine Person die Regeln, Werte und Konventionen ihrer Gesellschaft internalisiert» habe. Lange bevor sie ein Verhalten als gut oder böse bezeichnet und Regeln formuliert haben, haben die Menschen einander bestraft. Sie können also sehr wohl durch Kontingenzen der Bestrafung «sozialisiert» worden sein, ohne daß dabei auf Regeln zurückgegriffen worden wäre.

Erst allmählich wurde ein Verhalten als gut oder böse, richtig oder falsch bezeichnet und entsprechend verstärkt oder bestraft. Schließlich wurden Regeln festgesetzt, die es einer Person erleichtern, sich dem praktischen Verhalten der Gemeinschaft anzupassen, und die es der Gemeinschaft erleichtern, ihre Alltagspraxis aufrechtzuerhalten. Jemand, der diese Regeln lernt und sich in der Weise verhält, daß er ihnen ausdrücklich folgt, hat sie noch immer nicht internalisiert. Dies gilt sogar, wenn er lernt, sich selbst zu kontrollieren und sich damit noch wirksamer den Kontingenzen anzupassen, die die Gruppe aufrechterhält. Es ist für soziales Verhalten nicht erforderlich, daß die Kontingenzen, die es erzeugen, in Regeln formuliert sein müssen oder daß eine Person diese Regeln kennt, wenn sie einmal formuliert worden sind. Es ist jedoch außerordentlich wichtig, daß soziale Praktiken in eine Form gebracht werden.

Wir sagen gelegentlich, daß wir in einer bestimmten Weise gehandelt haben, weil wir wußten, daß das richtig war, oder zumindest das Gefühl hatten, etwas Richtiges zu tun. Aber was wir empfinden, wenn wir uns moralisch oder ethisch verhalten, hängt von den Kontingenzen ab, die für unser Verhalten verantwortlich sind. Wie wir das Verhalten anderer empfinden, hängt von dessen Wirkung auf uns selbst ab. Entsprechend hängt, was wir bei unserem eigenen Verhalten gegenüber anderen empfinden, vom Handeln anderer ab. Die bekannten oder empfundenen Körperzustände können besonders dann deutlich zutage treten, wenn die Sanktionen stark sind. Jemand, dem der Himmel versprochen und dem mit der Hölle gedroht worden ist, wird intensivere Körperzustände empfinden als jemand, dessen Verhalten von seinen Mitmenschen nur gebilligt oder mißbilligt wird. Keiner von beiden aber handelt, *weil* er weiß oder empfindet, daß sein Verhalten richtig ist. Er handelt vielmehr aufgrund der Kontingenzen, die sein Verhalten geformt und den Zustand seiner Empfindungen geschaffen haben.

Eine recht alte theologische Frage lautet: Ist der Mensch sündig, weil er sündigt oder sündigt er, weil er sündig ist? Marx hat eine ähnliche Frage aufgeworfen und sie mit der These beantwortet, es sei nicht das Bewußtsein des Menschen, das seine Existenz bestimme, vielmehr bestimme umgekehrt seine gesellschaftliche Existenz sein Bewußtsein. William James faßte seine Theorie der Emotionen in dem Satz zusammen: «Wir weinen nicht, weil wir traurig sind; wir sind traurig, weil wir weinen.» In allen drei Formulierungen fehlt ein wichtiges Detail. Denn nichts wird in ihnen über das gesagt, was sowohl für den Zustand *wie* für das Verhalten verantwortlich ist. Würde man uns fragen, ob eine Person moralisch sei, weil sie sich moralisch verhalte, oder ob sie sich moralisch verhalte, weil sie moralisch sei, so müßten wir antworten, daß keins von beidem richtig sei. Denn sie verhält sich moralisch *und* wir bezeichnen sie als moralisch, weil sie in einer besonderen Umgebung lebt.

Gegenkontrolle ist immer dann nicht schwer zu erklären, wenn eine Kontrolle unmittelbar aversiv ist. Das ist zum Beispiel der Fall, wenn sie durch Strafen oder Strafandrohungen ausgeübt wird. Es gibt vermutlich auch für diesen Fall Kontingenzen des Überlebens. Ein Organismus, der nicht mehr vor einem Eindringling oder Angreifer fliehen kann und diesen erfolgreich attackiert, hat einen Wettbewerbsvorteil. Werden aber die aversiven Konsequenzen der Kontrolle wie bei der Ausbeutung zeitlich hinausgeschoben, so ist ein Handeln, das als Gegenkontrolle auftreten könnte, weniger wahrscheinlich. Bis zum 19. Jahrhundert konnten die meisten Leute, die sehr reich waren, ihren Reichtum ohne allzuviel Gegenkontrolle verwenden. Von Hegel sagt man, er sei einer der ersten gewesen, denen klargeworden sei, daß ein modernes Handels- und Industriesystem unvermittelt aus den Wurzeln rationaler Selbstsucht entstanden sei. Weiterhin sei ihm klargeworden, daß Gesetz und Ordnung sich jetzt nicht mehr nur auf den Schutz der Gesellschaft und ihrer einzelnen Mitglieder würden erstrecken müssen, sondern daß sie die durch neue Produktionstechniken entfesselte unbegrenzte Gier nach persönlichem Reichtum würden kontrollieren müssen. Hegel glaubte, dies könne nur geschehen, wenn ein allgemeines Gefühl der Sittlichkeit die Gesellschaft durchdringe. Dem ist jedoch einiges hinzuzufügen. Sagt man, daß Handel und Industrie aus rationaler Selbstsucht entstanden seien, so behauptet man einfach, daß die Menschen neue Techniken entwickelt hatten, Geld und Güter zu erwerben. Ihre Gier war nur in dem Sinn unbegrenzt, daß es keine Gegenkontrolle gab. Daraus leitete sich die Notwendigkeit von Gesetzen ab, die Handel und Industrie in ihre Schranken weisen sollten. Solche Gesetze aber konnten nur durch ein Gesetzgebungsverfahren geschaffen werden, das den Betroffenen Mitsprache sicherte und nicht durch ein «allgemeines Gefühl der Sittlichkeit». Es genügt nicht, das Verhalten zu zitieren, aus dem wir ein Gefühl der Sittlichkeit erschließen sollen. Es genügt schließlich auch nicht, auf ein Verhalten hinzuweisen, aus dem wir auf ein Mitleid bei denen hätten schließen können, die für hilflose Personen sorgen. Wir müssen in beiden Fällen nach den Kontingenzen der Gegenkontrolle Ausschau halten.

Man hat behauptet, daß die Menschen den Tieren überlegen seien, weil sie eine Moral oder Ethik ausgebildet hätten. «Das bei weitem wichtigste Kennzeichen des Menschen besteht darin, daß er moralische Urteilsfähigkeit besitzt.» In Wirklichkeit aber hat sich eine soziale Umwelt herausgebildet, in der sich die Individuen teilweise so verhalten, wie es durch die Auswirkungen ihres Verhaltens auf andere festgelegt wird. Unterschiedliche Menschen weisen eine je verschiedene Art und Intensität von moralischem oder ethischem Verhalten auf. Dieses hängt jeweils von dem Umfang ab, in dem sie den betreffenden Kontingenzen ausgesetzt gewesen sind. Man hat auch behauptet, daß Moral und Ethik «Einstellungen gegenüber dem Gesetz und der Regierung zum Gegenstand haben, die über Jahrhunderte hinweg entwickelt worden sind». Plausibler läßt sich jedoch die Auffassung vertreten, daß ein Verhalten, das sich angeblich in solchen Einstellungen ausdrückt, durch Kontingenzen erzeugt worden ist, die im Laufe der Jahrhunderte entstanden sind. Eine Einstellung gegenüber einer Regierung, die von einem Verhalten unterschieden wäre, hätte kaum Jahrhunderte hindurch überleben können. Überlebt hat statt dessen eine bestimmte Regierungsform. Gesetzestreues Verhalten hängt von mehr ab als von «Ehrerbietung gegenüber der Regierung». In gleicher Weise hängt deren Bedeutung von mehr ab als von «der faktischen Durchsetzung ihrer Macht». Sagt man, Gesetze seien «eine Errungenschaft, die man von den Quellen ihrer Geltung her erneut verstehen» müsse, so verweist man unmittelbar auf das Bedürfnis, sich über die Kontingenzen einer Regierungsform und deren Aufrechterhaltung Klarheit zu verschaffen.

Eine überaus tragische Folge des Mentalismus zeigt sich an jenen Menschen, die über den traurigen Zustand unserer Welt ernsthaft besorgt sind und die aus ihm keinen anderen Ausweg wissen, als eine Rückkehr zu Moral, Ethik und Anstand. Von einem kürzlich erschienenen Buch über die Moral heißt es, es beweise Hoffnung und falle nicht der Verzweiflung anheim. Sein Autor, so werden wir belehrt, «nimmt die wachsende Sorge eines jeden Menschen für seine Mitmenschen wahr. Er sieht in der zunehmenden Rücksicht auf die Rechte anderer eine Entwicklung zu einer befriedeten und sicheren Weltgemeinschaft, die sich auf einen wachsenden Beziehungsreichtum und eine erweiterte Mitleidbereitschaft gründet». In einem Hirtenbrief heißt es, «unsere Erlösung liegt in einer Rückkehr zur christlichen Moral». Wir dagegen sind der Auffassung, daß eine soziale Umwelt wiederhergestellt werden muß, in der sich die Menschen in einer Art und Weise verhalten, die als moralisch bezeichnet wird.

Tadelt man die Menschen, um ein unter ethischem Gesichtspunkt annehmbares Verhalten hervorzurufen, so führt das zu unglücklichen Ergebnissen. Darauf hat Samuel Butler in *Erewhon* hingewiesen, wo Menschen ihrer physischen und nicht ihrer moralischen Krankheit wegen getadelt werden. Vergleicht man zwei Menschen, von denen der eine durch einen Unfall, der andere durch ein Ereignis in seiner frühen Lebensgeschichte verkrüppelt worden ist, auf Grund dessen er faul und bei jeder Kritik sogar gemein geworden ist, so verursachen beide ihren Mitmenschen sehr viele Ungelegenheiten. Der eine von ihnen aber stirbt als ein Märtyrer, der andere hingegen als ein Schurke. Vergleicht man zwei Kinder miteinander, von denen das eine durch Polio, das andere aufgrund der Abweisung seitens seiner Familie verkrüppelt ist, so machen zwar beide Kinder ihren Mitmenschen, die wenig von ihnen haben, Schwierigkeiten, nur eins von beiden aber wird dafür getadelt. Der Hauptunterschied liegt hier darin, daß nur eine Art von Unfähigkeit – und auch die nur gelegentlich – durch Bestrafung korrigierbar ist. Wir sind versucht zu sagen, daß in jedem dieser Beispiele nur eine Person ihren Zustand ändern *könnte.* Aber sollten wir uns nicht sagen, daß *wir* etwas tun könnten, statt sie zu tadeln?

Schreibt man moralisches und ethisches Verhalten den Kontingenzen einer Umwelt zu, so scheint für Absolutheitsansprüche kein Raum mehr zu bleiben. Denn dies scheint auf eine Art von Relativismus hinauszulaufen, bei dem als gut gilt, was als solches bezeichnet wird. Ein Einwand hiergegen lautet, daß das Argument sich lediglich auf die Verstärker bezieht, nicht aber auf die weiterhin gültigen Kontingenzen, in denen sie auftreten. Auch wir neigen zu diesem Einwand, wenn das, was eine andere Gruppe als gut bezeichnet, sich stark von dem unterscheidet, was wir für gut halten und wenn infolgedessen unsere jeweiligen Handlungsvollzüge miteinander in Konflikt geraten. Aber eine umweltbezogene Darstellung ist in diesem Sinn kein Relativismus. Eine Ethik, die sich nur auf Emotionen berief und stets entweder «buuuh!» oder «Hurra!» schrie, konnte sich nur auf Gefühle stützen, die in Zeit und Raum eng begrenzt waren und ohne jede Begründung in bezug auf ethische und moralische Normen blieben. Die ethischen und moralischen Kontingenzen der Verstärkung aber haben ihre eigenen Konsequenzen, denen ich mich im Folgenden zuwenden werde.

Der Kampf um Freiheit

Es ist vielleicht der größte Erfolg des Menschen gewesen, sich von den Widrigkeiten und Gefahren seiner physischen Umwelt sowie von den Strafandrohungen und Ausbeutungsmechanismen seiner sozialen Umwelt weitgehend zu befreien. Er wurde dadurch in die Lage versetzt, andere Arten von Verhalten zu entwickeln, die in hohem Maße verstärkend wirken. Formen dieses Verhaltens finden sich in den Naturwissenschaften, den Künsten und den gesellschaftlichen Beziehungen. Zugleich hat dem Menschen diese Entwicklung ein Gefühl der Freiheit vermittelt. Kein Gefühl aber hat wohl je mehr Schwierigkeiten bereitet. Wie ich im 4. Kapitel gezeigt habe, zeichnet sich operantes Verhalten mit positiver Verstärkung durch das Fehlen eines jeden unmittelbar vorausgehenden Ereignisses aus, das plausibel als Ursache angesehen werden könnte. Darum hat man dieses Verhalten als Ergebnis eines inneren Ursprungs betrachten können, den man als freien Willen bezeichnete. Ein reflexgesteuertes Verhalten geht von Reizen aus und wird daher als unwillkürlich bezeichnet. Ein negativ verstärktes operantes Verhalten wird angesichts eines aversiven Zustands emittiert, vor dem es zu fliehen gilt. Bei solchen Zuständen sprechen wir nicht davon, was wir zu tun *wünschen*, sondern davon, was wir tun müssen, um einer Bestrafung zu entgehen. Wir können uns aufgrund einer «Willenshandlung» dafür entscheiden, uns der Strafe zu beugen. Dies geht aber nur, weil andere Konsequenzen, die keine unmittelbar vorausliegende Ursache haben, eine solche Entscheidung unserem «Willen» verfügbar machen.

Wichtig ist nicht die Tatsache, daß wir uns frei fühlen, wenn wir positiv verstärkt worden sind, sondern *daß wir dann nicht dazu neigen, zu fliehen oder zum Gegenangriff überzugehen.* Sich frei zu fühlen, ist ein wichtiges Kennzeichen einer bestimmten Art von Kontrolle, die sich dadurch auszeichnet, daß aus ihr keine Gegenkontrolle entsteht. Der Kampf um die Freiheit scheint uns ein Stück weit in die Richtung einer Welt geführt zu haben, in der die Menschen tun, was ihnen Spaß macht oder was sie tun wollen, in der sie das Recht wahrnehmen können, in Ruhe gelassen zu werden, und in der sie «durch das Wachsen ihres freien Willens von der Tyrannei der Götter und Regierungen zu vollem Selbstvertrauen und ganzer Kraft erlöst worden sind». Es scheint dies eine Welt zu sein, in der sich die Menschen erfüllt, verwirklicht und gefunden haben, und zwar in genau dem Sinn, den diese Ausdrükke im Existenzialismus, in der Phänomenologie und in der fernöstlichen Mystik besitzen. In einer solchen Welt wäre jede Kontrolle menschlichen Verhaltens unangebracht. In ihr wäre das Verlangen, eine andere Person zu verändern, etwas Feindseliges. Unglückseligerweise ist das Gefühl, frei zu sein, kein verläßliches Anzeichen dafür, daß wir diese Welt erreicht hätten.

Die Tatsache, daß aus positiver Verstärkung keine Gegenkontrolle erwächst, ist denen, die die Kontrolle ausüben wollen, nicht entgangen. Sie haben deshalb einfach zu anderen Mitteln gegriffen. So muß zum Beispiel eine Regierung Geld eintreiben. Tut sie dies auf dem Weg der Besteuerung, dann müssen die Bürger entweder zahlen oder sie werden bestraft. Dieser aversiven Kontrolle können sie dadurch entgehen, daß sie bei der nächsten Wahl eine andere Partei an die Macht bringen. Da die Herrschenden dies aber vermeiden wollen, organisiert die Regierung eine Lotterie. Statt nun *gezwungen* zu sein, Steuern zu zahlen, kaufen die Bürger *freiwillig* Lotterielose. Das Ergebnis bleibt dasselbe. Die Bürger geben ihr Geld der Regierung, aber sie fühlen sich dabei frei und protestieren nicht. Nichtsdestoweniger werden sie genauso mächtig kontrolliert wie durch eine Strafandrohung. Denn ein Verstärkungsplan mit variablen Raten, wie er im 4. Kapitel erörtert worden ist, hat eine große Wirkung. Sie läßt sich sehr deutlich am Verhalten eines zwanghaften oder pathologischen Spielers ablesen.

Verborgen bleibt eine Kontrolle, wenn sie nicht als eine Veränderung des Verhaltens, sondern als eine Änderung eines Geisteszustandes dargestellt wird. Nicht überall ist eine Überredung wirksam. Wenn sie aber wirksam ist, erwächst aus ihr wenig oder gar keine Gegenkontrolle. Wir überreden unsere Mitmenschen teilweise dadurch, daß wir ihnen Konsequenzen beschreiben, die für sie möglicherweise verstärkend sind. Ein bekannter Ökologe hat den Vorschlag gemacht, man solle die Industrie dafür zahlen lassen, daß sie sich das Recht nimmt, Luft, Land und Wasser zu verschmutzen. Ein solcher Vorschlag muß entweder von der Gesetzgebung aufgegriffen werden oder die freiwillige Zustimmung der Industrie finden. In unserer Art von Demokratie kann beides nur durch Überredung geschehen, das heißt durch die Schaffung eines günstigen Klimas innerhalb der öffentlichen Meinung. Journalisten sowie diejenigen, die die Massenmedien kontrollieren, spielen hierbei eine bedeutende Rolle. Ein weiterer Versuch der Überredung führte zu folgendem Kommentar in der Londoner *Times*:

«Der demokratischen Mehrheit in unserem Land ist es nie so

gut gegangen wie heute. Sie ist daher entschlossen, diesen Zustand aufrechtzuerhalten. Mr. Jenkins aber sagt: ‹Wir müssen die Menschen überreden ... überreden ... überreden ... Unsere einzige Hoffnung besteht darin, an den Idealismus zu appellieren, der in allen Männern und Frauen schlummert, die guten Willens sind.› Das aber ist eine Predigt, keine Politik ... Wir hoffen, daß Mr. Jenkins in seinen nächsten Reden die politischen Techniken erörtern wird, durch die die Mehrheit unter Kontrolle gebracht werden kann.»

Auf den Gebieten der Pädagogik, Psychotherapie und Religion wird eine Kontrolle des Verhaltens häufig verborgen. Die Rolle des Lehrers, Therapeuten oder Priesters besteht auf diesen Gebieten angeblich darin, Menschen zu führen, zu leiten oder zu beraten, keineswegs jedoch darin, sie durch eine bestimmte Organisation zu steuern. Maßnahmen, die nicht auf diese Weise verborgen werden, werden als Eingriff zurückgewiesen. Gesellschaftlich relevante Änderungsvorschläge vermeiden es oft sorgfältig, die Mittel zu nennen, mit denen eine Änderung herbeigeführt werden soll. So kann man in ihnen etwa lesen, es müsse «von den Fähigkeiten der Menschen besser Gebrauch» gemacht werden. Auf die notwendige Kontrolle, die sich in dem Wort «Gebrauch» verbirgt, wird freilich nicht eingegangen.

Die Verlegenheit derer, die sich in einer Position befinden, in der sie eine Kontrolle empfehlen müssen, läßt sich an der Grundsatzerklärung der Stockholmer Konferenz über Umweltfragen aus dem Jahr 1971 deutlich machen. Der erste dieser Grundsätze fängt mit folgenden Worten an: «Der Mensch hat ein fundamentales Recht auf Freiheit, Gleichheit und angemessene Lebensbedingungen in einer Umwelt, die ihm ein Leben in Würde und Wohlbefinden erlaubt. Er trägt die Verantwortung dafür, seine Umwelt für kommende Generationen zu schützen und lebenswert zu machen.» Keine andere Art besitzt ähnliche Rechte und Verpflichtungen. Es ist schwer, sich darüber Klarheit zu verschaffen, wie sie als grundlegende Züge oder Qualitäten des Menschen sich unter den Bedingungen natürlicher Selektion revolutionär haben entwickeln können, wenn wir sie nicht als Praktiken der Kontrolle und Gegenkontrolle ansehen. Ein Recht zu behaupten und auf ihm zu bestehen, bedeutet, diejenigen mit einem bestimmten Handeln zu bedrohen, die es angeblich übertreten. So weisen wir etwa diejenigen in ihre Schranken, die uns zu einem bestimmten Handeln zwingen – und die damit unser Freiheitsgefühl herabsetzen, die mehr als den ihnen zugebilligten Anteil an den verfügbaren Gütern für sich beanspruchen oder die die Welt verschmutzen, in der wir leben. Wir rechtfertigen und erklären unser Verhalten, wenn wir für uns das Recht beanspruchen, sie in ihre Schranken zu verweisen. Diejenigen, die die Menschenrechte verteidigen, fordern Maßnahmen gegen diejenigen, die sie verletzen. Und die Bill of Rights schützt den Einzelnen vor einer bestimmten Art, juristisch gegen ihn vorzugehen.

Der Mensch trägt eine große Verantwortung dafür, andere nicht aversiv zu kontrollieren, nicht mehr als einen gerechten Anteil an den vorhandenen Gütern für sich zu beanspruchen und die Umwelt nicht zu zerstören. Wird er dieser Verantwortung nicht gerecht, so wird er von denen, die durch sein Handeln Schaden nehmen, kritisiert oder bestraft. Die Verantwortung ist kein persönlicher Besitz, sondern eine Eigenschaft der – zumeist juristischen – Kontingenzen, denen die Menschen ausgesetzt sind. Wir müssen uns von den Rechten und Verantwortlichkeiten abwenden, um das Verhalten zu untersuchen, das ihnen zugeschrieben wird und das sie angeblich rechtfertigen. Wenn wir unser Augenmerk auf die gesellschaftlichen – und gewöhnlich politischen – Kontingenzen richten, die ein solchen Verhalten schaffen und aufrechterhalten, entgehen wir einer jahrhundertealten Kontroverse und nähern uns der Möglichkeit, wirksam zu handeln.

Die Erklärung der Stockholmer Konferenz enthielt sechsundzwanzig Grundsätze. Die Konferenz verfügte über keinerlei militärische oder ökonomische und sehr wenig pädagogische Macht; sie konnte lediglich Empfehlungen erarbeiten. In ihrer Erklärung heißt es in elf der sechsundzwanzig Grundsätze, daß die einzelnen Staaten und ihre Planungsbehörden bestimmte Maßnahmen ergreifen *müssen.* In fünf Grundsätzen hieß es, daß sie sie ergreifen *sollen*, und in dreien, daß sie sie ergreifen *werden.* Fünf Grundsätze wiesen einfach nur darauf hin, daß Maßnahmen notwendig seien, und in einem Grundsatz wurde ein Hoheitsrecht anerkannt.

Vielleicht ist es nicht richtig, von dieser besonderen Konferenz mehr zu verlangen. Aber sie wurde einberufen, um der größten Gefahr entgegenzutreten, die gegenwärtig die menschliche Art bedroht. Deutlich ist, daß sie nur geringe Fortschritte erbrachte, weil sie die Tatsache nicht hinnehmen konnte, daß ein wesentlicher Schritt nach vorn in der Einschränkung bestimmter Freiheiten bestanden hätte.

Die Kontrolle der sozialen Umwelt

Die Menschen haben unter den Kontrollen, die ihnen auferlegt waren, so lange und so schwer gelitten, daß man leicht verstehen kann, warum sie sich jetzt so heftig jeder Art von Kontrolle widersetzen. Schon eine einfache Analyse von Kontrollpraktiken, wie sie im vorigen Kapitel durchgeführt worden ist, wird mit einiger Wahrscheinlichkeit einfach deshalb angegriffen, weil sie von seiten der Kontrollinstanzen mißbraucht werden könnte. Langfristig aber läßt sich eine wirksame Gegenkontrolle, die zur «Befreiung» der Individuen führt, nur durch Planung erreichen. Diese muß auf eine wissenschaftliche Analyse menschlichen Verhaltens gegründet sein. Zweifellos müssen wir bei dem Umstand ansetzen, daß menschliches Verhalten stets einer Kontrolle unterliegt. Rousseaus Behauptung, der Mensch sei frei geboren und liege überall in Ketten, ist entgegenzuhalten, daß niemand weniger frei ist als ein neugeborenes Kind und daß kein Mensch mit fortschreitendem Alter frei wird. Seine einzige Hoffnung kann darin bestehen, daß er unter *die* Kontrolle seiner natürlichen und gesellschaftlichen Umwelt gerät, in der er seine genetische Ausstattung am besten entfalten und erfolgreich nach Glück streben kann. Seine Familie und seine Altersgenossen sind ein Teil dieser Umwelt, und es gereicht ihm zum Vorteil, wenn sie sich kritisch verhalten. Seine Erziehung ist ein weiterer Teil seiner Umwelt, und er wird das wirkungsvollste Verhaltensrepertoire erhalten, wenn seine Lehrer zu ihrer Rolle stehen und sie nicht so auffassen, daß sie ihn sich selbst überlassen. Auch seine Regierung ist Teil seiner Umwelt, und sie wird ihn «so wenig wie möglich beherrschen», wenn sie ihre

Strafmaßnahmen möglichst gering hält. Was er und andere brauchen, wird er am wirksamsten und so wenig aversiv wie möglich produzieren können, wenn er durch äußere Anreize dazu angehalten wird, seine Arbeit sorgfältig und effizient zu tun und wenn er darüber hinaus durch sie verstärkt wird. All dies wird nicht schon dadurch möglich, daß diejenigen, mit denen er zusammenlebt, über eine Moral, eine Ethik, über Anstand oder Mitleid verfügen. Möglich ist es allein dadurch, daß sie ihrerseits durch eine besondere Art sozialer Umwelt kontrolliert werden.

Mit der Rückkehr zu einem radikalen Individualismus geht eine bedeutende Leistung der sozialen Umwelt verloren, nämlich die Mediatisierung der Zukunft. Die schrecklichen Aussichten der Überbevölkerung, der Umweltverschmutzung und der Erschöpfung der Rohstoffe haben der Zukunft eine neue und noch unmittelbarere Bedeutung verliehen. Aber die Sorge um die Zukunft ist selbstverständlich älter. Jemand hat die Behauptung aufgestellt, daß es vor hundert Jahren wenig Menschen gegeben haben muß, die, ob sie nun utilitaristisch dachten oder religiös waren, die Güte einer Handlung entweder in ihr selbst oder in dem Willen gesucht hätten, der sie hervorgebracht hat. Sie suchten sie vielmehr in den Konsequenzen, die sie für ihr künftiges Glück oder das Leben nach dem Tod haben würde. In beiden Fällen handelt es sich demnach um eine zukünftige Belohnung. Die Güte, in deren Licht eine Handlung beurteilt werden kann, ist eine Sache; Menschen dahin zu bringen, um zukünftiger Folgen willen gut zu sein oder zu handeln, eine andere. Von Bedeutung ist hier, daß Institutionen langlebiger sind als Individuen und Kontingenzen arrangieren, die eine in vernünftiger Entfernung gehaltene Zukunft in Rechnung stellen. Beispiele solcher Verhaltensprozesse liefern Menschen, die für ein versprochenes Entgelt arbeiten, die ein Spiel spielen, um zu gewinnen, oder die ein Lotterielos kaufen. Mit ihrer Hilfe können religiöse Institutionen die Aussicht auf ein Leben nach dem Tod als Verstärkung einsetzen und Regierungen Menschen dazu bringen, sie zu finanzieren.

Dagegen haben wir zwar viel einzuwenden, aber die Interessen von Institutionen fallen manchmal mit denen der Individuen zusammen. Zuweilen bringen Regierungen und Religionen die Menschen dazu, sich in bezug aufeinander vernünftig zu verhalten und sich gegenseitig zu beschützen und zu unterstützen. Sprichwörter, Maximen und ausformulierte Gesetzesnormen bestärken ein Verhalten, dessen Folgen zeitlich verschoben auftreten. Aus sich selbst heraus kann ein Individuum während seines Lebens nur sehr wenig Verhalten in bezug auf die Zukunft entwickeln. Als Mitglied einer Gruppe aber profitiert es von der gesellschaftlichen Umwelt, die die Gruppe aufrechterhält. Das ist eine Tatsache von größter Bedeutung, denn sie führt zu einer Antwort auf zwei grundlegende Fragen: Wie können wir im Einzelfall die Kontrolle menschlichen Verhaltens als gut oder schlecht bezeichnen und wer soll die Kontrollpraktiken entwerfen und aufrechterhalten?

Die Evolution einer Kultur

Die soziale Umwelt, auf die ich mich hier bezogen habe, wird gewöhnlich als Kultur bezeichnet, obwohl dieser Begriff oft auch anders definiert wird, zum Beispiel als Gesamtheit der Sitten und Gebräuche, als System von Werten und Vorstellungen oder als Kommunikationsnetz. Als ein Satz von Kontingenzen der Verstärkung, die durch eine Gruppe aufrechterhalten und möglicherweise in Regeln oder Gesetzen formuliert sind, hat sie einen klar umrissenen physischen Status. Ihre Existenz reicht über das Leben ihrer einzelnen Mitglieder hinaus. Sie verfügt über veränderliche Handlungsmuster, in denen bestimmte Praktiken erworben, ausgeschlossen oder modifiziert werden. Vor allem aber verfügt sie über Macht. Eine so definierte Kultur *kontrolliert* das Verhalten der Gruppenmitglieder, die sie praktizieren.

Es handelt sich bei ihr um nichts Monolithisches. Bei ihrer Deutung brauchen wir uns nicht auf den Geist, die Vorstellung oder den Willen einer Gruppe zu berufen. Wenn es denn wirklich «dreiundsiebzig Elemente der Kultur gibt, die jeder noch bestehenden oder historisch bekanntgewordenen menschlichen Gesellschaft eigen sind», dann muß es auch dreiundsiebzig Handlungsmuster in jedem Satz von Kontingenzen geben, den wir als eine Kultur bezeichnen. Jeder von ihnen muß sich aus den Zuständen erklären lassen, die vorhanden waren, bevor sich die Kultur als solche entwickelte. Warum haben Menschen eine Sprache ausgebildet? Warum halten sie an einer Moral fest und formulieren sie in bestimmten Normen? Einige der Antworten auf solche Fragen sind in den biologischen Grundlagen der Art aufzufinden, andere in den universalen Zügen der Umwelt, in der die Menschen leben.

Wichtig ist an einer solchermaßen definierten Kultur, daß sie sich evolutionär entwickelt. Eine bestimmte Handlungsform entsteht, trägt zu den Chancen einer Problemlösung der Gruppe bei und überlebt, wenn die Gruppe überlebt. Sie ist dann durch ihren Beitrag zur Stabilisierung und Durchsetzung der Gruppenpraxis selektiert worden. Wir haben hier ein weiteres Beispiel des in seinen Grundzügen bereits bekannten, überaus subtilen Vorgangs der Selektion. Mutationen können zufällig vor sich gehen. Eine Kultur braucht nicht entworfen worden zu sein, und in ihrer Entwicklung zeigt sich kein Zweck oder Ziel.

Die Handlungsmuster, die eine Kultur ausmachen, sind sehr vielfältig. Einige von ihnen stimmen mit anderen nicht überein oder befinden sich in offenem Konflikt mit ihnen. Unsere eigene Kultur wird zuweilen als krank bezeichnet.

«In einer kranken Gesellschaft fehlt den Menschen ein Identitätsgefühl und das Vertrauen in ihre Fähigkeiten. In ihrem Denken empfinden sie es als Verrat, mit anderen Menschen in fruchtbringendere Beziehungen zu treten. Nur voller Verzweiflung können sie eine menschliche Interaktion eingehen. Erst auf dem Hintergrund dieser Verzweiflung lernen sie sich selbst kennen und erreichen sie das geringe Maß an Selbsterfüllung, das ihnen ihr Zustand erlaubt.»

In der Übersetzung heißt das: Eine kranke Gesellschaft ist ein Satz von Kontingenzen, die unterschiedliche Arten von konfliktbehaftetem Verhalten erzeugen und mehr als ein Selbst voraussetzen. Sie erzeugen kein starkes Verhalten, das sich mit großem Selbstvertrauen verbinden würde. Aus ihnen entsteht kein erfolgreiches Sozialverhalten, und daher bringen sie die Menschen dazu, das Verhalten anderer als Verrat aufzufassen. Da sie nur selten Verstärkungen hervorrufen, erzeugen sie einen Zustand, der als Verzweiflung empfunden wird.

Ein anderer Autor hat festgestellt, daß unsere Kultur «in Zuckungen und Krämpfen darnieder liegt, weil sich ihre Werte widersprechen und weil sie die aus solchen Widersprüchen entstehenden Konflikte nicht auszutragen vermag.» Wir aber würden sagen, daß die Werte sich hier wie anderswo auf Verstärker beziehen und daß es die Kontingenzen sind, an denen sie teilhaben, die in Widersprüche zueinander geraten und konfliktbehaftet sind.

«Geheilt» kann eine Gesellschaft nur werden, wenn sie in der Weise zu verändern ist, daß die Menschen großzügig und durchgängig verstärkt werden. Erst dadurch «erfüllen sie sich selbst» und erwerben das erfolgreichste Verhalten, dessen sie fähig sind. Bessere Unterrichtsmethoden werden eine wirksamere Verwendung der genetischen Ausstattung der Menschen erlauben. Bessere Arbeitsanreize führen zu mehr und besseren Gütern und angenehmeren Arbeitsbedingungen. Bessere Regierungstechniken erfordern weniger Zeitverschwendung auf seiten des Bürgers bei seinen Auseinandersetzungen mit staatlichen Stellen. Interessantere Formen der Kunst, Musik und Literatur bedeuten, daß weniger Menschen sich in andere Lebensformen flüchten. Alle diese Veränderungen können – aus welchen Gründen immer – eingeführt werden. Vielleicht nur wegen der unmittelbaren Konsequenzen für Lehrer und Schüler im Interesse der Arbeitgeber oder der Gewerkschaften, der Regierenden oder der Regierten und schließlich, um einfach *die* unmittelbar zu verstärken, die sich an Kunst erfreuen oder sie herstellen. In einer bekannten Passage seines Werks *Die Abstammung des Menschen und die geschlechtliche Zuchtwahl* schrieb Darwin: «Obwohl das Problem eines Fortschritts der Zivilisation im dunkeln liegt, können wir zumindest sehen, daß im allgemeinen diejenige Nation über die weniger glücklichen anderen Nationen die Vorherrschaft gewinnt, die über einen langen Zeitraum hinweg die größte Zahl von intellektuell hervorragenden, energischen, tapferen, patriotischen und wohlgesinnten Männern hervorgebracht hat.»

Dieses Argument bleibt gültig, auch wenn Darwins Berufung auf Charaktereigenschaften dadurch korrigiert werden muß, daß man von einer Nation spricht, «die eine soziale Umwelt aufrecht erhält, in der ihre Bürger sich in einer Art und Weise verhalten, die als intellektuell hervorragend, energisch, tapfer, patriotisch und wohlgesinnt bezeichnet werden muß». Darwin sprach in diesem Zusammenhang von dem Überlebenswert einer Kultur.

Es gibt bemerkenswerte Ähnlichkeiten in den Theorien von der natürlichen Selektion, der operanten Konditionierung und der Evolution sozialer Umwelten. Nicht nur verzichten alle drei darauf, einen Schöpfungsentwurf und einen vorgängigen Zweck anzunehmen, sondern sie berufen sich darüber hinaus auf den Begriff des Überlebens als auf einen Wert. Gut für eine Art ist, was ihr Überleben garantiert. Gut für ein Individuum ist, was seiner Wohlfahrt dient und sie fördert. Gut für eine Kultur ist, was es ihr erlaubt, ihre Probleme zu lösen. Es gibt daneben, wie wir gesehen haben, andere Arten von Werten. Neben dem des Überlebens werden sie aber schließlich zweitrangig.

Der Begriff der Evolution ist irreführend – und er hat sowohl Herbert Spencer wie auch Darwin in die Irre geführt. Er unterstellt, daß das Gut, das das Überleben darstellt, sich auf natürlichem Wege herausarbeiten wird. Aber die Dinge können sich in den Dimensionen aller drei Kontingenzen der Selektion zum Negativen hin entwickeln. Sie müssen dann vielleicht durch einen planenden Eingriff wieder ins Lot gebracht werden. Das Fortpflanzungsverhalten hat lange Zeit hindurch einen Eingriff in die Evolution der Art dargestellt. Heute überlegen sich Genetiker, wie die genetisches Codes zu verändern seien. Das Verhalten von Individuen ist durch die Planung neuer Kontingenzen der Verstärkung leicht veränderbar. Auf den Gebieten der Pädagogik, der Psychotherapie, des Strafrechts und der Wirtschaft werden neue kulturelle Handlungsformen ausdrücklich geplant.

Die Planung menschlichen Verhaltens verweist auf die Frage der Kontrolle. Möglicherweise ist dies die Frage, die den Behavioristen am häufigsten gestellt wird: Wer soll solche Planung kontrollieren? In der Frage stellt sich der uralte Fehler erneut dar, auf das Individuum zu schauen statt auf die Welt, in der es lebt. Kein wohlgesinnter Herrscher, kein mitfühlender Therapeut, kein seiner Sache ergebener Lehrer und kein Industrieller mit Gemeinsinn werden im Interesse eines jeden ein neues Leben planen und entwerfen. Wir müssen statt dessen die Bedingungen betrachten, unter denen Menschen regieren, Hilfe zuteil werden lassen, unterrichten und Arbeitsanreize übermitteln. Wir müssen, mit anderen Worten, uns unsere Kultur als eine soziale Umwelt anschauen. Wird sich evolutionär eine Kultur herausbilden, in der es keinem einzelnen möglich sein wird, sehr viel Macht an sich zu bringen und sie zu seinem größeren Ruhm in der Weise einzusetzen, daß sie anderen schadet? Wird sich evolutionär eine Kultur entwickeln, in der sich die Individuen nicht so sehr mit ihrer Selbsterfüllung beschäftigen, daß sie der Zukunft dieser Kultur keinerlei Aufmerksamkeit mehr widmen? Diese Fragen – und viele andere, die ihnen ähnlich sind – müssen gestellt werden und nicht die Frage danach, *wer* die Kontrolle ausüben wird und zu welchem *Zweck*. Niemand kann aus dem Kausalstrom heraustreten. Keiner greift wirklich ein. Die Menschheit hat langsam, aber regellos Umwelten geschaffen, in denen sich die Menschen wirksamer verhalten und sich ohne jeden Zweifel des Gefühls erfreuen, das ein erfolgreiches Verhalten begleitet. Dies ist ein fortlaufender Prozeß.

13 Der Organismus als Person

Eine behavioristische Analyse beruht auf folgenden Annahmen: Die Person ist zunächst vor allem ein Organismus, ein Mitglied einer Art und einer Unterart, das eine genetische Ausstattung sowie anatomische und physiologische Eigenarten besitzt, die das Ergebnis der Kontingenzen des Überlebens sind, denen die Art im Verlauf der Evolution ausgesetzt gewesen ist. Zur Person wird der Organismus, indem er ein Verhaltensrepertoire unter den Kontingenzen von Verstärkung erwirbt, denen er in seiner Lebenszeit ausgesetzt ist. Das Verhalten, das er in jedem Moment an den Tag legt, steht unter der Kontrolle seiner gegenwärtigen Kontrolle. Er ist in der Lage, ein Verhaltensrepertoire unter solchen Bedingungen zu erwerben, weil er Konditionierungsprozessen unterliegt, die ihrerseits Teil seiner genetischen Ausstattung sind. Nach traditioneller, mentalistischer Auffassung dagegen ist die Person ein Mitglied der menschlichen Art, das sich aufgrund zahlreicher innerer Eigenarten in einer bestimmten Weise verhält. Unter ihnen sind zu nennen: Empfindungen, Gewohnheiten, Intelligenz, Meinungen, Träume, Persönlichkeit, Stimmungen, Entscheidungen, Phantasien, Fertigkeiten, Begriffe, Gedanken, Tugenden, Absichten, Fähigkeiten, Triebe, Tagträume, Anreize, Willenshandlungen, Freude, Mitleid, Wahrnehmung, Abwehr, Glauben, Komplexe, Erwartungen, Zwänge, Auswahl, Antriebe, Vorstellungen, Verantwortlichkeiten, Hochstimmung, Erinnerungen, Bedürfnisse, Weisheit, Wünsche, Todestrieb, Pflichtgefühl, Sublimierung, Triebregungen, Fähigkeiten, Zwecksetzungen, Wünsche, ein Es, verdrängte Ängste, ein Schamgefühl, Extraversion, Bilder, Wissen, Interesse, Information, ein Über-Ich, Vorschläge, Erfahrungen, Einstellungen, Konflikte, Bedeutungen, Reaktionsbildungen, ein Lebenswille, Bewußtsein, Angst, Depression, Furcht, Vernunft, Libido, psychische Energie, Erinnerungen, Hemmungen und seelische Krankheiten.

Wie können wir zwischen diesen beiden Auffassungen eine Entscheidung treffen?

Gründe für einen Vergleich

Wir können nicht sagen, daß eine dieser Auffassungen einfacher wäre als die andere; denn eine Bezugnahme auf seelische Zustände und Handlungen trifft Unterscheidungen, die in die Begriffe der Kontingenzen des Überlebens oder der Verstärkung übersetzt werden müssen. Es könnte in der Tat möglich sein, daß eine behavioristische Analyse sehr viel komplexer wäre als eine mentalistische. Obwohl einige Verstärkungspläne zum Beispiel ähnliche Wirkungen hervorrufen, wie sie introspektiv beobachtet und benannt worden sind, führen viele andere zu vollkommen anderen Ergebnissen.

Anders verhält es sich mit der Zugänglichkeit des Untersuchungsmaterials. Niemand hat je eine der *seelischen* Tätigkeiten oder Eigenarten, die oben aufgeführt worden sind, direkt modifiziert. Es gibt keinen Weg, auf dem man unmittelbar mit ihnen in Kontakt treten könnte. Körperzustände, die als solche empfunden werden, können chirurgisch, elektrisch oder mit Drogen verändert werden. Praktisch werden sie aber zumeist durch die Umwelt verändert. Wenn ein Anhänger des Mentalismus bekennt, daß «wir über diese Probleme in etwas über zweitausend Jahren Reflexion nicht viel gelernt haben», so können wir uns fragen, warum das reflexive Denken nicht schon früher in Frage gestellt worden ist. Obwohl ihre Entwicklung noch in den Kinderschuhen steckt, sind Verhaltensänderungen erfolgreich vorgenommen worden, während mentalistische Ansätze weiterhin fehlschlagen. Ist die Rolle der Umwelt erst einmal geklärt, so ist die Zugänglichkeit des Verhaltens oft überraschend groß.

Eine Entscheidung ist vielleicht schwerer zu treffen, wenn wir einfach ein Verhalten vorhersagen wollen. Was eine Person empfindet, ist das Produkt der Kontingenzen, zu deren Funktion auch ihr zukünftiges Verhalten gehören wird. Aus diesem Grund gibt es eine nützliche und sinnvolle Verbindung zwischen Gefühlen und Verhalten. Es wäre dumm, das Wissen, das eine Person von ihrer gegenwärtigen Lage hat, ausschalten oder auf seine Verwendung verzichten zu wollen. Sie mag sagen, daß sie das tut, wonach ihr gerade ist, ohne sich zu fragen, warum sie diese Empfindung hat. Wir können sie fragen, wonach ihr ist, und ihre Antwort ohne weitere Befragung verwenden, um uns auf ihr Verhalten vorzubereiten. In einem beiläufigen Gespräch sind die Grenzen der Genauigkeit, auf die im 2. Kapitel hingewiesen worden ist, nicht notwendig exakt und ernsthaft gezogen. Wir können aber nichtsdestoweniger ein Verhalten genauer vorhersagen, wenn wir die Vorgeschichte kennen, auf die bestimmte Gefühle zurückgeführt werden können. Einstellungen, Meinungen oder Intelligenzleistungen sind als Zustände, die aus dem Verhalten erschlossen werden, nicht kontrollierbar. Sie erlauben uns aber, eine Art von Verhalten als von einer anderen unterschieden vorherzusagen, die – vermutlich aufgrund einer gemeinsamen Ursache – assoziativ mit ihr verknüpft ist.

Wenn menschliches Verhalten unter Bedingungen beobachtet wird, die nicht exakt beschrieben werden können und wo eine Vorgeschichte nicht ermittelt werden kann, ist sehr wenig Vorhersage oder Kontrolle möglich. Doch auch hier ist eine behavioristische Darstellung nützlicher als eine mentalistische. Denn sie ist in der Lage, zu deuten, was eine Person tut oder warum sie sich unter bestimmten Umständen so verhält. Gewöhnlich hat ein Zuhörer keine Schwierigkeit, sich die Vorstellungen eines Sprechers klarzumachen, obwohl ihm keine weiteren Hinweise gegeben werden. Wenn wir aber Vermutungen anstellen, so ist es hilfreicher, sie in die Richtung der genetischen Ausstattung und der Umweltgeschichte zu lenken, statt in die der Gefühle, die aus jenen entstanden sind.

Wenn eine Person sagt, daß sie handelte, «weil ihr danach war», so können wir in dieses «weil» wenig Vertrauen setzen, solange wir nicht erklären, warum sie diese Empfindung hatte. Dagegen ist eingewandt worden, daß wir bei der Verfolgung einer Kausalkette in die Vergangenheit irgendwo schließlich Schluß machen müssen und daß wir dies ebensogut innerhalb der Psyche tun können. Das aber geschieht meist gerade in mentalistischen Ableitungen, und aus diesem Grund blocken sie weitere Fragen ab. Es stimmt, daß wir das menschliche Verhalten nicht nur auf die physischen Bedingungen zurückführen können, die es formen und aufrechterhalten, sondern auch auf die Ursachen dieser Bedingungen sowie auf die Ursachen dieser Ursachen, beinahe *ad infinitum.* Es ist dabei sinnlos, über den Punkt hinaus zurückzugehen, von dem ein wirkungsvolles Handeln ausgehen kann. Dieser Punkt aber liegt in keinem Fall in der Psyche. Denn die Erklärungskraft des Seelenlebens hat in dem Umfang stetig abgenommen, wie die der Umwelt deutlicher verstanden worden ist.

Eine weitere Frage lautet: Welche der beiden Auffassungen gestattet eine engere Kooperation mit den Sozialwissenschaften auf der einen und der Physiologie auf der anderen Seite? Auch hier wieder scheint mir die behavioristische Position der mentalistischen den Rang abzulaufen. Die Sozialwissenschaften waren einmal durchaus «psychologistisch». Die Ökonomen hatten ihren *homo oeconomicus* und die Politikwissenschaftler ihr *zoon politikon.* Als man jedoch erkannte, daß die psychischen Eigenschaften dieser Kunstgeschöpfe ganz offenbar erfunden wurden, um die in Frage stehenden Erscheinungen zu erklären, wurde der Psychologismus zurückgedrängt. Von einer behavioristischen Theorie läßt sich behaupten, daß sie die Rolle des Individuums in den Sozialwissenschaften wiederherstellt. Ihr Ergebnis ist nicht jene «Verhaltenswissenschaft» des politischen Handelns – die, wie wir gesehen haben, eine Version des Strukturalismus ist, sondern ein neuer Ansatz an den Bedingungen ökonomischen und politischen Verhaltens.

Die behavioristische Darstellung ist auch näher mit der Physiologie verbunden; denn sie setzt ihr neue Aufgaben. Der Mentalismus dagegen hat der Physiologie einen Bärendienst erwiesen, indem er sie auf der Suche nach den Entsprechungen von Bildern, Erinnerungen und Bewußtseinsinhalten im Nervensystem auf falsche Fährten gelockt hat.

Es gibt Psychologen, die sowohl der behavioristischen wie der mentalistischen Position Rechnung zu tragen suchen. Sie bezeichnen die Psychologie als die Wissenschaft vom Verhalten *und* vom Seelenleben. Tut man dies, so kehrt man zu dem alten Dreistadienmodell zurück, bei dem die physische Umwelt auf den Organismus einwirkte und seelische oder psychische Handlungen erzeugte, von denen einige schließlich in physische Tätigkeit umgesetzt wurden. Die verwirrende Frage, wie ein physikalisches Ereignis ein seelisches verursacht, das seinerseits ein physikalisches verursacht, ist noch nicht gelöst. Kann eine Antwort auf diese Fragen nicht gefunden werden, so muß sie als unbeantwortbar fallengelassen werden. – Ein Spezialist in der Physiologie des Sehens hat gesagt, daß «der Übergang von den Erregungen im Kortex zur subjektiven Erfahrung sich jeder Erklärung entzieht».

Das Problem könnte vermieden werden, wenn wir innerhalb des Psychischen bleiben könnten. Im innerpsychischen Leben des Geistes haben seelische Ursachen seelische Auswirkungen, zu denen etwa Bewußtseinszustände oder Erfahrungen von Gewißheit gehören. Ließe sich diese Innenwelt rein solipsistisch beobachten, hätte ein Psychologe, der das Seelenleben erforscht, keinen Grund, sich – auch nicht in der Kommunikation mit anderen – auf physische Handlungen zu berufen. Würde darüber hinaus auch nicht durch die Annahme eines Seelenlebens ein Bruch verursacht, dem der Behaviorismus in seiner Darstellung Rechnung tragen muß, dann wäre ein jeder zufrieden. Aber die Psychologie als Untersuchung subjektiver Erscheinungen, die sich von objektivem Verhalten unterscheiden, wäre dann keine Wissenschaft und hätte jede vernünftige Begründung verloren.

Eine Verhaltenswissenschaft muß private Reize als physische Tatsachen betrachten. Indem sie das tut, gibt sie eine andere Darstellung des Seelenlebens. Sie muß also fragen: Was ist innerhalb der Haut und wie erlangen wir Kenntnis darüber? Die Antwort bildet, so meine ich, das Herzstück eines radikalen Behaviorismus.

Physiologie

Ein Organismus ist selbstverständlich nicht leer und kann nicht folglich als eine *black box* angesehen werden. Wir müssen aber sehr sorgfältig zwischen dem unterscheiden, was über sein Inneres bekannt und was bloß erschlossen ist.

Lange bevor Plato den Geist entdeckte, haben die Griechen Verhaltenserklärungen aus einer eigenartigen Mischung von Anatomie, Physiologie und Gefühlen gegeben. Eine wichtige Rolle spielten hierbei die Lungen. Dies mag zum Teil darauf zurückzuführen sein, daß die Stimme, die Gefühle und Vorstellungen auszudrücken schien, Atem brauchte und daß der Atem aussetzte, wenn das Leben zu Ende war. Die Bezeichnungen der Seele und des Geistes gehen im Griechischen und im Lateinischen ursprünglich auf ein Wort zurück, das «Atmen» bedeutete. Andere Vorläufer des Verhaltens schienen im Herzen lokalisiert zu sein, das bei Erregung schneller schlug und ebenfalls zu schlagen aufhörte, wenn eine Person tot war.

Fragmente dieser Art von Physiologie lassen sich noch heute finden. Wir sagen, daß eine Person nicht mit dem Herzen bei der Sache sei oder daß sie aufgrund einer unglücklichen Liebe an einem gebrochenen Herzen leide. Wir sagen, daß jemand genügend Rückgrat besitzt, um einem anderen entgegenzutreten, oder daß er Galle über ihn ausschüttet, indem er ihn beschimpft. Jemandem mögen die Hirnwindungen fehlen, um eine bestimmte Arbeit zu verrichten, oder sein Gehirn kann verwirrt beziehungsweise in Aufruhr geraten sein. Zuweilen können seine Nerven erschüttert, verschlissen, bis zum Zerreißen angespannt, abgestumpft oder straff sein. Wir diagnostizieren oder vermischen solche inneren Zustände so bereitwillig, wie wir Vorstellungen und Gefühle erfinden. Ein Zeitungsbericht über die Schachpartie zwischen Spassky und Fischer lautet: «Spasskys heutiger Fehler kann sehr wohl das Ergebnis der nervlichen Erschütterung sein, die er in dem früheren Spiel mit 64 Zügen davongetragen hat. Offensichtlich hat er sich davon nicht erholt. Durch den Irrtum, den er heute begangen hat, kann sein Selbstvertrauen sogar noch weiter erschüttert werden.» Es spielt keine Rolle, ob nun Spasskys Nerven oder sein Selbstvertrauen erschüttert worden sind; denn der Schreiber hat beide erfunden. In der gleichen Weise verwenden kognitive Psychologen häufig die Ausdrücke «Gehirn» und «Geist», als wären beide austauschbar. Alle Sprachen sollen darüber hinaus bestimmte unveränderliche Züge besitzen, weil angeblich «die Hirnwindungen in dieser Weise verlaufen». Ein jüngst erschienener Aufsatz in einer wissenschaftlichen Zeitschrift berichtet, daß «die rechte Hirnhälfte – bei Rechtshändern – die begrifflichen Vorstellungen kontrolliert, während die linke Hirnhälfte für die gesamte Intelligenz verantwortlich ist, weil sie – als der Teil, in dem die Sprache gespeichert wird – als das Mundstück des Gehirns angesehen werden muß». Wir erfahren sogar, daß «alle normalen, hochentwickelten Gehirne so funktionieren, daß sie auf natürlichem Wege als Reaktion auf ihre Wirklichkeitserfahrung moralische Vorstellungen entwickeln». Aber auch die Physiologie entwickelte sich zunächst in ähnlicher Weise. Frühe Beobachtungen wurden zum Beispiel an Reflexhandlungen angestellt, lange bevor die Aktivität von Nerven entdeckt werden konnte. Verschiedene Teile des Nervensystems ließen sich isolieren, was sich aber in einem bestimmten Teil ereignete, konnte man nur erschließen. Das galt sogar noch in der ersten Hälfte des zwanzigsten Jahrhunderts. Die von Sir Charles Sherrington untersuchte Synapse war Teil eines begrifflich strukturierten Nervensystems. Das galt auch noch für die Aktivität des Kortex, die Pawlow untersuchte. Aber ein begrifflich strukturiertes Nervensystem kann selbstverständlich nicht zur Erklärung des Verhaltens herangezogen werden, aus dem es erschlossen worden ist.

Die Physiologie und – unter dem besonderen Gesichtspunkt des Verhaltens – auch die Neurologie haben natürlich große Fortschritte gemacht. Elektrische und chemische Eigenschaften zahlreicher Nervenprozesse können inzwischen direkt beobachtet und gemessen werden. Das Nervensystem insgesamt ist jedoch weniger leicht zugänglich als die Formen des Verhaltens und der Umwelt. Und dieser Unterschied fordert seinen Preis. Wir kennen einige der Prozesse, die sensorische, motorische, motivationale und emotionale Teile des Verhaltens beeinflussen, aber wir sind noch weit davon entfernt, zu wissen, was genau vor sich geht, wenn etwa ein

Kind lernt, aus einer Tasse zu trinken, ein Objekt mit seinem richtigen Namen zu nennen oder ein Teil eines Puzzles korrekt zu plazieren. Ebensoweit sind wir davon entfernt, Veränderungen im Nervensystem vorzunehmen, die zu dem Ergebnis führen, daß ein Kind diese Dinge tun könnte. Es ist möglich, daß wir niemals in der Lage sein werden, unmittelbar zu beobachten, was im Nervensystem in dem Augenblick geschieht, wo eine Reaktion auftritt. Vielleicht gibt es auch hier so etwas wie das Heisenbergsche Prinzip: Es könnte sein, daß jedes Beobachtungsmittel, das sich auf die Nerventätigkeit bei einem bestimmten Verhalten richtet, dieses Verhalten stört.

Ein ähnlicher Vergleich läßt sich in bezug auf die technische Verwendung der Verhaltenswissenschaft und der Physiologie vorbringen. Kürzlich ist festgestellt worden, daß «wir möglicherweise sehr bald die Macht erwerben, Fähigkeiten und Tätigkeiten der Menschen durch direkte Intervention und Manipulation ihrer Körper und ihres Geistes zu verändern und zu kontrollieren». Die biologische Form des human engineering wird wahrscheinlich tiefgreifende soziale Konsequenzen nach sich ziehen. Zwar wird eine direkte Intervention und Manipulation des Körpers heute am häufigsten beschworen, um auf die Gefahren einer Verhaltenskontrolle hinzuweisen, aber eine sehr viel wirksamere Form der Kontrolle durch eine Manipulation der Umwelt liegt bereits in Reichweite. Übersehen wird sie nur aufgrund der traditionellen Faszination, die vom Innenleben der Menschen ausgeht.

Man übersieht die Möglichkeiten einer Verhaltenswissenschaft, wenn man behauptet, daß «die einzig mögliche theoretische Grundlage einer Erklärung des menschlichen Verhaltens in der Physiologie des Gehirns und im Zentralnervensystem liegt» und daß «von dieser Grundlage aus die Psychologie als selbständige Wissenschaft notwendig verschwinden muß». Auch die folgende Äußerung fällt einer Überschätzung der Physiologie anheim: «Wenn das Leben der Menschen je vollständig rational geführt werden soll, also frei von Störungen durch Krieg, Verbrechen und ökonomische Krisen, so wird man nach Wegen suchen müssen, um den menschlichen Gehirnumfang zu vergrößern.» Man wird kaum ein besseres Beispiel für die schädliche Wirkung finden können, die davon ausgeht, daß sich die physiologische ebenso wie die mentalistische Forschung aufs Innenleben der Menschen richtet. Kriege, Verbrechen und ökonomische Krisen können wir nur dann ausschließen, wenn es uns gelingt, eine bessere soziale Umwelt aufzubauen.

Das Versprechen, das die Physiologie macht, geht in eine andere Richtung. Neue Instrumente und Methoden werden weiterhin entwickelt werden. Wir werden schließlich sehr viel mehr über die *Art* der chemischen oder elektrischen physiologischen Prozesse wissen, die ablaufen, wenn sich eine Person verhält. Der Physiologe der Zukunft wird uns alles Wissenswerte darüber mitteilen, was sich innerhalb eines Organismus ereignet, der sich in bestimmter Weise verhält. Seine Darstellung wird einen großen Fortschritt über die Verhaltensanalyse hinaus erbringen, weil die letztere notwendig «historisch» verfährt. Das heißt, sie bleibt auf funktionale Beziehungen beschränkt, die zeitliche Lücken aufweisen. So kann zum Beispiel heute etwas geschehen, was morgen das Verhalten eines Organismus beeinflußt. Wie deutlich auch die Beziehung zwischen beiden Tatsachen nachgewiesen werden kann, es fehlt doch immer ein Glied innerhalb dieser Kette. Wir müssen warten, bis die Physiologie es zu erklären vermag. Sie wird dann zeigen können, wie ein Organismus verändert wird, sobald er Kontingenzen der Verstärkung ausgesetzt ist und warum der so veränderte Organismus sich dann – möglicherweise zu einem späteren Zeitpunkt – anders verhält. Was sie entdecken wird, kann die Gesetze der Verhaltenswissenschaft nicht entkräften, aber es wird das Bild menschlichen Handelns vervollständigen.

Geist oder Nervensystem?

Aber ist diese Vervollständigung einer behavioristischen Darstellung durch die Physiologie nicht genau das Ziel des Mentalismus? Schließen wir nicht die Lücke zwischen Verhalten und vorgängiger Umweltgeschichte, wenn wir die Körperzustände, die aus jener Geschichte stammen und für das Verhalten verantwortlich sind, empfinden oder introspektiv beobachten? Aber warum sollen wir uns die Mühe machen, nach der *Natur* dessen zu fragen, was empfunden oder introspektiv beobachtet wird? Nutzen wir den Vorteil, der sich für uns aus dem Umstand ergibt, daß sich das Individuum selbst beobachtet, und erlauben wir ihm, über das Bindeglied zwischen seinem Verhalten und dessen vorgängigen Ursachen zu berichten. Dies ist, so glaube ich, die Position einer introspektiv verfahrenden Psychologie, der Psychoanalyse und bestimmter physikalistischer Wissenstheorien, die sich nicht dem reinen Solipsismus verschrieben haben.

Ein Schritt in der richtigen Richtung liegt bereits vor, wenn man sich eingesteht, daß das, was man empfindet oder introspektiv beobachtet, die Zustände des eigenen Körpers sind. Es ist ein Schritt in Richtung einer Analyse, die sowohl das Sehen und das Sehen, daß man gesehen wird, in rein physikalische Begriffe faßt. Haben wir den Geist erst einmal durch das Gehirn ersetzt und anschließend das Gehirn durch die Person, können wir die Analyse den beobachteten Tatsachen entsprechend umformulieren. *Aber was empfunden oder introspektiv beobachtet wird, ist kein bedeutsamer Teil innerhalb einer Physiologie, die eine zeitliche Lücke in der historischen Analyse füllen könnte.*

Eine starke Einschränkung geht von den Organen aus, die eine Person bei der Selbstbeobachtung verwendet. Denn was ist die Anatomie oder Physiologie des inneren Auges? Soweit wir wissen, bleibt die Selbstbeobachtung auf die im 3. Kapitel beschriebenen Nervensysteme beschränkt. Es sind dies ein interozeptives Nervensystem, das sich auf die Eingeweide richtet, ein propriozeptives Nervensystem, das sich auf das Skelett richtet und ein exterozeptives Nervensystem, das die Person mit der Welt um sie her in Berührung bringt. Diese drei Systeme haben sich im Verlauf der natürlichen Selektion der menschlichen Art aufgrund der Rolle, die sie für die innere und äußere Ökonomie des Organismus spielen, entwickelt. Die Selbsterkenntnis aber entwickelte sich sehr viel später in der Geschichte der Art. Sie ist das Ergebnis gesellschaftlicher Kontingenzen, die durch die Sprachgemeinschaft arrangiert worden sind. Diese Kontingenzen sind noch nicht lange genug wirksam, um von sich aus ein angemessenes Nervensystem evolutionär entwickelt zu haben.

Die Introspektion mußte sich der vorhandenen Systeme bedienen, die durchweg nur einen Kontakt mit den Teilen des Körpers erlaubten, die in seiner inneren und äußeren Ökonomie eine Rolle spielten. Alles was die Person über sich mit ihrer Hilfe in Erfahrung bringen kann, sind nur weitere Reize und Reaktionen. Mit dem Nervensystem, das ihr Verhalten vermittelt, kann sie nicht in Berührung treten. Sie kann dies deshalb nicht tun, weil sie nicht über Nerven verfügt, die an den richtigen Stellen ansetzen. Versucht man, sehr viel von dem zu beobachten, was im eigenen Körper vor sich geht, so ist das, als versuchte man, Känge jenseits der Schallgeschwindigkeit zu hören oder elektromagnetische Strahlen zu sehen, die außerhalb der visuellen Wahrnehmungssphäre liegen. Insbesondere dem Gehirn fehlt es an Sinnesorganen – denn seine Reaktionen auf Reize sind nicht wirklich sinnlich; es spielt im Verhalten zwar eine außerordentliche Rolle, aber nicht als Gegenstand jenes besonderen Verhaltens, das als Erkenntnis bezeichnet wird. Durch Introspektion können wir niemals erkennen, was der Physiologe mit seinen Spezialinstrumenten zu entdecken vermag.

Der Schlüssel des Problems liegt auch hier in den Kontingenzen des Überlebens. Wie wir nicht auf eine angeborene Ausstattung des Menschen verweisen können, um die Entstehung von grammatischer Rede, Logik oder Mathematik zu erklären, weil diese Gegenstände nicht lange genug Teil der menschlichen Umwelt gewesen sind, so müssen wir auch jeden Versuch in Frage stellen, introspektive Selbsterkenntnis einem Nervensystem zuzuschreiben, das eigens zu diesem Zweck ausgebildet worden sein soll. Sprachverhalten, Logik, Mathematik und *Introspektion* bauen auf Zügen der menschlichen Art auf, die bereits aus anderen Gründen evolutionär entwickelt waren.

Ein begrifflich strukturiertes Nervensystem

Die Teile des Nervensystems, von denen die frühen Physiologen handelten, waren, wie wir gesehen haben, weithin erschlossen. Ein klassisches Beispiel hierfür ist die Synapse aus Sherringtons *The*

Integrative Action of the Nervous System. Die Methode der Erschließung mußte der der direkten Beobachtung weichen, als bessere Instrumente der Physiologie große Fortschritte erlaubten. Von einigen wurde ihr jedoch neue Würde verliehen, indem sie sie zu einem Modell oder System ausbauten. Damit hat sich eine Art Thermodynamik des Nervensystems entwickelt, in der ohne allzu großen Bezug auf die beteiligten Funktionen des Nervensystems allgemeine Gesetze und Prinzipien entworfen werden. Sowohl die Informationstheorie wie auch die Kybernetik haben zu den Spekulationen, was eigentlich im Kopf vor sich geht, beigetragen. Ein solches Modell oder System sollte sowohl auf die geistige wie auf die physische Welt anwendbar sein und damit das Problem eines Dualismus vermeiden. Braucht man denn nicht, so fragten diejenigen, die es entwickelt hatten, ein Modell des Nervensystems, solange die Fortschritte der Physiologie noch nicht weit genug gediehen sind?

Ich glaube, diese Frage muß man verneinen. Die Untersuchung eines begrifflich strukturierten Nervensystems ist weithin mit den «Gedankenprozessen» befaßt, die im 7. Kapitel erörtert worden sind. Auf der Ebene des Verhaltens sind diese Prozesse konkret genug, aber sie werden zu fragwürdigen Metaphern, wenn sie ins Innere der Menschen verlegt werden. Ein Modell oder System lenkt auch hier wie bei der Untersuchung des Bewußtseins die Aufmerksamkeit nach innen und lenkt damit von der genetischen und persönlichen Vorgeschichte der zu untersuchenden Prozesse ab.

14 Zusammenfassung

Die Einleitung enthält zwanzig Aussagen über den Behaviorismus, die man zwar häufig hören kann, die aber, wie ich meine, insgesamt falsch sind. Im Lichte dessen, was im Verlauf unserer Erörterung gesagt worden ist, soll nun auf sie erneut eingegangen werden.

1. Vom methodologischen Behaviorismus und von gewissen Arten des logischen Positivismus kann man sagen, daß sie das Bewußtsein, Gefühle und Seelenzustände ignorieren. Der radikale Behaviorismus aber «enthauptet» den Organismus nicht. Er «kehrt das Problem der Subjektivität» nicht «unter den Teppich». Er hält nicht «an einer streng behavioristischen Methodologie fest, indem er Berichte über Introspektionen einfach als verbales Verhalten behandelt». Er wurde schließlich auch nicht entworfen, um «das Bewußtsein einer Atrophie zu überantworten». Zum Bewußtsein hat er folgendes zu sagen:

a) Eine Reizung, die innerhalb des Körpers entsteht, ist für ein Verhalten von großer Bedeutung.

b) Die Nervensysteme, durch die die Reizung wirksam wird, haben sich aufgrund ihrer Rolle in der inneren und äußeren Ökonomie des Organismus evolutionär entwickelt.

c) Im selben Sinn, in dem wir sagen, eine Person sei sich ihrer Umwelt bewußt, ist sie sich auch der Zustände oder Ereignisse in ihrem Körper bewußt. Sie steht, da es sich bei ihnen um Reize handelt, unter ihrer Kontrolle. Ein Boxer, den man bewußtlos geschlagen hat, reagiert während seiner Bewußtlosigkeit weder auf Reize der Außenwelt noch auf die aus seinem Körperinneren. Ein Redner, der zu lange spricht, kann sich der Wirkungen seiner Rede auf die Zuhörerschaft nicht bewußt sein und sich, mit anderen Worten, der Kontrolle entziehen, die diese Wirkungen auf sein Verhalten hätten haben können. Die Verhaltenswissenschaft ist also weit davon entfernt, ein Bewußtsein in diesem Sinn zu ignorieren. Sie hat freilich neue Wege entdeckt, um es zu studieren.

d) Eine Person wird sich eines Sachverhaltes auf andere Weise bewußt, wenn eine Sprachgemeinschaft die Kontingenzen arrangiert, unter denen sie nicht nur ein Objekt sieht, sondern sieht, daß sie es sieht. In diesem besonderen Sinn ist das Bewußtsein oder die Kenntnisnahme von etwas ein gesellschaftliches Produkt.

e) Introspektive Erkenntnis des eigenen Körpers, also Selbsterkenntnis, ist aus zwei Gründen mangelhaft: Die Sprachgemeinschaft kann ein Verhalten, das sich selbst beschreibt, nicht unter die exakte Kontrolle privater Reize bringen. Zur evolutionären Ausbildung eines Nervensystems, das einige sehr bedeutende Körperteile unter eine solche Kontrolle hätte bringen können, ist es nicht gekommen.

f) Innerhalb dieser Grenzen ist eine Selbsterkenntnis von Nutzen. Die Sprachgemeinschaft stellt Fragen über private Ereignisse, weil sie Nebenprodukte von Ursachen aus der Umwelt sind, auf die dadurch nützliche Rückschlüsse möglich werden. Aus ähnlichen Gründen wird Selbsterkenntnis auch für das Individuum sinnvoll.

g) Eine besondere Art von geistigem Stoff wird nicht unterstellt. Die physikalische Welt erzeugt sowohl physisches Handeln wie auch die physischen Körperzustände, auf die eine Person reagiert, wenn eine Sprachgemeinschaft die notwendigen Kontingenzen bereitstellt.

Auch andere Arten besitzen insofern Bewußtsein, als sie einen Sinn dafür haben, unter einer Reizkontrolle zu stehen. Sie empfinden Schmerz, denn sie reagieren auf schmerzhafte Reize. Sie sehen Lichter oder hören Klänge und reagieren angemessen auf sie. Aber keine sprachlichen Kontingenzen lassen sie ein Bewußtsein des Schmerzes in dem Sinn erwerben, daß sie fühlen, daß sie etwas fühlen. Auch Lichter oder Klänge nehmen sie nicht in der Weise wahr, daß sie sehen können, daß sie etwas sehen, oder hören können, daß sie etwas hören.

Eine vollkommen unabhängige und losgelöste Wissenschaft von der subjektiven Erfahrung würde auf eine Verhaltenswissenschaft nicht mehr Einfluß haben als eine Wissenschaft davon, was die

Leute so vom Feuer denken, auf eine Wissenschaft haben könnte, die Verbrennungsprozesse untersucht. Aber die Erfahrung läßt sich von der physischen Welt nicht in der Weise trennen, daß eine solche Wissenschaft möglich wäre. Verschiedene Sprachgemeinschaften erzeugen je für sich ein Bewußtsein von unterschiedlicher Art und von unterschiedlichem Umfang. Die östliche Philosophie, die Psychoanalyse, die experimentelle Psychologie, die Phänomenologie und die Welt praktischen Handelns führen auf eine Beobachtung sehr verschiedener Gefühle und Seelenzustände. Eine unabhängige und selbständige Wissenschaft des Subjektiven wäre eine Wissenschaft von den Sprachgemeinschaften.

Müssen wir daraus schließen, daß all diejenigen, die über das Bewußtsein als eine Form der Selbsterkenntnis spekuliert haben, angefangen von den Griechen über die englischen Empiristen bis hin zu den Phänomenologen, ihre Zeit verschwendet haben? Vielleicht, ja. Sie verdienen aber unsere Achtung, weil sie die Aufmerksamkeit auf die Beziehung der Person zu ihrer Umwelt gelenkt haben. – Die wissenschaftliche Untersuchung der Reizkontrolle im Namen von Empfindung und Wahrnehmung entstand aus philosophischen Interessen dieser Art. Aber sie haben die Untersuchung von den Ereignissen, aus denen sich eine Umweltgeschichte zusammensetzt, abgelenkt.

2. Es ist schwer zu verstehen, warum so häufig die Auffassung vertreten wird, der Behaviorismus vernachlässige die angeborene Ausstattung des Menschen. Watsons leichtfertige Bemerkung, daß er jeden gesunden Säugling nehmen und aus ihm einen Arzt, Juristen, Künstler, Kaufmann, ja sogar einen Dieb oder Bettler machen könne, kann kaum dafür verantwortlich sein. Denn Watson selbst hat sich wiederholt auf das «Erbgut und den Habitus» der Menschen berufen. Einige Behavioristen, insbesondere J. R. Kantor, haben den genetischen Beitrag zum Verhalten heruntergespielt, wenn nicht gar geleugnet. In ihrem Enthusiasmus für das, was durch die Umwelt bewirkt werden kann, haben sich andere zweifellos so aufgeführt, als sei die genetische Ausstattung ohne Belang. Nur wenige Behavioristen aber würden behaupten, daß das Verhalten «endlos formbar» sei.

Soziale und politische Themen haben in der Wissenschaftsgeschichte vielleicht eine bedeutendere Rolle gespielt als bisher offenkundig gewesen ist. Einige von ihnen sind in jüngster Zeit zutage getreten. Die Auffassung, daß wenig oder gar nichts auf die Umwelt zurückzuführen ist, ist vor allem in der Pädagogik einflußreich gewesen. Schüler werden in bestimmte Kategorien eingeteilt, so zum Beispiel in die Kategorie derer, die nicht unterrichtet zu werden brauchen, und auf der anderen Seite diejenigen, die nicht unterrichtet werden können. Die Forderung nach einer allgemeinen Erziehung wird mit dem Argument in Frage gestellt, einige Kinder seien grundsätzlich nicht erziehbar. Doch der Einfluß von Vererbung und Umwelt muß durch Beobachtung aufgedeckt und nicht nach politischen Glaubenssätzen zugeteilt werden. Die Arten unterscheiden sich nach der Geschwindigkeit, mit der sie konditioniert werden können, sowie nach Art und Umfang des Repertoires, das sie aufrechterhalten können. Wahrscheinlich weisen auch die Menschen ähnliche, durch Vererbung übermittelte Unterschiede auf. Nichtsdestoweniger bleibt die Topographie oder Form des Verhaltens zumeist von ihnen unberührt. Die Behauptung, Intelligenz oder irgendeine andere Fähigkeit sei zu zwanzig Prozent eine Angelegenheit der Umwelt und zu achtzig Prozent eine Angelegenheit der Genetik, sagt nicht, daß zwanzig Prozent des Verhaltens einer Person auf Kontingenzen der Verstärkung zurückgehen und achtzig Prozent auf ihre genetische Ausstattung. Wenn man eineiige Zwillinge als Kinder trennt und eines von ihnen in China, das andere in Frankreich aufwachsen läßt, wird sich ihr verbales Verhalten vollständig voneinander unterscheiden. – Die Grammatiken beider Sprachen können bestimmte Züge gemeinsam haben. Wie wir gesehen haben, heißt dies jedoch nicht, daß die Grammatik eine genetische Grundlage besitzt.

3. Der reaktionsauslösende Reiz ist ein besonders deutliches Beispiel einer umweltbezogenen Handlung und wurde wahrscheinlich aus diesem Grund als erstes entdeckt und formuliert. Der Begriff eines Auslösemechanismus, der gespeichertes Verhalten freisetzt, ergab sich für Descartes aus dem Anblick bestimmter hydraulischer Vorrichtungen, die menschliches Verhalten simulierten. Einfache Beispiele dieses Mechanismus wurden im Verlauf des 19. Jahrhunderts an Teilen lebendiger Organismen vorge-

führt, so etwa von dem Physiologen Marshall Hall an enthaupteten Salamandern. Wie wir gesehen haben, wies Pawlow nach, daß Reize dazu in der Lage sind, im Verlauf eines individuellen Lebens Reflexe als Reaktionen hervorzurufen. Dies führte dann zu dem ehrgeizigen Programm der Reiz-Reaktions-Psychologie.

Die scheinbare Einfachheit des Reflexverhaltens ist vielleicht dafür verantwortlich, daß der Reflex in der nichtwissenschaftlichen Literatur als stereotyp umweltbezogenes Handeln seinen festen Platz behalten hat. Sie ist wohl ebenfalls dafür verantwortlich, daß dem Behaviorismus so häufig nachgesagt wird, er behandle das Verhalten einfach als Reaktion auf einen Reiz. Wenn das der Fall wäre, hätte ein Organismus sehr viel vom Charakter einer Puppe, eines Roboters oder einer Maschine. Aber Reize *rufen* operante Reaktionen nicht *hervor*; sie modifizieren einfach die Wahrscheinlichkeit, daß Reaktionen emittiert werden. Sie tun dies wegen der Kontingenzen der Verstärkung, in denen sie eine Rolle gespielt haben. Sie können darüber hinaus in Verbindung mit anderen Zuständen möglicher-, aber nicht notwendigerweise bis zu dem Punkt tätig werden, an dem eine Reaktion auftritt. Sie unterscheiden sich also sehr weitgehend von der Rolle bloß reaktionsauslösender Reize.

4. Menschliche Wesen wenden sich der Welt zu, in der sie leben, oder sie übergehen sie. Sie suchen in ihr nach bestimmten Dingen. Sie schließen in verallgemeinernden Generalisierungen von einem Ding auf ein anderes. Sie unterscheiden aber auch. Sie reagieren auf einzelne Züge oder auf komplexere Gebilde wie «Abstraktionen» oder «Vorstellungen». Sie lösen Probleme, indem sie die Dinge versammeln, klassifizieren, arrangieren und rearrangieren. Sie beschreiben die Dinge und reagieren auf ihre Beschreibungen ebenso wie auf die Beschreibung, die andere hergestellt haben. Sie analysieren die Kontingenzen der Verstärkung in ihrer Welt und entnehmen ihnen Pläne sowie Regeln, die sie in die Lage versetzen, auch dann angemessen zu reagieren, wenn sie nicht unmittelbar mit den Kontingenzen konfrontiert sind. Sie entdecken und verwenden Regeln, mit deren Hilfe sie neue Regeln aus alten ableiten. In all dem tun sie nichts weiter, als sich zu verhalten. Das gilt auch, wenn sie sich nur verdeckt verhalten. Eine Verhaltens-

analyse weist nicht nur keinen der höheren geistig-seelischen Prozesse als nicht existent zurück, sondern sie übernimmt sogar die Führung einer Untersuchung der Kontingenzen, unter denen sie auftreten. Zurückweisung erfährt von ihr nur die Annahme, daß eine entsprechende Tätigkeit in der mysteriösen Welt des Geistes stattfindet. Diese Annahme, so argumentiert sie, ist eine ungerechtfertigte und gefährliche Metapher.

Von großen Teilen des menschlichen Denkens vermag niemand eine angemessene Darstellung zu geben. Schließlich ist es das vielleicht komplexeste Untersuchungsgebiet der Wissenschaft. Die großen Leistungen von Künstlern, Komponisten, Schriftstellern, Mathematikern und Naturwissenschaftlern liegen ohne Zweifel noch außerhalb der Reichweite unserer Wissenschaft. – Wie ich gezeigt habe, ist das zum Teil darauf zurückzuführen, daß die großen Führergestalten auf diesen Gebieten durch den Mentalismus dazu verleitet worden sind, nutzlose Berichte über ihre Tätigkeit vorzulegen. Ganz gleich wie mangelhaft eine behavioristische Darstellung sein mag, wir müssen in jedem Fall daran erinnern, daß mentalistische Erklärungen gar nichts erklären.

5. Die Evolutionstheorie verschob den Zweck, der durch die genetische Ausstattung des Menschen angezeigt schien, von einem vorausgegangenen Entwurf zur nachfolgenden Selektion durch Kontingenzen des Überlebens. Die Theorie des operanten Behaviorismus verschob den Zweck, der im menschlichen Handeln an den Tag zu treten schien, von einer vorausgegangenen Absicht zu einer nachfolgenden Selektion durch Kontingenzen der Verstärkung. Jemand, der in der Lage ist, zu handeln, weil er für sein Handeln verstärkt worden ist, kann währenddessen seinen Körperzustand empfinden und als «empfundenen Zweck» bezeichnen. Was der Behaviorismus zurückweist, ist nur die kausale Wirksamkeit einer solchen Empfindung.

6. Kontingenzen der Verstärkung gleichen den Kontingenzen des Überlebens auch darin, daß sie Neuerungen produzieren. Das Schlüsselwort in Darwins Titel «Die Entstehung der Arten» war «Entstehung». Die natürliche Selektion erklärt den Ursprung von Millionen verschiedener Arten auf der Oberfläche der Erde, ohne auf einen schöpferischen Geist Bezug zu nehmen. Auf dem Gebiet

menschlichen Verhaltens entsteht die Möglichkeit, daß Kontingenzen der Verstärkung ein Kunstwerk oder eine naturwissenschaftliche Problemlösung erklären können, ohne sich auf eine besondere Art von schöpferischem Geist zu berufen oder auf die Möglichkeit zu verweisen, daß «Genies über mehr kreative Nervenkraft verfügen als wir geringen Sterblichen».

Sowohl bei der natürlichen Selektion wie bei operanter Konditionierung ist das Auftreten von «Mutationen» entscheidend. Bis in die jüngste Zeit hinein haben sich Arten aufgrund zufälliger Veränderungen in den Genen oder Chromosomen evolutionär entwickelt. Inzwischen aber können Genetiker Zustände arrangieren, bei denen Mutationen mit besonderer Wahrscheinlichkeit auftreten. Wir können auch einige Ursachen neuer Verhaltensformen entdecken, die sich durch die vorherrschenden Kontingenzen der Verstärkung in einem Selektionsprozeß befinden. Künstler oder Denker haben glücklicherweise andere Mittel zur Verfügung, um Neuerungen durchzusetzen. Auf einige von ihnen habe ich im 7. Kapitel aufmerksam gemacht.

7. Das Zentralproblem des Selbst oder eines Selbstgefühls ist seine Entstehung. Ein Mitglied der menschlichen Art besitzt eine Identität in dem Sinn, daß er dies und kein anderes Mitglied ist. Er beginnt sein Leben als ein Organismus und wird in dem Maße zu einer Person oder zu einem Selbst, als er ein Verhaltensrepertoire erwirbt. Er kann auch zu mehr als einer Person oder einem Selbst werden, wenn er für unterschiedliche Gelegenheiten Verhaltensrepertoires erwirbt, die miteinander mehr oder weniger unvereinbar sind. Bei der Selbsterkenntnis ist das erkennende Selbst vom erkannten verschieden. Bei der Selbstorganisation ist das kontrollierende Selbst vom kontrollierten verschieden. Alle Arten des Selbst aber sind Produkte der genetischen Geschichte und der Umweltgeschichte. Selbsterkenntnis und Selbstorganisation sind gesellschaftlichen Ursprungs. Die Arten des Selbst, die erkannt und durch Management gehandhabt werden, sind Produkte sowohl der Kontingenzen des Überlebens wie auch der der Verstärkung. Im vorliegenden Buch wird an keiner Stelle die Einzigartigkeit eines jeden Mitglieds der menschlichen Art in Frage gestellt. Aber diese Einzigartigkeit entstammt bestimmten Ursachen. Ein

Selbst, das der Urheber oder Initiator seines Handelns wäre, findet in unserer wissenschaftlichen Theorie keinen Raum.

8. Wenn wir uns von der herabsetzenden Bedeutung des Wortes «oberflächlich» und von der Ehrfurcht gebietenden Bedeutung des Wortes «tief» freimachen wollen, wobei der erste Begriff auf eine mangelnde Durchdringung und der zweite auf eine große Fundierung verweist, dann ist ein Körnchen Wahrheit an der Behauptung, daß die behavioristische Analyse oberflächlich sei und nicht in die Tiefen des Geistes oder der Persönlichkeit reiche. Die Stoßrichtung einer solchen Analyse geht dahin, die kausale Bedeutung dessen in Frage zu stellen, was empfunden oder introspektiv innerhalb der Haut beobachtet wird. Statt dessen wendet sie sich der genetischen Vorgeschichte, der Umweltgeschichte und der vorgefundenen Umgebung zu, die sämtlich in der Außenwelt zutage treten. Würde der Behaviorismus sich am reinen Strukturalismus ausrichten und die kausale Bedeutung des Geistes fallenlassen und nichts an dessen Stelle setzen, dann wäre er in einem fragwürdigen Sinn oberflächlich. Das aber tut er nicht; daher ist der Einwand, er sei oberflächlich, seinerseits etwas oberflächlich.

9. Existentialisten, Phänomenologen und Strukturalisten behaupten häufig, daß eine Verhaltenswissenschaft, die sich auf Vorhersage und Kontrolle beschränkt, die wesentliche Natur oder das Sein des Menschen nicht in den Griff bekommt. Die sogenannte humanistische Psychologie mißbilligt Vorhersage und Kontrolle. Sie sorgt sich um das, was eine Person hier und jetzt ist, unabhängig von ihrer Vergangenheit oder Zukunft. Entsprechend fallen ihre Selbstrechtfertigungen aus: «Die Evolutionstheorie ist keine an Vorhersagen orientierte exakte Wissenschaft, aber sie ist immerhin sehr wichtig und ernstzunehmen. Mithin können auch andere nicht an Vorhersagen orientierte Wissenschaften wie zum Beispiel die Geschichtswissenschaft und die humanistische Psychologie gerechtfertigt werden.» Dagegen ist zu sagen, daß die Evolutionstheorie in keiner Weise eine exakte Wissenschaft ist. Es handelt sich bei ihr um eine Deutung einer Vielzahl von Tatsachen, die sich auf Material aus verschiedenen einschlägigen Wissenschaften stützt. Unter ihnen sind vor allem die Genetik und die Ökologie zu nennen, die beide an Vorhersagen und manipulativer Handhab-

barkeit interessiert sind oder sein können. Obwohl es sich beim Verstehen wie bei der Kontemplation um eine Art von Wissen handelt, das häufig nicht zum Handeln gelangt, sind beide, wie wir im 9. Kapitel gesehen haben, von Zuständen abhängig, die zum Handeln führen. Sowohl Vorhersage wie Kontrolle sind der operanten Konditionierung eigen. Der Begriff des Verstehens aber bleibt stets probabilistisch. Wir können es mit einer Handlungswahrscheinlichkeit zu tun haben, wenn kein Handeln stattfindet. In bezug auf uns selbst oder andere Personen können wir das «Verstehen» durch ein «Wissen» ersetzen. In jedem Einzelfall wird das Wissen oder Verstehen nur dann zur «Verwendung gebracht», wenn ein Handeln aufgenommen wird. Je gründlicher wir die Beziehung zwischen menschlichem Verhalten und seiner genetischen Geschichte sowie seiner Umweltgeschichte verstehen, desto klarer können wir die Natur und das Wesen der Art verstehen.

10. Das jüngste Buch eines englischen Behavioristen wurde in einer bekannten britischen Publikation besprochen. In dieser Besprechung findet sich der Satz: «Anders als die Behavioristen in Amerika arbeitet der Autor nicht mit Ratten, sondern mit Menschen.» Die Herrschaft der Ratte in der Psychologie ging jedoch spätestens vor einem Vierteljahrhundert zu Ende. Als Untersuchungsobjekte kommen seither – auch für Ethologen – zahlreiche Arten, unter ihnen der *homo sapiens* in Betracht.

Es gibt sehr gute Gründe dafür, bei der Theoriebildung mit einfachen Fällen anzufangen und nur in dem Maße zu komplexeren fortzuschreiten, wie es die Analyse erlaubt. Wenn dies, wie es scheint, bedeutet, daß man bei einer Theoriebildung mit Tieren beginnt, dann muß der Akzent zweifellos auf die Eigenarten gelegt werden, die Tiere und Menschen gemein haben. Man gewinnt jedoch auch etwas bei diesem Vorgehen; denn nur auf diesem Weg läßt sich sicherstellen, was dem Menschen eigen ist. Es ist keineswegs, wie ein Kritiker behauptet, ein Irrtum, «ein aus der begrenzten Arbeit mit Tieren gewonnenes System auf die menschliche Gesellschaft, ja sogar auf den gesamten Bereich menschlicher Erfahrung anwenden zu wollen». Schließlich verläuft die Bewegungsrichtung der Wissenschaft von einfachen zu komplexen Sachverhalten. Die anfänglichen Begrenzungen werden bei der

Anwendung des Systems so schnell wie möglich aufgegeben. An ihre Stelle tritt die unmittelbare Untersuchung menschlichen Verhaltens. Wie alle anderen Wissenschaftler sind wir eingestandenermaßen weit davon entfernt, eine angemessene Darstellung der menschlichen Gesellschaft oder des ganzen Bereichs menschlicher Erfahrung geben zu können. Richtig ist, daß «die willkürliche Auswahl von Ratten und Tauben zur Erlangung wissenschaftlicher Daten menschliche Freiheit und Würde ausschließt». Sie tut dies *per definitionem*, da Ratten und Tauben keine Menschen sind. Wenn wir aber die Probleme analysieren wollen, die durch Freiheit und Würde aufgeworfen werden, so ist es gut, jede verfügbare Informationsquelle über die ihnen zugrunde liegenden Vorgänge zu verwenden.

Auch die meisten der frühen Experimente, die mit menschlichen Versuchspersonen durchgeführt wurden, fanden unter Bedingungen statt, die eine Kontrolle der Umwelt erleichterten. Denn bei den Versuchspersonen handelte es sich häufig um Psychotiker und geistig Behinderte. Die Erfolge solcher Versuche wurden von den Gegnern des Behaviorismus nur widerwillig zugestanden: «Da sie aus Tierversuchen hervorgegangen ist, arbeitet diese Methode auch zufriedenstellend bei Personen, die bereits geistig beschränkt sind.» Bald wurden aber auch normale Kinder und Erwachsene untersucht. Sonderprobleme ergaben sich selbstverständlich aus der Beziehung des Versuchsleiters zu den Versuchspersonen sowie aus deren langer und komplexer Vorgeschichte. Aber die Arbeit wurde weit genug vorangetrieben, um die Vermutung gerechtfertigt erscheinen zu lassen, daß dieselben grundlegenden Prozesse im Verhalten von Tieren und Menschen zutage treten, wie sich auch die gleiche Art von Nervensystemen bei beiden findet. Selbstverständlich gibt es daneben enorme Unterschiede in der Komplexität der jeweiligen Verhaltenssysteme. Kurioserweise wird gelegentlich behauptet, daß die Beziehung zwischen tierischem und menschlichem Verhalten in die andere Richtung weist. «Die Untersuchung tierischen Verhaltens ist insofern einzigartig unter den Wissenschaften, weil sie historisch und methodologisch mit menschlichem Verhalten beginnt, sich von der menschlichen Erfahrung loslöst und diese auf andere Tiere projiziert.» Wenn das jedoch der Fall wäre, dann müßten wir feststellen, daß wir in der Tierforschung auf jene Themen begrenzt wären, die sich von menschlicher Erfahrung loslösen und auf Tiere projizieren ließen. Der amerikanische Behaviorist Edward C. Tolman hat denn auch tatsächlich behauptet, daß er seine Tierversuche in der Weise entwirft, daß er sich zuvor fragt, was er selbst in einer gegebenen Situation tun würde. Doch die experimentelle Verhaltensanalyse ist weit über den Punkt hinausgelangt, an dem die Introspektion noch Licht auf die untersuchten Vorgänge würde werfen können. Wer sein Verhalten unter den Kontingenzen einer modernen Versuchsanordnung vorhersagen könnte, besäße überaus bemerkenswerte Fähigkeiten.

11. Der Widerstand dagegen, von Tieren auf Männer und Frauen Rückschlüsse zu ziehen, ist zu einem Teil ein Widerstand gegen Rückschlüsse aus Laborverhältnissen auf das Alltagsleben. Er kommt ebenso zum Tragen, wenn der in einem Experiment untersuchte Organismus ein Mensch ist. Die Versuchsanordnung wird entworfen, um Zustände zu kontrollieren. Einige werden dabei so konstant wie möglich gehalten, andere in geordneter Reihenfolge verändert. Die Ausstattung, die zu diesem Zweck Verwendung findet, tritt zwischen den Versuchsleiter und den Organismus. Sie befördert ganz offensichtlich nicht, sondern beeinträchtigt mit einiger Notwendigkeit die Art von persönlichem Wissen, die aus den interpersonellen Beziehungen entsteht, die im 11. Kapitel erörtert worden sind. Sie wird aber nicht verwendet, weil sie das tut. Dennoch hat ein klinischer Psychologe behauptet, daß «experimentelle Psychologen ihren technischen Schnickschnack und ihre Maschinen dazu verwenden, um sich vor einer wirklichen Anteilnahme an ihren Versuchspersonen zu schützen». Sie verwenden sie vielmehr, um eine andere Art von Wissen über sie zu erwerben.

Offenbar können wir menschliches Verhalten im Alltagsleben nicht mit der Präzision vorhersagen oder kontrollieren, die wir unter Laborbedingungen erreichen. Wir können jedoch die Ergebnisse unserer Versuche dazu benutzen, das Verhalten in anderen Lebensbereichen zu interpretieren. Eine solche Interpretation menschlichen Verhaltens im Alltagsleben ist als Metawissenschaft kritisiert worden. Eines solchen Vorgehens aber müssen sich alle

Wissenschaften bedienen. Wie wir gerade gesehen haben, werden die Prinzipien der Genetik dazu verwendet, die Fakten der Evolution zu interpretieren. Ebenso wird das Verhalten von Substanzen unter hohem Druck und großen Temperaturen dazu verwendet, geologische Ereignisse in der Erdgeschichte zu interpretieren. Auch was sich im interstellaren Raum ereignet, in dem keine Kontrolle möglich ist, ist weithin eine Angelegenheit der Interpretation. Viele technische Entwicklungen durchlaufen ein Interpretationsstadium. Wir können das Verhalten eines neuen Flugzeugtyps erst untersuchen, wenn dieser Typ gebaut und geflogen wird. Entworfen und gebaut aber wird er nach Prinzipien, die sich im Laborversuch ergeben. In sehr ähnlicher Weise sind Prinzipien, die sich aus der experimentellen Verhaltensanalyse ergeben haben, auf den Entwurf von Unterrichtsmodellen, Psychotherapien, Produktionsprämien und den Strafvollzug angewandt worden.

Diejenigen, die behaupten, daß Versuchsergebnisse das menschliche Verhalten in der Welt außerhalb des Versuchsraums nicht angemessen darstellen können, glauben vermutlich zu wissen, was in dieser Welt vor sich geht, oder meinen zumindest, daß es gewußt werden kann. Häufig reden sie nur von flüchtigen Eindrücken. Doch wenn eine Feststellung in bezug auf ein Verhalten im Alltagsleben weniger vertrauenswürdig ist als unter bestimmten Versuchsbedingungen, so müssen wir gewiß fragen, ob der Eindruck, mit dem sie verglichen werden soll, seinerseits zuverlässiger ist. Diejenigen, die zu verstehen glauben, was sich in der Außenwelt ereignet, können auf sehr einfache Weise getestet werden. Man sollte sie das Verhalten eines Organismus in einem modernen Experiment betrachten lassen und sie dann fragen, was sie gesehen haben. Obwohl die Kontingenzen, die gegenwärtig erforscht werden, extrem komplex sind, sind sie doch noch weniger komplex als diejenigen des Alltagslebens. Dennoch ist es beinahe unmöglich zu entdecken, was in einem Experiment vor sich geht. Wer mit Testuntersuchungen vertraut ist, wird mit größerer Wahrscheinlichkeit nach den richtigen Dingen suchen und wird wissen, wonach er darüber hinaus fragen muß. Er wird einfach ein besseres Verständnis für das haben, was er sieht. Darum kann er auch das Alltagsleben genauer interpretieren. Die Testuntersuchung ermöglicht es, relevante Variablen zu identifizieren und andere auszuschalten, die zwar faszinierender sein mögen, aber für das zu beobachtende Verhalten keine oder nur eine geringe Rolle spielen. Viele der technischen Fortschritte, die aus der Untersuchung operanten Verhaltens hervorgegangen sind, sind aufgrund einer solchen Interpretation entstanden.

12. Diejenigen, die behaupten, daß eine Wissenschaft vom Verhalten über Gebühr vereinfachend und naiv sei, haben gewöhnlich auch nur eine vereinfachende und naive Kenntnis über diese Wissenschaft. Und diejenigen, die behaupten, was diese Wissenschaft zu sagen habe, sei entweder trivial oder bereits bekannt, sind zumeist mit der neuesten Entwicklung dieser Wissenschaft nicht vertraut. Wer behauptet, daß das Verhalten nichts weiter sei als eine Reaktion auf Reize, vereinfacht die Sachverhalte über Gebühr. Wer behauptet, Menschen seien genau wie Ratten und Tauben, ist naiv. Wer behauptet, daß es der Verhaltenswissenschaft darum gehe, wie Ratten lernen können, durch ein Labyrinth zu laufen, oder wie Hunde dazu kommen, Speichel abzusondern, wenn sie die Essensglocke läuten hören, redet von etwas Trivialem oder bereits Bekanntem. Ein allgemein anerkannter Wissenschaftsphilosoph vertrat kürzlich die Ansicht, daß «sogar ein Behaviorist *bestenfalls* vorhersagen kann, daß eine Ratte unter den gegebenen Bedingungen 20–25 Sekunden braucht, um durch ein Labyrinth zu laufen. Er hat keinerlei Vorstellung davon, wie er durch immer genauere Versuchsbedingungen immer genauere Vorhersagen möglich machen kann, die schließlich zu einer absoluten Präzision führen.» Eine solche Bemerkung kann vielleicht vor 50 Jahren angemessen gewesen sein. Es überrascht nicht, daß jemand, der Verhaltensmodifizierungen in den Bereich des Schulterklopfens verbannt, der Meinung ist, eine Verhaltenswissenschaft sei übertrieben vereinfachend.

Als Freud den Behaviorismus als naiv bezeichnete, sprach er von dessen früher Version und verglich sie mit seiner eigenen höchstkomplizierten Darstellung des seelischen Apparats, von der schon einige seiner Anhänger meinten, sie müsse vereinfacht werden. Wer das, was innerhalb der Haut vor sich geht, in irgendeine systematische Ordnung bringen will, wird sich notwendig einer

Darstellung bedienen müssen, die von jeder Einfachheit weit entfernt ist. Wenn wir aber etwas als übertrieben vereinfacht bezeichnen sollen, dann müßten es jene mentalistischen Erklärungsmodelle sein, die ebenso bereitwillig wie schnell erfunden werden und die deshalb so ansprechend sind, weil sie als so viel einfacher erscheinen als die Tatsachen, die sie angeblich erklären sollen. Es ist leichter zu sagen, eine Person leide an Angst, als dahinter die Vorgeschichte einer Geschwisterrivalität zu sehen, auf die die Angst schließlich zurückgeführt werden muß. Ebenso ist es leichter zu sagen, daß «geistig Behinderte eine reaktive Hemmung aufweisen», als die mangelhafte Beziehung zwischen ihrem Verhalten und der Umwelt zu untersuchen, der sie ausgesetzt sind. Die «Komplexität der geistig-seelischen Organisation», die der Behaviorismus angeblich unterschätzt, ist eine Komplexität, die aus der Anstrengung entsteht, Formulierungen in ein System zu bringen, auf die man besser verzichten sollte.

Eine Verhaltenswissenschaft ist gegenüber dem Vorwurf der Vereinfachung in besonderer Weise ungeschützt, weil es schwer zu glauben ist, daß ein vergleichsweise einfaches Prinzip wie das Verhalten in unserem Leben so weitreichende Konsequenzen haben kann. Wir haben jedoch gelernt, ähnliche Diskrepanzen auf anderen Gebieten hinzunehmen. Wir finden es nicht mehr schwer zu glauben, daß eine Bakterie oder ein Virus für die verheerenden Folgen einer Epidemie verantwortlich sein können oder daß eine Bewegung der Erdkruste für die Tragödie einer durch Erdbeben zerstörten Stadt verantwortlich gemacht werden muß. Doch wir finden es sehr viel schwerer zu glauben, daß Kontingenzen der Verstärkung wirklich die Wurzeln von Kriegen oder – im anderen Extrem – von Kunst, Musik und Literatur sein sollen.

Alle Wissenschaften vereinfachen die Zustände, die sie untersuchen, so weit wie möglich. Aber dies bedeutet nicht, daß sie sich weigern, komplexere Sachverhalte einer Prüfung zu unterziehen, sobald sie dies mit Gewinn tun können. Der Leser, der mir bis hierher gefolgt ist, wird nicht geneigt sein, die behavioristische Analyse menschlichen Verhaltens als Vereinfachung abzutun, es sei denn, er schreibt die Komplexität, mit der er konfrontiert wurde, meiner Darstellung zu. Ich möchte ihn daran erinnern, daß ich die Tatsachen und Prinzipien so wenig ausführlich wie möglich dargestellt habe. Die experimentelle Verhaltensanalyse ist eine strenge, weit ausgedehnte und schnell wachsende Disziplin innerhalb der Biologie. Nur diejenigen, die sich von ihrem Umfang keine Vorstellung machen, können sie als übertrieben vereinfachend bezeichnen.

Es ist gewiß richtig, daß eine wissenschaftliche Analyse in der Philosophie, Theologie, Linguistik und Politikwissenschaft sowie auf vielen anderen Gebieten in bestimmtem Umfang vorweggenommen worden ist. Die Bedeutung der operanten Verstärkung zum Beispiel ist in den Diskussionen über Belohnung und Interesse, über Hedonismus und Utilitarismus seit langem anerkannt worden. Marx und Bantham hat man als Behavioristen bezeichnet, weil sie die Aufmerksamkeit auf die Umwelt lenkten. Beide aber glaubten, die Umwelt wirke auf ein Bewußtsein ein, das seinerseits menschliches Handeln bewirke. Die großen Essayisten haben Faustregeln aufgestellt und Einsichten formuliert, die denen einer wissenschaftlichen Darstellung sehr nahe kommen. Ähnliches hat man von beinahe jeder Wissenschaft gesagt. Schon die Griechen machten sich Gedanken über das Atom und die Dimension der Zeit. Doch entscheidend ist nicht – und das geht gegen den Strukturalismus –, *was* jeweils gesagt worden ist, sondern *warum* es gesagt worden ist. Tatsachen, die mit dem Verhalten zusammenhängen, werden nicht durch Wissenschaftler erfunden, sondern sind vielmehr stets und überall sichtbare Züge der Welt gewesen, in der die Menschen gelebt haben. Wissenschaftler gehen schnell über das Stadium der Volksweisheiten und persönlichen Erfahrung hinaus. Dies ist in der experimentellen Verhaltensanalyse bereits geschehen. Sehr wenig von dem, was dort in der laufenden Forschung entdeckt wurde, ist irgend jemandem vertraut.

Der beste Beweis dafür, daß eine Verhaltenswissenschaft etwas Neues zu bieten hat, liegt im Erfolg ihrer technischen Anwendungen. Wir sollten daneben aber nicht den Beweis vergessen, der sich aus der Heftigkeit ergibt, mit der unsere Position gegenwärtig angegriffen wird. Ich zweifle, daß man soviel Pulver gegen etwas verschießen würde, was ganz offensichtlich naiv, altmodisch und trivial wäre.

13. Behavioristen wird zuweilen Götzendienst vorgeworfen. Man sagt, sie huldigten der exakten Naturwissenschaft und schmückten sich mit deren Trophäen, um sich selbst einen wissenschaftlichen Anstrich zu geben. Dies ist eine ziemlich verbreitete Kritik an allen Gesellschafts- oder Verhaltenswissenschaften. Schon ein Zählen oder Messen soll bedeuten, daß die Naturwissenschaften nachgeäfft werden. Es fällt jedoch schwer, Zeichen hiervon in der Geschichte der experimentellen Verhaltensanalyse aufzufinden. Die frühen Untersuchungen bedienten sich einer einfachen technischen Ausstattung, und ihre Erhebungsdaten wurden so einfach wie möglich dargestellt. Die ihnen zugrunde liegende Annahme, daß das Verhalten geordnet und nicht willkürlich verlaufe, konnte kaum aus Ehrfurcht gebietenden Gründen übernommen worden sein. Es galt, die Dimensionen des Verhaltens und der entsprechenden Variablen festzulegen, auf Vorhersage und Kontrolle zu bestehen und Mathematik überall dort zu verwenden, wo eine Quantifizierung möglich war. Dies waren wesentliche Schritte in Richtung einer Verwissenschaftlichung und keine bloße Schaufensterdekoration im Wissenschaftsbetrieb. Das Instrumentarium der Naturwissenschaften tritt sehr viel deutlicher anderswo hervor. Informationstheorie, kognitive Psychologie, Kybernetik und Systemanalyse sind voll von Begriffen wie «interface», «gating», «reverberating circuits», «parameters of complexity», «overloaded channels» und «closed feedback loops». Die Mathematik wird hier zum Selbstzweck und eine angemessene Analyse der Dimensionen der erhobenen Daten fehlt.

Die Kritiker des Behaviorismus unterstellen, daß sich seine szientistischen Hoffnungen nicht als einlösbar erwiesen hätten. Sie meinen, nur ein kleines Häuflein Verzweifelter halte an diesen Hoffnungen fest. Doch nichts in der Geschichte der Verhaltensanalyse deutet auf einen Rückschlag hin. Tatsächlich haben sich, verglichen mit vielen anderen Wissenschaften, sowohl die Analyse wie auch ihre technische Anwendung mit ungewöhnlicher Geschwindigkeit fortentwickelt. Der Tod des Behaviorismus ist, soviel ist richtig, oft vorhergesagt und gelegentlich angekündigt worden. Ein braver Freudianer mag von einem Todeswunsch sprechen, und ein paranoider Behaviorist wird vielleicht die Behauptungen, die ich hier untersuche, als absichtsvoll selbstmörderisch ansehen. Ein Chronist ist jedoch – wie jeder andere Mensch – gut beraten, wenn er sich von den Wünschen und Absichten abwendet und sich den Kontingenzen in seiner Umwelt zuwendet. Ein Buch wie das vorliegende wurde als Teil der Umwelt von Menschen geplant, die auch weiterhin über den Behaviorismus als eine lebendige Philosophie reden werden.

14. Es hat zahlreiche dramatische Anwendungen der operanten Konditionierung gegeben. Sehr häufig aber scheint, was da geschehen ist, wenig mehr gewesen zu sein als eine Anwendung des gesunden Menschenverstandes. Nichtsdestoweniger werden wir fragen müssen, warum ähnliche Veränderungen nicht schon vor der Entwicklung der experimentellen Analyse herbeigeführt worden sind. Zuweilen wird behauptet, dies sei der Fall gewesen. Tatsächlich gibt es Beispiele in der Geschichte, bei denen etwas eingesetzt wurde, was der modernen Verhaltenstechnik sehr ähnlich ist. Aber dann müssen wir immer noch fragen, warum diese über die Jahrhunderte verteilten Einzelfälle nicht zu einer durchgängigen Praxis geworden sind. Selbst der Umstand, daß eine Handlungsfolge funktioniert oder sinnvoll ist, scheint häufig nicht zu genügen, um ihre fortdauernde Verwendung sicherzustellen. Ein Grund hierfür ist darin zu suchen, daß – zumindest vorübergehend – eine falsche Handlungsfolge ebenfalls funktionieren kann und auch sinnvoll zu sein scheint.

Der entscheidende Unterschied liegt in der Zeit, zu der das gewünschte Resultat eintritt. Obwohl viele Leute Einwände gegen sie haben, sind Bestrafung und aversive Kontrolle noch sehr weit verbreitet. Das hat nur einen einzigen Grund: Wer sich ihrer bedient, wird gewöhnlich unmittelbar verstärkt. Nur die zeitlich verschobenen Ergebnisse rufen Einwände hervor. Eine positive Verstärkung ist als Kontrollmaßnahme mindestens ebenso mächtig. Aber ihre Wirkungen sind gewöhnlich – zumindest ein wenig – zeitlich verschoben. Erst wenn man unter Laborbedingungen den Beweis dafür erhält, daß eine bestimmte positive Verstärkung lohnende Konsequenzen nach sich zieht, lernt man, auf sie zu warten.

Die verheerenden Ergebnisse des gesunden Menschenverstandes bei der Organisation menschlichen Verhaltens treten in jedem Lebensbereich von der Außenpolitik bis zur Säuglingspflege zutage. Wir werden weiterhin auf all diesen Gebieten solange unfähig sein, bis eine wissenschaftliche Analyse die Vorzüge einer wirksameren Technik klarstellt. Dann erst wird es offensichtlich sein, daß ihre Ergebnisse weit über den gesunden Menschenverstand hinausgehen.

15. Bertrand Russell schrieb in *An Inquiry into Meaning and Truth*: «Wenn ein Behaviorist das Verhalten von Tieren untersucht und sich fragt, ob sie über bestimmte Fähigkeiten verfügen oder nicht, so betrachtet er sich selbst nicht als Tier, sondern als einen – zumindest hypothetisch – unfehlbar aufzeichnenden Beobachter dessen, was geschieht.» Russell sprach von einer frühen Version des Behaviorismus, und selbst im Hinblick auf sie hatte er nicht recht. Es wäre absurd zu behaupten, daß sich ein Behaviorist irgendwie aus seiner Untersuchung heraushalten könnte. Er kann sich dem Kausalstrom nicht entziehen und sich nicht – als sei er auf einem fernen Planeten gelandet – an einen besonders günstigen Beobachtungspunkt begeben. Schon indem er menschliches Verhalten analysiert, verhält er sich seinerseits in einer bestimmten Weise, wie denn auch ein Philosoph, der das Denken untersucht, seinerseits denken muß.

Das Verhalten von Logikern, Mathematikern und Naturwissenschaftlern stellt das schwierigste Gebiet menschlichen Verhaltens dar. Es ist vielleicht das subtilste und mit größter Komplexität behaftete Erscheinungsbild, das je einer logischen, mathematischen oder naturwissenschaftlichen Analyse unterzogen wurde. Weil es aber bisher nur unzureichend untersucht worden ist, sollten wir nicht voreilig zu dem Schluß gelangen, daß es sich bei ihm um ein vom übrigen menschlichen Verhalten vollständig getrenntes Gebiet handelt, das mit einer ganz anderen Untersuchungsmethode bearbeitet werden muß. Es gibt keinen Grund dafür, sich die Frage zu verbieten, was ein Logiker oder Mathematiker tut, wenn er entdeckt, wie oder warum neue Regeln aus alten abgeleitet werden können beziehungsweise warum die neuen Regeln wahr sein müssen, wenn man von den alten annehmen darf, daß sie wahr sind. Es ist in der Tat möglich, daß eine Verhaltensanalyse neue

Lösungsstrategien für alte Probleme, wie zum Beispiel die Paradoxien oder Goedels Theorem, liefert.

Wissenschaftliches Wissen ist verbales Verhalten, auch wenn es nicht notwendig in sprachlicher Form vorliegt. Es ist eine Sammlung von Regeln für wirksames Handeln. Es könnte in dem besonderen Sinne dann «wahr» sein, wenn es die effektivsten Handlungen möglich macht. Regeln aber sind nie die Kontingenzen, die sie beschreiben. Sie bleiben Beschreibungen und unterliegen den Beschränkungen, die allem verbalen Verhalten eigen sind. Wie ich im 8. Kapitel gezeigt habe, ist eine Aussage insofern «wahr», als ein Hörer mit ihrer Hilfe wirksam auf die Situation reagiert, die sie beschreibt. Die Darstellung, die von einem Sprecher gegeben wird, fungiert anstelle der direkten Kontrolle durch die Umwelt, von der sie erzeugt worden ist. Das Verhalten eines Zuhörers kann nie über das Verhalten hinausgehen, das durch die beschriebene Situation kontrolliert wird. Die tautologische Wahrheit eines Logikers oder Mathematikers läßt sich beweisen; sie ist absolut. Der Kanon wissenschaftlicher Methoden wurde entworfen, um die von einem Reiz ausgeübte Kontrolle soweit wie möglich zu vergrößern und andere Zustände auszublenden, die mit ihrer zufälligen Wirkung auf den Zuhörer den Sprecher zu Übertreibungen oder Lügen verleiten würden.

Traditionelle Erkenntnistheorien geraten in Schwierigkeiten, weil sie annehmen, daß man denken müsse, bevor man sich verhält. – In verschärfter Form gilt dies für das Theorem, daß man denken müsse, bevor man existiere, wie es das *Cogito, ergo sum* formuliert. Doch niemand denkt, bevor er handelt, es sei denn in dem Sinn, daß er verdeckt handelt, bevor er offen handelt. Zuweilen wird behauptet, man müsse frei sein, um die Wahrheit zu sprechen. Kontrolliertes Verhalten sei zu sehr restringiert, um als wahr beurteilt oder angenommen zu werden. Der Behaviorismus, der darauf bestehe, daß alles Verhalten determiniert sei, leugne damit offensichtlich, daß es überhaupt wahr sein könne. Aber man ist stets nur im Hinblick auf eine gegebene Situation «frei, die Wahrheit zu sagen». Was man in dieser Situation tut, ist eine Funktion vorhergegangener Zustände, in denen ähnliche Situationen eine Rolle gespielt haben. Zweifellos ist ein deduktives Vorgehen auf dem Weg zur Wahrheit nicht frei. Man bleibt an die Gesetze des Denkens und an andere Regeln gebunden, um neue Regeln aus alten abzuleiten. Die Intuitionen, die eine Deduktion vorwegzunehmen scheinen, aber selbst später deduktiv bewiesen werden, deuten eine Art von Freiheit an. Dies gilt jedoch nicht, wenn intuitives Verhalten von Kontingenzen geformt, statt von Regeln geleitet wird. Auch die Induktion deutet wie die Intuition Freiheit an. Bei ihr handelt es sich um eine Freiheit von den Zwängen regelgeleiteten Verhaltens. Als Freiheit kann sie nur solange bezeichnet werden, wie die Kontrolle der Umwelt bei der Hervorbringung intuitiven Verhaltens voll anerkannt wird.

Das Verhalten des Wissenschaftlers wird häufig von Wissenschaftstheoretikern in einem logischen Rahmen von Hypothesenbildung, Deduktion und Überprüfung von Theoremen angesiedelt. Aber diese Darstellung gibt selten das wieder, was ein Wissenschaftler bei der Arbeit tut. Bestimmte Probleme, die die Begrenzungen menschlicher Erkenntnis betreffen, wären einer Lösung näher, wenn das Erkenntnisverhalten besser analysiert wäre. Man hat zum Beispiel behauptet, die Naturwissenschaften hätten eine Grenze erreicht, jenseits der die Determiniertheit physikalischer Erscheinungen nicht weiter verfolgt werden könne. Daraus hat man das Argument entwickelt, dies könne der Punkt sein, an dem menschliches Verhalten sich zu seiner vollen Freiheit entwickle. Die Verhaltenswissenschaftler wären wahrscheinlich mit dem in der Physik zutage tretenden Grad an Strenge trotz deren offenkundiger Beschränkung recht zufrieden. Aber es könnte sich erweisen, daß etwas am menschlichen Organismus dessen Indeterminiertheit relativ wichtig werden läßt. Ob dies eine wichtige Beschränkung ist oder nicht, können wir nur dadurch aufdecken, daß wir die Verhaltenswissenschaft bis zu dem Punkt entwickeln, an dem menschliche Indeterminiertheit offen zutage tritt.

Es bliebe dann die Möglichkeit, das Verhalten des Wissenschaftlers und die Art wissenschaftlichen Wissens zu untersuchen, um zu sehen, ob in der Tat wirklich eine absolute Grenze erreicht worden ist. Ähnliche Grenzziehungen haben sich in der Vergangenheit als keineswegs endgültig erwiesen. So waren zum Beispiel die Grenzen dessen, was durch ein Mikroskop erkennbar war, durch die Wellenlänge des erkennbaren Lichts deutlich festgelegt. Seither ist mit dem Elektronenmikroskop bewiesen worden, daß die frühere Begrenzung, obwohl sie doch endgültig schien, die wirklichen Grenzen der Mikroskopie zu eng gezogen hatte.

16. Es ist nicht durchweg klar, was gemeint ist, wenn man hört, eine Verhaltensanalyse entmenschliche den Menschen oder zerstöre ihn *als* Menschen. Zuweilen scheint dieses Argument darauf zu zielen, daß das Bild des Menschen unvollständig sei: «Der Behaviorismus versucht, eine Psychologie aufzubauen, ohne in sie den Menschen in seiner vollen Komplexität aufzunehmen.» Oder es heißt: «Der Behaviorismus hat menschliche Erscheinungen übergangen, die nicht in sein physikalistisches Modell passen.» – Eine humanistische Psychologie dagegen soll als eine Wissenschaft auftreten, «die dem Menschen als Gegenstand angemessen ist», «die der Sache der Menschlichkeit um ihrer selbst willen ergeben ist» und «die durch und durch menschlich ist». Aber Paraphrasen wie «der Mensch *als* Mensch» oder «der Mensch in seiner Menschlichkeit» sagen uns sehr wenig über das, was da vorgeblich übergangen wurde.

Zuweilen geht der Vorwurf auch dahin, der Behaviorismus vernachlässige etwas, was die Menschen als Mitglieder der menschlichen Art tun, oder er halte sie davon ab, etwas zu tun, was sie in dieser Eigenschaft getan haben würden. Den Standpunkt des französischen Philosophen Georges Sorel hat man einmal folgendermaßen umschrieben:

«Auf dem Gipfel seiner Vollendung, dort wo er am menschlichsten ist, sucht der Mensch sich selbst zu verwirklichen. Er tut dies individuell oder mit denen, die ihm nahestehen, in spontaner, unabschließbarer, schöpferischer Tätigkeit. Durch sie drückt er einer widerstrebenden Umwelt den Stempel seiner Persönlichkeit auf . . . Er handelt und wird nicht zum Gegenstand des Handelns. Er entscheidet und läßt sich Entscheidungen nicht abnehmen . . . Er widersteht jeder Macht, die seine Energie herabzusetzen sucht, die ihn seiner Unabhängigkeit und Würde beraubt, die seinen Willen töten und alles in ihm zerbrechen will, was zu einem einzigartigen Ausdruck seiner selbst drängt, die ihn zu Uniformität,

Unpersönlichkeit, Monotonie und endlich zur Auslöschung seiner selbst treibt.»

Dieser Charakterisierung der menschlichen Art werden wahrscheinlich alle diejenigen unter ihren Mitgliedern zustimmen, die sie verstehen können. Aber sie weist auf nichts spezifisch Menschliches hin. Das zeigt sich ganz deutlich, wenn man sie auf eine andere Art anwendet. Wir können uns rasch darüber verständigen, daß ein Löwe, der im Zirkus durch einen Reifen springen muß, sich dabei nicht *als* Löwe verhält. Das kann uns zu folgendem Schluß verleiten:

«Auf dem Gipfel seiner Vollendung, dort wo er am löwenartigsten ist, sucht der Löwe sich selbst zu verwirklichen. Er tut dies individuell oder mit denen, die ihm nahestehen, in spontaner, unabschließbarer, schöpferischer Tätigkeit. Durch sie drückt er einer widerstrebenden Umwelt den Stempel seiner Löwenhaftigkeit auf . . . Er handelt und wird nicht zum Gegenstand des Handelns, er entscheidet und läßt sich Entscheidungen nicht abnehmen . . . Er widersteht jeder Macht, die seine Energie herabzusetzen sucht, die ihn seiner Unabhängigkeit und Würde beraubt, die seinen Willen töten und alles in ihm zerbrechen will, das zu einem einzigartigen Ausdruck seiner selbst drängt, die ihn zu Uniformität, unlöwenhaftem Verhalten, Monotonie und endlich zur Auslöschung seiner selbst treibt.»

Ich vermute, die meisten Löwen würden diesem beruhigenden Bild ihrer selbst zustimmen, wenn sie nur könnten. Es wird häufig behauptet, daß der Behaviorismus etwas vernachlässige, was eine Person tun oder sein könnte, weil er sie wie eine Maschine behandele. «Der Mensch», so hat Martin Buber geschrieben, «beginnt von sich in einer Weise zu denken, als würde er durch dieselben mechanischen Gesetze determiniert, denen sein Eisschrank unterliegt.» Aber die Behauptung, menschliches Verhalten sei gesetzmäßig, besagt keineswegs, daß die Gesetze, die es beherrschen, ebenso einfach oder «mechanisch» sind wie die, die sich auf Eisschränke erstrecken. Es geht auch nicht um eine Entscheidung zwischen einer vollständig technisierten Gesellschaft, in der die Menschen wie die Maschinen funktionieren, und einer «Ära der Humanität, in der der Mensch im Frieden mit sich selbst und im

Gleichklang mit seiner natürlichen Umwelt lebt». Wir können schlecht verleugnen, daß der Mensch ein – wie immer bemerkenswertes – Tier *ist*. Pawlow, so behaupten manche, habe Hamlets Worte «Wie ähnlich einem Gott!» in ein «Wie ähnlich einem Hund!» verkehrt. Einer solchen Klage wird schon von Hamlet entgegengehalten: «Im Handeln wie ähnlich einem Engel! im Begreifen wie ähnlich einem Gott! die Zierde der Welt! das Vorbild der Tiere!» Der Mensch *ist* das Vorbild der Tiere.

Was gewöhnlich gemeint ist, wenn behauptet wird, der Behaviorismus entmenschliche den Menschen, ist, daß er bedeutende Fähigkeiten vernachlässige, über die Maschinen oder Tiere nicht verfügen. Es sind dies die Fähigkeit, eine Auswahl zu treffen, Zwecke zu setzen und sich schöpferisch zu verhalten. Doch das Verhalten, aus dem wir auf eine Auswahl, Absicht und Originalität schließen, liegt innerhalb der Reichweite einer Verhaltensanalyse. Und es ist durchaus nicht klar, ob es dem Handlungsbereich anderer Arten vollständig entzogen ist. Der Mensch ist vielleicht einzigartig darin, daß er ein moralisches Tier ist, nicht aber darin, daß er eine Moral besitzt. Er hat eine soziale Umwelt konstruiert, in der er sich in bezug auf sich selbst und andere moralisch verhält.

Viele der genannten Themen sind ohne Zweifel von den frühen Versionen des Behaviorismus vernachlässigt worden. Der methodologische Behaviorismus hat einige von ihnen aus seinen Darstellungen systematisch ausgeschlossen. Aber ich kenne nichts wesentlich Menschliches, von dem nachgewiesen worden wäre, daß es außerhalb der Reichweite einer wissenschaftlichen Analyse liegt. Und ich zweifle daran, ob diejenigen, die jetzt über eine Enthumanisierung klagen, sich auf die Unangemessenheit einer behavioristischen Darstellung verlassen wollen, da ihnen die Zukunft allzu leicht unrecht geben könnte.

Verhalten ist die Selbstdarstellung einer Person. Wir scheinen den menschlichen Organismus um etwas zu bringen, was ihm natürlich und eigen ist, wenn wir statt auf diese Selbstdarstellung auf die Quellen seines Verhaltens eingehen, die in seiner Umwelt liegen. Aber wir enthumanisieren ihn nicht, sondern wir enthomunkulisieren ihn. Wesentlich bleibt seine Autonomie, die Frage, ob er sein Schicksal selbst in die Hand nehmen kann oder nicht.

Häufig wird argumentiert, eine wissenschaftliche Analyse verändere den Menschen von einem Sieger zu einem Besiegten. Doch der Mensch bleibt, was er stets gewesen ist, und seine auffälligste Errungenschaft bleibt der Entwurf und die Konstruktion einer Welt, die ihn aus Zwängen befreit und die Reichweite seines Handelns außerordentlich vergrößert hat.

Ohne Zweifel ist er sorglos und nachlässig gewesen. Im 19. Jahrhundert entstammte die überwältigende Unmenschlichkeit des Menschen gegenüber dem Menschen aus der industriellen Revolution. Das System der Lohnzahlung an eine hungerleidende Arbeiterklasse zum Beispiel vernachlässigte ernstzunehmende Nebeneffekte. Marx hat dies unter Einfluß früher romantischer Schriftsteller beschrieben. Von Schiller stammen die Worte: «Der Genuß wurde von der Arbeit, das Mittel vom Zweck, die Anstrengung von der Belohnung geschieden. Auf ewig an ein einzelnes kleines Bruchstück des Ganzen gefesselt, bildet sich der Mensch selbst nur als Bruchstück aus; ewig nur das eintönige Geräusch des Rades, das er umtreibt, im Ohre, entwickelt er nie die Harmonie seines Wesens.» Die Arbeit hatte, mit anderen Worten, nicht mehr die verstärkenden Folgen, die einen als Freude empfundenen Zustand erzeugen. Ihre Kontingenzen hielten nur ein überaus enges Verhaltensrepertoire aufrecht. In jener Zeit hatten die Menschen keine Chance, einen Großteil des Verhaltens zu erwerben, dessen sie fähig waren.

Heute ziehen andere Nebenwirkungen gesellschaftlichen Verhaltens mehr Aufmerksamkeit auf sich. Der Mensch fährt fort, Maschinen zu bauen, die ihn entmenschlichen, indem sie die Verhaltensweisen außer acht lassen, die zu seinem Status als Person wesentlich beitragen. Aber er pflanzt sich auch mit einer gefährlichen Rate und Geschwindigkeit fort. Er erschöpft die Rohstoffvorräte der Erde, verschmutzt die Umwelt und tut nur wenig, um die drohende nukleare Vernichtung abzuwenden. Wenn die Theorie, die ich hier vorgetragen habe, richtig ist, kann jedoch Abhilfe geschaffen werden, denn es ist dann möglich, eine Welt aufzubauen, in der sich der Mensch freier fühlt als je zuvor und in der er Größeres vollbringen kann als bisher.

Aber er kann dies nur tun, wenn er sich als den anerkennt, der er ist. Bisher ist es ihm nicht gelungen, seine Probleme zu lösen, weil er am falschen Ort nach Lösungen gesucht hat. Die außerordentliche Bedeutung der Umwelt öffnet den Blick auf eine sehr viel erfolgreichere Zukunft, in der er zugleich menschlicher und humaner sein wird und in der er sich selbst geschickt handhaben wird, weil er sich genau kennen wird.

Eine Verhaltenswissenschaft, so hat man behauptet, entmenschliche den Menschen, weil sie reduktionistisch sei. Sie behandle eine Art von Tatsachen so, als sei sie eine andere Art, wie dies zum Beispiel die physiologische Psychologie tut. Aber der Behaviorismus bewegt die Sachverhalte nicht aus einem Dimensionssystem in ein anderes. Er stellt lediglich eine alternative Darstellung derselben Sachverhalte bereit. Er *reduziert* Gefühle nicht auf Körperzustände; er behauptet einfach, daß es stets Körperzustände sind, die gefühlt werden. Er *reduziert* Gedankenprozesse nicht auf ein Verhalten; er analysiert einfach ein Verhalten, das zuvor durch die Erfindung von Gedankenprozessen erklärt worden ist. Er *reduziert* die Moral nicht auf bestimmte Züge einer gesellschaftlichen Umwelt; er besteht einfach darauf, daß diese Züge stets für moralisches Verhalten verantwortlich gewesen sind.

Aber auch die traditionellen Formulierungen scheinen etwas zu verfehlen. Dieses Problem ist nicht auf die Verhaltenswissenschaften beschränkt. Hält man ein Stück Papier über eine Kerzenflamme, so «fängt es Feuer». Wir sprechen vom Feuer wie von etwas, was die Dinge fangen und dann besitzen. Wenn wir einen Brand beenden, machen wir angeblich «das Feuer aus». Wir «löschen» es, indem wir es veranlassen zu verschwinden. Diese Metapher ist in der Umgangssprache wahrscheinlich harmlos, aber für einen Physiker ist sie nicht besonders nützlich. Jemand, der gewohnheitsmäßig Feuer löscht, indem er Wasser darauf schüttet, wird über die Formulierung unglücklich sein, daß das Wasser ein Feuer einfach kühlt oder erstickt, denn das Kühlen oder Ersticken scheint etwas anderes zu sein als das Löschen. Doch es wäre falsch zu sagen, daß der Löschvorgang auf ein Kühlen und Ersticken «reduziert» worden sei. Der Begriff ist einfach in Begriffe übersetzt worden, die einen breiteren Bezugsrahmen haben. Was danach zu fehlen scheint, ist – wie in ähnlichen Fällen bei einer

Verhaltensanalyse – nichts, was man ernstnehmen sollte. Schon gar nicht wird hierdurch der Vorwurf des Reduktionismus gerechtfertigt.

Allenfalls bei seiner Erörterung der Sozialwissenschaften könnte der Behaviorismus als reduktionistisch bezeichnet werden. Denn er reduziert gesellschaftliche Vorgänge auf das Verhalten von Individuen. Doch auch dies könnte man kaum als Reduktion auf die Rolle des Individuums bezeichnen. Denn es handelt sich eher um eine Vergrößerung.

17. Jede Wissenschaft ist wahrscheinlich schon einmal beschuldigt worden, die Einzigartigkeit eines Falls auf ihrer Suche nach allgemeinen Prinzipien zu vernachlässigen. In einem Sonnenuntergang, einem Meeressturm, einem Grashalm oder einem Musikstück steckt mehr, als in Philosophien erträumt oder von der Wissenschaft dargestellt wird. Die Konfrontation mit einer einzigartigen Kontingenz der Verstärkung erzeugt eine besondere Art von Wissen. Die Gefühle oder introspektiv beobachteten Seelenzustände, die mit diesem Wissen assoziiert werden, unterscheiden sich weitgehend von denen, die hervorgerufen werden, wenn eine Person einer Regel folgt oder einem Gesetz gehorcht. Ein Spezialist kann mit seiner Darstellung einem einzigartigen Ereignis sehr nahekommen, aber auch er erfaßt es niemals ganz.

Die Psychotherapie hat sich selbstverständlicherweise dem Individuum zugewandt. Ihr Stammkapital ist die Fallgeschichte mit ihrer fortdauernden Faszination. Die intensive Kenntnis eines anderen Menschen, die während der therapeutischen Sitzungen erworben wird, liegt ohne Zweifel außer Reichweite einer Wissenschaft, die auf das Allgemeine geht. Gerade die Psychotherapie ist weitgehend für die Klagen der humanistischen Psychologie verantwortlich, der Behaviorismus übergehe das Individuum. Wie man die Welt in einem Sinne kennen kann, der sich sehr vom physikalischen oder biologischen Wissen unterscheidet, so kann man auch Menschen auf andere Weise kennen als durch das Wissen einer Verhaltenswissenschaft. Es wäre eine Dummheit, das Interesse in Frage zu stellen, das eine Person an anderen nimmt. Es kann sich in Klatsch, in Autobiographien, in Romanen, in Dramen, in Nachrichten etc. äußern. Individuen sind wichtige Teile einer Umwelt, und obwohl eine Verhaltenswissenschaft die Menschen in die Lage versetzt, was sie sehen, folgenreicher zu interpretieren, wird sie ihnen nicht den Einzelfall in seiner ganzen Vielgestaltigkeit erklären können.

Erst wenn wir fragen, was denn mit einem Wissen eigentlich geschehen solle, müssen wir seine unterschiedlichen Formen näher untersuchen. An diesem Punkt lernen wir den Wert der Allgemeinheit kennen und schätzen. Die Wissenschaft muß Gewinne und Kosten gegeneinander ausbalancieren. Obwohl sie – besonders in ihrer technischen Anwendung – im Einzelfall einem einmaligen Ereignis Rechnung zu tragen sucht, zieht sie einen größeren Nutzen aus allgemeinen Prinzipien.

18. Von ihren Voraussetzungen her ist eine Verhaltenswissenschaft im wesentlichen manipulativ. Der Versuchsleiter arrangiert Bedingungen, unter denen sich eine Versuchsperson in bestimmter Weise verhält. Indem er dies tut, kontrolliert er ihr Verhalten. Weil die operante Konditionierung dabei deutlich zutage tritt, wird häufig auf sie Bezug genommen, als wäre sie nichts weiter als eine Technik, die man zur Kontrolle anderer verwenden könnte. Zweifellos kann sie in dieser Weise für nichtwissenschaftliche Zwecke eingesetzt werden. Und man wird sie so einsetzen, wenn ihre Ergebnisse verstärkend sind. Zu denen, die über die Macht verfügen, andere auf diese Weise zu kontrollieren, gehören Regierungen, Kirchen sowie Menschen, die über sehr viel Geld verfügen. Wir können ihnen entgehen oder sie angreifen, wenn sie sich aversiver Methoden bedienen oder sich auf Methoden verlassen, die zeitlich verschobene aversive Folgen haben und als Ausbeutung bezeichnet werden. Wie wir gesehen haben, nehmen diejenigen, die ihre Macht nicht in aversiver oder ausbeuterischer Weise einsetzen, davon keineswegs deshalb Abstand, weil sie Mitleid, einen Sinn fürs Ethische oder gar Sorge um das Gemeinwohl haben, sondern weil sie einer Gegenkontrolle unterworfen worden sind. Die Demokratie ist eine Version der Gegenkontrolle, die entworfen wurde, um das Problem der Manipulation zu lösen.

Der Unterschied einer allgemein sichtbaren und einer nicht sichtbaren Kontrolle hat zu zahlreichen Mißverständnissen geführt. Zuweilen wird gesagt, daß Kinder, denen verbales Verhalten *beigebracht* wird, es zwar durch operante Konditionierung erwerben, daß aber das, was sie von der Sprachgemeinschaft lernen, auf irgendeinem anderen Weg erworben werde. Ganz ähnlich hat man behauptet, Regierung und Ökonomie seien vielleicht angemessene Untersuchungsgebiete einer behavioristischen Analyse, aber Kunst, Literatur, Musik, Religion und das Alltagsleben seien dies nicht. Kinder in einer Klasse, die nach den Prinzipien einer symbolischen Ökonomie organisiert ist, sollen angeblich einer Kontrolle unterliegen. Wenn es aber auf diesem Weg möglich wird, ausdrückliche Verstärkungen aufzugeben und sich natürlichen Verstärkern wie zum Beispiel bestimmten Erfolgen zuzuwenden, dann sollen die Kinder angeblich frei sein.

Es geht nicht um den Verhaltensprozeß, sondern um die Kontingenzen. Kontingenzen, die ausdrücklich entworfen werden, kann man als manipulativ bezeichnen, obwohl daraus nicht folgt, daß sie auch ausbeuterisch sind. Ungeplante Kontingenzen sind – und das sollte man sehen – ebenso mächtig und führen möglicherweise ebenfalls zu unglücklichen Konsequenzen. Es darf nicht vergessen werden, daß auch Ermahnungen, Demagogie und Missionsversuche Verhaltenspraktiken sind. In geringerem Umfang tauchen sie auch im Alltagsleben auf. Wir sind sehr daran gewöhnt, zu unserem Nachteil kontrolliert zu werden. Denn wenn wir eine Person als harmlos bezeichnen, unterstellen wir damit, daß sie vollständig wirkungslos oder schwachsinnig ist. Wer sagt, alle Kontrolle sei manipulativ und mithin falsch, übersieht, daß Kontrollen in der Pädagogik, in der Psychotherapie, in der Regierungspraxis und anderswo eine wichtige Rolle spielen. Es wäre ein katastrophaler Fehler, jede Verhaltensforschung aufzugeben oder ihre Ergebnisse nicht zu veröffentlichen, weil sie von Despoten und Tyrannen mißbraucht werden könnten. Folgte man einem solchen Vorschlag, würde man den wichtigen Beitrag, den die Verhaltensforschung zu unserer Zivilisation zu leisten vermag, in Frage stellen. Darüber hinaus würde man die Maßnahmen der Gegenkontrolle durchkreuzen, mit denen eine aversive und ausbeuterische Kontrolle in ihre Schranken gewiesen werden kann.

19. Bei einer operanten Analyse der Reizkontrolle des verbalen Verhaltens können wir den Bezugspunkt abstrakter Begriffe iden-

tifizieren. Begriffe wie «Moral» und «Recht» werfen ein zusätzliches Problem auf. Gelöst werden kann es durch die Anerkennung der Tatsache, daß ein Verhalten, das wir als moralisch oder gerecht bezeichnen, Produkt einer besonderen Art gesellschaftlicher Kontingenzen ist, die durch Regierungen, Religionen, Wirtschaftssysteme und Weltanschauungsgruppen mit je eigener Ethik arrangiert werden. Wir müssen derartige Kontingenzen analysieren, wenn uns daran liegt, eine Welt aufzubauen, in der sich die Menschen moralisch und gerecht verhalten. Ein erster Schritt in dieser Richtung wird getan, wenn wir Moral und Recht nicht länger als persönlichen Besitz betrachten.

20. Ein geläufiger Einwand gegen den Behaviorismus lautet: «Was Sie gesagt haben, mag ja alles wahr sein. Aber ich bin an meinem Verhalten nicht interessiert. Ich interessiere mich für meine Gefühle und für die Gefühle anderer. Ich lese Bücher, weil sie meine Neugierde anstacheln oder mich anregen. Ich höre Musik, weil sie mich erheitert. Ich schaue mir Bilder an, weil ich sie schön finde. Ich bin gern mit Leuten zusammen, die ich mag und mit denen ich über alltägliche Dinge rede, so wie mir eben der Schnabel gewachsen ist.» Dasselbe könnte man natürlich von jeder Wissenschaft sagen: «Die Immunologie ist mir egal, ich will einfach nicht krank werden.» «Hören Sie mir auf mit der Genetik, ich will einfach gesunde Kinder haben.» «Ist doch ganz gleich, woher die Energie kommt, ich will einfach meine Ruhe haben und es mir bequem machen.» Kenntnisse in der Medizin, Genetik und Technik beeinträchtigen nicht das Wohlbefinden, schließen nicht aus, daß man gesunde Kinder hat oder es sich bequem macht. Es unterstellt auch niemand, daß dies der Fall sein könnte. Ähnliche Aussagen über das Verhalten aber werden weithin diskutiert. In einer Verhaltenswissenschaft oder ihrer Theorie gibt es indes nichts, das Gefühle oder introspektive Beobachtungen verändern müßte. Die Körperzustände, die empfunden oder beobachtet werden, werden von ihr anerkannt. Sie betont dagegen jedoch die Umweltbedingungen, mit denen sie assoziiert sind. Ferner betont sie, daß es eher diese Bedingungen als die Gefühle sind, die uns in die Lage versetzen, unser Verhalten zu erklären. Wer über Kenntnisse in der Theorie oder Geschichte der Musik verfügt, vermag

sich deswegen nicht weniger an Musik zu freuen. Ebensowenig wird derjenige, der etwas von der Technik der bildenden Kunst oder der Kunstgeschichte versteht, sich weniger an Gemälden erfreuen. Gewiß kann etwas Geheimnisvolles verstärkend wirken, und wir sind vielleicht besonders durch das bewegt, was offenbar unerklärlich ist. Doch wenn man nicht von vornherein auch ein bißchen von einem Kunstwerk verstehen würde, müßte es einem allzu lange erklärt werden.

Ein bekannter Wissenschaftstheoretiker hat seine gegenteilige Meinung folgendermaßen ausgedrückt: «Der Ethologie zufolge hat Keats vollkommen unrecht. Ein Vogel, der singt, stößt nicht ekstatisch seine Seele hervor; denn wir wissen jetzt, daß er nichts weiter tut, als seine Artgenossen davon zu benachrichtigen, daß er auf ein bestimmtes Territorium Anspruch erhebt, um darauf nach Würmern zu picken.» Der Kritiker meint, daß wir nie wissen werden, warum Vögel singen. «Doch als Poeten wissen wir desto besser, wie uns ihr Gesang beeinflußt. Dazu aber kann die Wissenschaft kein Wort sagen. Auch sie kann schließlich nur zuhören.»

Hier scheint unterstellt zu werden, daß ein Verständnis der Gründe, aus denen heraus Vögel singen, die Wirkung ihres Gesangs auf uns aufheben würde. Auch der Dichter und seine Darstellung des Gesangs der Vögel, so scheint der Autor zu meinen, hätten uns dann nichts mehr zu sagen. Ein Ethologe hätte gewiß unrecht, wenn er diese Wirkung berücksichtigen würde, während er zu entdecken versucht, warum Vögel singen. Doch auch er kann sich am Gesang der Vögel erfreuen und mit Genuß lesen, was ein Dichter darüber schreibt. Vögel singen nicht der Gefühle wegen, sondern wegen bestimmter Kontingenzen des Überlebens. Was ein Dichter empfindet, wenn er ihren Gesang hört, ist für die Gründe, aus denen heraus sie singen, gleich doppelt irrelevant. Aber das besagt nicht, daß ein Dichter nicht in der Lage dazu ist, uns zu beschreiben, was er empfindet, oder daß er nicht, wenn er ein guter Dichter ist, in uns einen ähnlich empfundenen Zustand wachrufen kann.

Wenn wir aufhören, einem Vogel zuzuhören, so geschieht dies, weil wir dafür verstärkt werden. Die Wissenschaft dagegen kann aus anderen Gründen zuhören. Sie kann das Ausmaß überblicken, in dem Geräuschmuster verstärkend sind oder werden. Indem sie das tut, kann sie zu einer Erklärung der Gründe beitragen, aus denen heraus Menschen Musik schreiben oder hören. Die im Körper eines Zuhörers erzeugten Zustände bleiben für immer privat. Doch ein Verhaltenswissenschaftler kann die verstärkenden Wirkungen untersuchen, die mit ihnen assoziiert sind und dabei unter Umständen entdecken, wie weitere Verstärkungen erreicht werden können.

Auch der heftigste Verteidiger des Behaviorismus hat Gefühle wie jeder andere Mensch. Per Saldo hat er möglicherweise sogar sehr viel erfreulichere Gefühle. Wer wissenschaftliche Selbsterkenntnis und eine wissenschaftliche Organisation seiner Selbst beschreibt, empfindet unter Umständen mit geringerer Wahrscheinlichkeit jene Körperzustände, die sehr wenig erfreulich oder verstärkend sind und etwa mit einem Scheitern, einer Frustration oder einem Verlust zusammenhängen. Es ist wenig wahrscheinlich, daß ein hilfreiches Interesse an einer anderen Person oder eine Liebe zu ihr durch ein erweitertes Verständnis für sie in Gefahr geraten könnte.

Des Verhaltenswissenschaftlers eigenes Verhalten

Soweit zu den Mißverständnissen und Vorhaltungen der Kritik, die in der Einleitung aufgeführt worden sind. Ihnen sollte vielleicht der Vorwurf hinzugefügt werden, der Behaviorist verstoße ständig gegen seine eigenen Prinzipien, indem er ganz offensichtlich mentalistische Begriffe verwende. Er sagt «ich denke», er bittet seine Leser, etwas «im Kopf» zu behalten, er faßt den «Sinn» oder «Zweck» einer Passage zusammen usw. Bei der Probe, die ich dem Leser mit dem vorliegenden Buch gegeben habe, hatte er Gelegenheit zu bemerken, daß ich – nach meiner Auffassung – in mancher Hinsicht folgerichtig verfahren bin:

Ich habe technische Ausdrücke verwendet, wenn ich ein technisches Argument vorbringen wollte. An anderen Stellen habe ich einen technischen Begriff vorgezogen, wenn er ohne große Mühe verwendet werden konnte. Statt zu sagen, unser Problem bestehe darin, «eine Sorge um die Zukunft wachzurufen», habe ich vorgezogen zu schreiben, es bestehe darin, «die Menschen zu veranlassen, im Hinblick auf eine Zukunft zu handeln». Ich ziehe den Ausdruck «Mir fiel ein . . .» der Formulierung «Mir kam der Gedanke» vor. Anderswo habe ich das Laienvokabular frei verwendet, ohne dabei auf die Verantwortung verzichten zu wollen, eine technische Übersetzung auf Verlangen nachzuliefern. Wenn ein Buch dieser Art kurz und lesbar sein soll, ist das wohl nicht anders zu machen. Der Leser, der dagegen Einwände erhebt, müßte auch seinen Arzt kritisieren, wenn der ihm sagt, daß er eine «Erkältung» (statt eines Virus) hat. Oder er müßte seine Kritik gegen den Kalender richten, der ihm anzeigt, wann die Sonne aufgeht, und nicht, wann sie nach der Erddrehung am Horizont sichtbar wird. Die Gefährlichkeit des Laienvokabulars läßt seine Verwendung dort nicht wünschenswert erscheinen, wo ein alternativer technischer Ausdruck eine größere Verständnishilfe bietet. Die Pädagogik zum Beispiel hat lange unter der Anstrengung gelitten, Lehren und Lernen in einem Laienvokabular zu analysieren.

Einwände gegen den Behaviorismus wenden sich nicht immer gegen seine Sprache. Wer zum erstenmal einen behavioristischen Text sieht, mag durch die Erwähnung des Begriffs der Selbstkontrolle überrascht sein. Unterstellt dieser Begriff, so fragt er sich, nicht eine Art von innerer Determiniertheit? Oder besagt der Begriff des Glücks nicht, daß Gefühle von Bedeutung sind? Auch das eigene Verhalten des Verhaltenswissenschaftlers scheint gegen seine Prinzipien zu verstoßen. Hat er sich nicht dazu *entschlossen*, ein Buch zu schreiben? Ist er nicht eindeutig für es *verantwortlich*, da es nicht existieren würde, wenn er es nicht geschrieben hätte? *Zwingt* er seine Leser nicht, einen behavioristischen Standpunkt zu übernehmen? Nach den traditionellen Definitionen der Selbstkontrolle, des Glücks, der Entscheidung, der Verantwortung und des Zwangs würde sich der Behaviorist in der Tat nicht folgerichtig verhalten. Nach seinen eigenen Definitionen aber ist dies nicht der Fall. Hat man diese Definitionen einmal verstanden, werden Einwände dieser Art gegenstandslos. Eine andere Art von Einwänden kleidet sich in die Form: «Wenn menschliches Verhalten so vollständig determiniert ist, wie der Behaviorist sagt, warum macht er sich dann die Mühe, ein Buch darüber zu schreiben? Glaubt er denn nicht, daß das überflüssig ist?» Um auf diese Fragen zu antworten, müßten wir uns der Vorgeschichte des Behaviorismus zuwenden. Nichts, was er über das menschliche Verhalten sagt, verändert im Ernst die Wirkung dieser Geschichte. Seine Forschungen haben seine Sorge für seine Mitmenschen oder seinen Glauben an die Bedeutung einer Verhaltenswissenschaft beziehungsweise Verhaltenstechnik nicht geändert.

Positive Aspekte

Der Behaviorismus ist so häufig danach definiert worden, was ihm angeblich fehlt, was er ignoriert oder übergeht, daß eine Berichtigung gegenüber solchen Einwänden schon zu zerstören scheint, was gerettet werden sollte. In meiner Antwort auf die Kritik am Behaviorismus mag ich nach der Auffassung mancher Behavioristen «die Grundlagen des Behaviorismus preisgegeben» haben. Was ich preisgegeben habe, waren jedoch Spuren früherer Fassungen des Behaviorismus, die in einer Periode von etwa 60 Jahren verschiedenen Ausformulierungen und Einwänden unterworfen worden waren. Was übrigbleibt, läßt sich positiv formulieren:

1. Die Position, die ich eingenommen habe, beruht, wie ich dem Leser warnend gesagt habe, auf einer besonderen Art von Verhaltenswissenschaft. Ausgewählt habe ich sie teilweise deswegen, weil ich mit ihr vertraut bin. Hauptsächlich aber habe ich sie ausgewählt, weil sie bestimmte besonders relevante Bezüge zum Behaviorismus herstellt. Sie bietet die nach meiner Auffassung deutlichste Feststellung der Kausalbeziehungen zwischen Verhalten und Umwelt. Sie analysiert Einzeldaten und nicht die Durchschnittsdaten von Gruppen. Die Komplexität der experimentellen Umwelt hat graduell soweit zugenommen, daß sie sich mittlerweile der Komplexität des Alltagslebens annähert, auf das ihre Ergebnisse in zunehmendem Umfang angewandt werden können.

2. Was wir aus der experimentellen Verhaltensanalyse gelernt haben, legt den Schluß nahe, daß die Umwelt Funktionen wahr-

nimmt, die zuvor Gefühlen und introspektiv beobachteten inneren Zuständen eines Organismus zugeschrieben worden sind. Diese Tatsache ist erst allmählich anerkannt worden. Je deutlicher die Rolle der Umwelt in Erscheinung trat, desto weniger gelang es dem Mentalismus, die Aufmerksamkeit auf angebliche innere Ursachen des Verhaltens zu lenken.

3. Eine Verhaltensanalyse trägt der Bedeutung physiologischer Forschung Rechnung. Was ein Organismus tut, wird eines Tages auf das zurückgeführt werden können, was er im Augenblick, in dem er sich verhält, ist. Die Physiologen werden uns eines Tages alle Details dieses Vorgangs übermitteln können. Sie werden uns auch sagen können, wie ein Organismus als Folge seiner früheren Konfrontation mit einer Umwelt, als Mitglied einer Art und als Individuum in den Zustand gelangt ist, in dem er sich befindet.

4. Ein entscheidender Schritt kann dann stattfinden: Was introspektiv gefühlt oder gesehen wird, ist nur ein kleiner und relativ unbedeutender Teil dessen, was die Physiologie schließlich entdecken wird. Es ist insbesondere nicht das System, das die Beziehung zwischen einem Verhalten und einer Umwelt vermittelt, die durch eine Verhaltensanalyse experimentell aufgedeckt wird.

Als Theorie einer Verhaltenswissenschaft fordert der Behaviorismus die wahrscheinlich schärfste Veränderung, die je vom menschlichen Denken verlangt worden ist. Es geht buchstäblich darum, Verhaltenserklärungen von innen nach außen zu verlegen.

Die Zukunft des Behaviorismus

Ein Großteil dessen, was als Verhaltenswissenschaft bezeichnet wird, ist im vorliegenden Sinne nicht behavioristisch. Manches vermeidet, wie wir gesehen haben, theoretische Fragen und beschränkt sich auf die Form, Topographie oder Struktur eines Verhaltens. Manches andere beruft sich auf «begrifflich strukturierte Nervensysteme» von mathematischen Modellen und Systemtheorien. Vieles bleibt einfach mentalistisch. Vielleicht ist diese Vielfalt heilsam. Unterschiedliche Ansätze könnten als Mutationen betrachtet werden, aus denen schließlich eine wahrhaft wirksame Verhaltenswissenschaft selegiert wird. Dennoch ist unser gegenwärtiger Zustand keineswegs vielversprechend. Selbst in einem einzigen Teil unseres Gebietes ist es ungewöhnlich, auf zwei Autoritäten zu treffen, die von genau derselben Sache reden. Obwohl nichts für die Probleme der Welt heute relevanter sein könnte, scheinen die tatsächlichen Erfolge der Verhaltenswissenschaft nicht sehr weit verbreitet. – Man hat das darauf zurückgeführt, daß die Wissenschaft «zu jung» sei, um unsere Probleme zu lösen. Das jedoch ist ein seltsames Beispiel von Entwicklungstheorie, bei der eine Unreife als Entschuldigung dient. Wir sehen einem Säugling nach, daß er nicht gehen kann, weil er noch nicht alt genug ist. Aber müssen wir denn warten, bis die Verhaltenswissenschaften zu größerer Wirksamkeit *heranwachsen*?

Ich behaupte, daß die Verhaltenswissenschaft deshalb keinen größeren Beitrag zur gesellschaftlichen Entwicklung geleistet hat, weil sie nicht sehr behavioristisch ist. Kürzlich wurde darauf verwiesen, daß ein internationaler Friedenskongreß aus Staatsmännern, Politikwissenschaftlern, Historikern, Ökonomen, Physikern und Biologen zusammengesetzt war und daß sich auf ihm nicht ein einziger Behaviorist befand. Offensichtlich wurde der Behaviorismus als unnütz betrachtet. Doch wir müssen die Frage aufwerfen, was diese Konferenz erreicht hat. Zusammengesetzt war sie aus Spezialisten für viele Gebiete, die mit ihrem gesunden Menschenverstand wahrscheinlich die *lingua franca* der Laien sprachen und sich damit immer wieder auf innere Ursachen beziehen mußten. Was hätte die Konferenz erreichen können, wenn sie diesen falschen Zungenschlag aufgegeben hätte? Die Geläufigkeit des Mentalismus in Debatten über Menschheitsprobleme kann dafür verantwortlich gemacht werden, daß Friedenskonferenzen mit monotoner Regelmäßigkeit Jahr für Jahr abgehalten werden.

Behauptet man, daß ein durchgreifender Behaviorismus sich davon grundlegend unterscheiden würde, so wird man unausweichlich gefragt: «Also, was haben Sie denn vorzuschlagen? Was würden Sie mit Krieg, Überbevölkerung, Umweltverschmutzung,

Rassendiskriminierung oder den Revolten Jugendlicher tun?» Unglücklicherweise bedeutet ein Verständnis der Prinzipien, die in eine Problemlösung eingehen, nicht schon die Lösung des Problems. Aerodynamische Kenntnisse versetzen einen nicht ohne weiteres in die Lage, ein Flugzeug zu entwerfen. Kennt man die Erdkruste, so kann man nicht sogleich ein Erdbeben voraussagen. Versteht man die Doppelhelix, so ist man nicht gleich befähigt, eine neue Art zu züchten. Die Details eines jeden Problems müssen studiert werden. Die Kenntnis der Grundprinzipien ohne Kenntnis der Details eines praktischen Problems bringt einen nicht näher an die Lösung. Ebensowenig nützt es, die Details zu kennen, ohne sich der Grundprinzipien zu vergewissern. Doch Probleme, und auch große Probleme, können gelöst werden, wenn diejenigen, die mit den Details vertraut sind, ein wirksames Konzept menschlichen Verhaltens übernehmen.

Wenn wir sagen, daß Wissenschaft und Technik mehr Probleme geschaffen als gelöst haben, so meinen wir die physikalische und biologische Wissenschaft und Technik. Wir sind dagegen nicht der Auffassung, daß eine Verhaltenstechnik zu neuen Schwierigkeiten führt. Sie wird im Gegenteil mit einiger Wahrscheinlichkeit gerade das sein, was man braucht, um die Probleme der bisherigen Technik zu lösen. Man kann nicht sagen, die Verhaltenswissenschaft sei gescheitert, denn sie ist kaum je angewandt worden. Man wird ihr gegenüber erst dann fair sein, wenn man ihre Theorie gründlich verstanden hat. Ein anerkannter Sozialphilosoph hat gesagt: «Nur durch eine Veränderung unseres Bewußtseins kann die Welt gerettet werden. Jeder muß bei sich beginnen.» Aber niemand kann bei sich *beginnen.* Und wenn er es könnte, so würde er gewiß nicht sein Bewußtsein ändern.

In anderem Zusammenhang lesen wir: «Ein größerer Schaden als durch einen nuklearen Krieg entsteht dadurch, daß im Menschen Ängste toben, eine ansteckende Panik lauert, primitive Bedürfnisse nach brutaler Gewalt wach werden und selbstmörderische Regungen toben.» Wenn dies wahr wäre, wären wir verloren. Zum Glück ist jedoch der Ansatzpunkt leichter erreichbar. Es ist unsere Umwelt, die verändert werden muß. Eine Lebensform, die die Untersuchung menschlichen Verhaltens in seiner Beziehung zu dieser Umwelt fördert, wäre am besten geeignet, unsere großen Probleme zu lösen. Es ist dies kein Chauvinismus, denn die großen Probleme sind mittlerweile weltweit verbreitet. Nach behavioristischer Auffassung kann der Mensch jetzt sein eigenes Schicksal kontrollieren, weil er weiß, was getan werden muß und wie es zu tun ist.

Register

B. F. Skinner

Jenseits von Freiheit und Würde

Die aufsehenerregenden Thesen des berühmten Harvardprofessors und Vaters der Lernpsychologie. Sofort nach Erscheinen entstanden erbitterte Diskussionen um Skinners Behauptung, daß die Krise unserer Zivilisation nur überwunden werden kann, wenn wir das Verhalten des Menschen von Grund auf neu motivieren und die geheiligten Ideale von Freiheit und Würde einer radikalen Revision unterziehen.

224 Seiten. Gebunden

Futurum Zwei

«Walden Two» – Die Vision einer aggressionsfreien Gesellschaft

In Form eines Romans schildert der berühmte Wegbereiter des programmierten Lernens, Professor Skinner, die neuesten Erkenntnisse der Verhaltenspsychologie. Die Prinzipien eines auf wissenschaftlichen Erkenntnissen basierenden Lebens werden ähnlich wie bei Huxleys «Schöne neue Welt» am Beispiel einer utopischen Lebensgemeinschaft mit dem Namen «Futurum II» ausführlich demonstriert.

(rororo sachbuch 6791/DM 4,80)

Rowohlt